dtv

Was wäre Hegel, der große Geist-Erfahrer, heute? sinniert Frieder Lauxmann: Hegel, der sich mit seinem Denken gegen den Strom seiner Zeit gestellt hat, wäre heute, auf der Datenautobahn, der große Geisterfahrer. Aber: »Er würde den kleingeistigen Gegenverkehr sicher überwinden, er könnte abheben.« Lauxmann zeigt, wie wir selber »abheben« können, indem wir geistige Zusammenhänge in Geschichte und Zeitgeschehen, Wirtschaft, Kultur und Alltag entdecken, wie also eine eigene persönliche Orientierung »gegen den Strom« in geistigen Dingen heutzutage möglich ist. Unter seiner Anleitung kann sich jeder vergegenwärtigen, welche Wegweiser Kant, Hegel & Co., auch aus ihrer Versenkung heraus, durch unsere komplexe und vernetzte Welt sein können.

Frieder Lauxmann wurde 1933 in Stuttgart geboren. Jugendjahre in Stuttgart, Berlin, Nürnberg, Krakau, Bad Teinach/Schwarzwald und Tübingen. Jurastudium in Tübingen und München, Promotion. Von 1962 bis 1995 im Staatsdienst. Vielseitige Erfahrungen in der Erwachsenenbildung. Publikationen u. a.: »Profile großer Denker« (1988); »Der philosophische Garten« (1994); »Das philosophische ABC« (1997).

Frieder Lauxmann

Mit Hegel auf der Datenautobahn

Über die Freude an geistigen Zusammenhängen

Deutscher Taschenbuch Verlag

Von Frieder Lauxmann
ist im Deutschen Taschenbuch Verlag erschienen:

Der philosophische Garten (20176)

Juli 1999
Deutscher Taschenbuch Verlag GmbH & Co. KG, München

Die Zeichnungen auf den Seiten 66, 67 und 206 mit freundlicher
Genehmigung von Horst Plath, die Zeichnung auf Seite 268
mit freundlicher Genehmigung von Alfred Tauberger
Umschlagkonzept: Balk & Brumshagen
Umschlaggestaltung unter Verwendung eines Gemäldes von
Julius Ludwig Sebbers, 1828 (© AKG),
Hintergrundmotiv: © COMSTOCK Fotoagentur
Satz: Schaber Satz- und Datentechnik, Wels
Druck und Bindung: C. H. Beck'sche Buchdruckerei, Nördlingen
Gedruckt auf säurefreiem, chlorfrei gebleichtem Papier
Printed in Germany · ISBN 3-423-30729-3

*Wer glaubt, seine Methode gefunden zu haben,
mag in sich gehen und gründlich nachforschen,
ob nicht ein Teil seines Gehirns eingeschlafen ist.*

Henry Ford

*Du müßtest untergehn, verzweifeln müßtest du,
doch wird der Geist dich retten.*

Hölderlin

Inhalt

Einleitung

Vielleicht werden wir alle immer intelligenter, aber wenn der »Geist« ausbleibt, dann haben wir nichts davon. Ich will nicht gerade behaupten, daß wir dann alle miteinander verblöden, aber wenn wir unsere Antennen für das Geistige für überflüssig halten, dann fällt uns nach und nach nur noch das ein, was wir sowieso schon wissen. Dann werden uns andere überholen. In der Geschichte hat es solche Vorgänge immer wieder gegeben.
Wir orientieren uns im Beruf, in Politik, Wirtschaft und im Privatleben zunehmend an nachvollziehbaren Systemen und an einer Effizienz, die sich in allen Lebenslagen direkt oder indirekt in Geld umrechnen läßt. Das »Preis-Leistungs-Verhältnis« im weitesten Sinne wird zum Religionsersatz. Weil der Geist etwas ist, was wir nicht beherrschen können, versuchen wir, ihn wegzurationalisieren. Der dadurch entstehende zunehmende Materialismus verdrängt unsere geistigen Grundlagen. Dabei gibt es so vieles, an das wir uns nach wie vor halten könnten und müßten. Wir dürfen es nicht zulassen, daß die Welt immer mehr von Menschen mit Mega-Gehirn und Mikro-Seele beherrscht wird. Wenn es nach ihnen ginge, dürften wir bald nur noch auf ihren Informationsnetzen oder Datenautobahnen verkehren und alles, was es sonst noch auf der Welt gibt, links liegenlassen.
Man spricht immer wieder vom Industrie- oder Wirtschaftsstandort Deutschland. Aber wie sieht es mit dem

Denkstandort aus? Käme es nicht darauf an, zunächst ihn zu retten? Niemand kann für sich allein denken. Die andern denken für uns mit, ob wir es wollen oder nicht. Geist und Geistlosigkeit stecken an und greifen über. Und wenn einer meint, er habe eine eigene Meinung, dann ist dies oft die einzige Meinung, die ihm zu eigen ist. Was ist es, das in uns denkt, sind es die anderen, ist es der gemeinsame »Geist«? Es gibt zwar keine allgemeingültige Definition des Wortes »Geist«, aber es gibt Bilder, Strukturen, Einsichten und Erfahrungen, in denen er aufleuchtet.

Die Texte, die hier folgen, sind an manchen Stellen ziemlich philosophisch. Aber keine Angst, philosophische Gedanken brauchen nicht in geschraubten Sätzen daherzukommen, sie können auch unterhaltend sein. Ich biete Ihnen daher weder Systeme noch Rezepte, sondern etwas viel Wertbeständigeres, nämlich Denkbeiträge aus Bereichen, die unsere Effizienzgesellschaft zunehmend links liegenläßt, weil man ihnen nicht ansieht, ob und wie sie auf irgendwelche Ziele hinführen. Kultur wird zunehmend als Luxus angesehen und nicht als eine der Grundlagen auch des materiellen Erfolgs.

Das hier vorgestellte bunte Mosaik aus Denksteinen zeigt anhand von Beispielen aus Geschichte, Zeitgeschehen, Wirtschaft, Literatur, beruflichem und privatem Alltag und auf verschiedenen Stil- und Darstellungsebenen, daß wir, jenseits aller Systeme und Sachzwänge genügend Wegweiser für unsere persönliche Orientierung in geistigen Bereichen entdecken können.

Mit dem Geist können wir zwar immer rechnen, aber wir können ihn nicht berechnen. Das ist es, was viele Zeitgenossen anscheinend verunsichert. Wir brauchen uns nicht verunsichern zu lassen. Es gibt genügend Zeugen in Vergangenheit und Gegenwart, durch die wir erkennen können, wie viel mehr der Geist vorhält als das Geld. Die Art und Weise, wie in diesem Buch Denkbilder aus den unterschiedlichsten Bereichen nebeneinandergestellt sind, soll zugleich zeigen, daß das Geistige auch dort aufleuchten kann, wo es nicht jederzeit abrufbar ist. Es ist in erster Linie wichtig, unsere Antennen, unsere Fühler für das Geistige in Ordnung und die Fenster offenzuhalten.

Aus der Vielzahl von Erlebnisebenen, in denen es auf solche Fühler ankommt, habe ich einige für Sie ausgewählt, die für unser Leben besonders bedeutsam sind. Das sind zunächst einmal (im ersten Teil) die Begriffe »Persönlichkeit und Erfolg«. Hier geht es darum, wie wir unser Zusammenleben und -arbeiten in Wirtschaft und Gesellschaft erfahren. Im Hintergrund bleibt immer die Frage nach dem Erfolg, nämlich danach, wie man, im weitesten Sinne gesehen, seinen (eigenen) Kopf durchsetzt. Es sollen Begriffe wie Intelligenz, Moral, Autorität, Vernunft und Humor in einem anderen als dem üblichen Licht erscheinen. Solche Begriffe sollen nicht erklärt, sondern in Bildern vorgestellt werden. Neben anderen werden Caesar, Wallenstein, Sokrates, ja sogar Goethes Erlkönig aus ihrer Versenkung auftauchen. Sie dozieren nicht, sondern sie sind einfach da, sind mehr als eine trockene Erklärung.

Im zweiten Teil geht es um »Anpassung und Rebellion«. Es genügt nicht, daß wir einfach weitermachen, wie es andere von uns verlangen. Der Mensch, der sich selbst finden will oder auf dieser Suche schon etwas vorangeschritten ist, muß sich fragen, wie er die ihn umgeben-

den Denkzwänge erlebt und ob er sich mit ihnen abfinden will. Wo und wie wird uns der Geist ausgetrieben? Können wir uns dagegen wehren? Was haben wir davon, und welche Gefahren lauern auf uns? Die Bilder, die in diesem Teil vorgestellt werden, zeigen die weltweite industrielle Denkvernetzung, berufliche Auswahlkriterien für Anpassungsbereite, die Bedeutung der Allgemeinbildung, aber dann auch die für ihre Überzeugung kämpfende mythische Frauengestalt Antigone. Daß selbst gegen Pan eine unblutige Auflehnung stattgefunden hat, war bislang noch nicht bekannt.
Hintergründe und Zusammenhänge solcher Vorgänge sollen in einem dritten Teil »Geist und Ordnung« aufgezeigt werden. Aus der unermeßlichen Vielfalt, in der solche weiträumigen Begriffe gesehen werden können, sollen wieder einige bildhafte Erscheinungsformen herausgestellt werden. Daß Ordnung eine Kraft ist, die ganz anders wirkt, als wir es wollen, weil sie nämlich nicht die Superordnung, sondern das Chaos zum Ziel hat, werden Sie erfahren; aber auch Begriffe wie Kausalität, Zukunft und Willensfreiheit werden neu angeleuchtet. Dabei tauchen Leibniz, nochmals Sokrates und sogar das arme Schneewittchen aus ihrer Dunkelheit kurz auf.
In diesem Buch lesen Sie den Satz: »Die größte Weisheit besteht darin, den roten Faden auch dann zu finden, wenn alle Fäden rot sind.« Der Geist hält sich an nichts. Er kümmert sich nicht um rote oder sonstige Fäden. Er ist eher unrein und verbirgt sich scheinbar zusammenhangslos überall, auch dort, wo er nach unseren Ordnungsprinzipien eigentlich nichts zu suchen hätte.
Geistige Phänomene hat schon vor fast zweihundert Jahren Georg Wilhelm Friedrich Hegel zum Thema sei-

nes Buches »Phänomenologie des Geistes« (1807) gemacht. Man stelle sich ihn vor, wie er heute auf den Datenautobahnen verkehren müßte. Ein Mensch, der ein Geist-Erfahrer war, würde heute zum Geisterfahrer werden. Er würde den kleingeistigen Gegenverkehr sicher überwinden, er könnte abheben. Wenn Hegel auf dem Titel dieses Buches erscheint, dann hat das den Grund, daß er wie auch sein Landsmann, Studienfreund und Rivale Schelling ein Denker war, der sich konsequent von materialistischen Tendenzen abhob, gegen den Strom der damaligen Zeit stellte und zu einem von geistigen Strukturen geprägten Weltbild bekannte. Hierin ist mir Hegel Vorbild, nicht allerdings durch seinen zeitweise ballastreichen und schwerflüssigen Stil, mit dem er viele Leser abgeschreckt hat.

Das immer enger werdende Netz, das mit Hilfe der Informationstechniken um uns herum aufgebaut wird, droht uns einzufangen und seelisch verhungern zu lassen. Trotzdem gehört es heute anscheinend zum guten Ton, dieses Netz zumindest als nützlich und unumgänglich darzustellen. In den allgemeinen Gesang der Mücken, die das Spinnennetz rühmen, in dem sie hängen, stimme ich nicht mit ein. Mir geht es aber nicht darum, die fortschreitende Technik zu beschimpfen und zu bekämpfen, dies wäre naiv und absurd; ich möchte jedoch zeigen, daß es der Mensch nicht nötig hat, sich ihr auch in seinem Denken so auszuliefern, daß er geistige, technisch nicht nachvollziehbare Zusammenhänge nicht mehr wahrnehmen will und kann, und schließlich selbst zu einem Teil der technischen Systeme wird. Die geistigen Zusammenhänge machen unser eigentliches Leben aus, nicht die Straßen, auf denen wir belanglose

Informationsmassen hin und her transportieren. Wenn uns dies klar wird, dann kann uns der Verkehr auf der Datenautobahn nichts mehr anhaben.
Nach einer die Köpfe bewußt oder unbewußt immer mehr beherrschenden »Doktrin« beruht alles in der Welt entweder auf Zufall oder auf einer sich aus ihm ergebenden Notwendigkeit, wie es der französische Biologe und Nobelpreisträger Jacques Monod eindrucksvoll, aber ziemlich einseitig behauptet hat. Was hinzu kommt, ist ein einigermaßen freier menschlicher Wille. Für den »Geist« gibt es in diesem Weltbild keinen Platz. Er ist ein Faktor, der weder in die naturwissenschaftliche Forschung noch in die von Menschen aufgestellten Systeme paßt. Unsere Datennetze und Infobahnen im weitesten Sinne, denen wir eine immer größere Macht über uns anvertrauen, halten wir für menschliche Produkte, auch wenn sie uns schon längst nicht mehr gehorchen. Aber wer befiehlt unseren Träumen, Ideen, Hoffnungen, unserer Liebe? Wer herrscht über die Zufälle? Stellen wir nicht täglich fest, daß in der Natur und im menschlichen Zusammenleben ein Sinn ist, der so gar nichts mit dem zu tun hat, was wir für sinnvoll halten? Über das, was mit und ohne uns geschieht, kann man kurz und lakonisch wie Friedrich Dürrenmatt sagen: »Schicksale sind, nachträglich betrachtet, logisch.« (Stoffe, S. 119) Der sinngebende Geist ist das, was in und über den Zufällen und Zusammenhängen stattfindet. Etwas, was sich allenfalls im nachhinein erfassen und deuten läßt.
Was wir heute mehr denn je brauchen, das sind nicht Rezepte und Aktionsprogramme, davon gibt es genug. Uns fehlt der von zunehmenden Denk- und Sachzwängen befreite Blick hinter die Kulissen eines immer hekti-

scher sich abspielenden Welttheaters. Hier tun sich Zusammenhänge auf, die in kein Programm und in kein Lehrbuch passen. Es würde daraus eine Erkenntnis folgen, die schon der Apostel Paulus einst gewonnen hat: »Der Buchstabe tötet, aber der Geist macht lebendig.« (2. Korinther 3,6) Unser Reden vom Geist in einer Welt, in der sich die Kulturen immer mehr überlagern und vermischen, ist aber keineswegs eine christlich-abendländische Privatangelegenheit, sondern eine alle Kulturen seit Urzeiten beherrschende Wahrheit. Schon Laotse wußte sie: »Die Welt ist ein Geistgefäß, man kann es nicht verändern, wer es verändert, zerstört es, wer es ergreift, verliert es.« (29. Spruch)

I. Teil

Persönlichkeit und Erfolg

*Wir wollen etwas erreichen und
brauchen dazu die anderen. Vor allem
aber brauchen wir uns selbst.
Wie finden wir unsere Möglichkeiten?
Wie will man uns haben?
Wie setzen wir uns durch? Wo sind
unsere Grenzen?
Wie waren die, die Erfolg hatten?
Welche Hinter- und Abgründe hat unser
Denken und Handeln?*

Wird der Mensch, der neben Geld noch andere Werte anerkennt, in der Wirtschaft zum Unmenschen?

Effizienz und Luxus im zerknautschten Blech

Als wir einmal eine Reise nach Sardinien unternahmen, rauschte uns in Livorno kurz vor der Abfahrt der Fähre ein Italiener mit seinem Fiat auf das Hinterteil unseres Wagens, den er dadurch um fast einen halben Meter verkürzte. Zwar lief unser verunstaltetes Gefährt noch, aber ich war doch ziemlich verärgert. Da sagte der Fiatfahrer zu mir: »Regen Sie sich nicht auf, jetzt haben Sie wenigstens ein Auto, das Ihnen garantiert niemand klauen wird.« Durch diesen Satz entstand in mir ein völlig neues Luxusgefühl. Waren wir denn jetzt nicht besser dran als jemand , der sich vor Angst verzehren muß, daß ihm sein teurer Schlitten gestohlen wird? Luxusgüter, die nichts oder fast nichts kosten, gibt es überall. Wenn man davon ausgeht, daß Zeit Geld bedeutet, dann leistet sich jemand, der sich Zeit zum Nachdenken nimmt, einen Luxus, auf den mancher gehetzte Vielverdiener meint verzichten zu müssen. Daß Werte des Lebens auch in anderer Währung als nur in Geld abgerechnet werden können, weiß man zwar seit Menschengedenken, es gibt aber ein von der Wirtschaft ausgehendes Denken, das diese uralte Erfahrung überspielt und jetzt mehr denn je auch auf das Privatleben auszustrahlen droht.

Bei der Post wurde vor einigen Jahren ein System der

Personalbemessung eingeführt, bei dem Zeiten für bestimmte Tätigkeitsbestandteile in Zentiminuten bis auf fünf Stellen hinter dem Komma ausgerechnet wurden. Auf die Frage, was dieser Unfug solle, gab es die Antwort: »Der Computer druckt diese Dezimalstellen schneller und billiger als die gerundeten Zahlen, weil dazu ein zusätzliches, teures Zahlenrundungsprogramm erforderlich gewesen wäre.« Daß damit aber der unsinnige Schein erweckt wurde, die menschliche Arbeit lasse sich bis zur Genauigkeit einer zehnmillionsten Minute errechnen, zeigt, wohin ein Denken führen kann, das nicht durch unsere eigenen Bedürfnisse, sondern durch die »Bequemlichkeit« einer Maschine bestimmt wird.

Wer sich nicht zur vordergründig schnellsten, preiswertesten, wirtschaftlichsten Denk- und Produktionsweise bekennt, wird in der Wirtschaft zum Unmenschen, zum Risikofaktor. Ich habe dies selbst einmal erlebt. Als ein Vorstandsmitglied eines Großunternehmens seinen Führungskräften eine völlig neue und damals noch ziemlich unausgereifte Arbeits- und Produktionsmethode vorstellte, sah ich mich zu der Frage veranlaßt, ob man bei diesem neuen Verfahren die sozialen Auswirkungen schon bedacht habe. Die Antwort des Vorstands auf meine Frage war einsilbig: »Nein.« Ich hätte wissen müssen, daß jemand, der bei der Planung eines neuen Produktionskonzepts eine Frage nach menschlichen Risiken und Nebenwirkungen stellt, als Bedenkenträger oder Sozialromantiker negativ auffällt. Ein Mensch, der neben Geld noch eine andere Währung als Denk- und Handlungsgrundlage anerkennt, wird in der Wirtschaft selbst zum Risikofaktor. Mit ihm wird die sofort meßbare Effizienz in Frage gestellt. Diese Wortmeldung kostete mich einen Posten, für den ich seinerzeit vorgesehen war. Die Entscheidung, mich abzuschießen, fiel noch am gleichen Tag. Dennoch habe ich mein damaliges Verhalten nie bereut. Meine Frage brachte mir persönlich einen dem zerknautschten Kofferraum vergleichbaren Luxus, der zwar finanziell teuerer als ein Blechschaden, aber für mich dennoch eine gute psychische Kapitalanlage war. Der ramponierte Ruf und das ramponierte Blech verschaffen Freiheiten, die für Geld nicht zu haben sind. Mein Erlebnis war alles in allem recht harmlos, denn in totalitären Staaten, die es auch heute noch zur Genüge gibt, ist die eigene Meinung der größte denkbare Luxus. Er wird dort oft mit der Freiheit oder sogar mit dem Leben bezahlt.

Zwar gibt es viele Menschen, die sich innerlich zu Werten außerhalb des Bilanzierbaren bekennen, aber wie setzen sie dieses Bekenntnis in ihrem Beruf in die Praxis um? Und wenn ein Mensch vierzig oder mehr Stunden in der Woche sein Rückgrat verbiegen muß, dann wird es für ihn nicht einfach sein, nach Feierabend noch aufrecht zu stehen. Dieser Zustand macht viele krank. Dient ein derart gekrümmter Mensch dann wenigstens dem Unternehmen? Hier gibt es für mich nur eine Antwort, die ebenso kurz ist wie die des Supermanagers: »Nein.« Er dient ihm allenfalls vordergründig bis zur nächsten oder übernächsten Bilanz. Auf lange Sicht verdirbt er den Boden, auf dem die Zukunft eines solchen Unternehmens nur gedeihen kann. Der Umgang mit Menschen, die weiter denken, wenn auch manchmal auf unbequeme Art, ist entscheidend für das Überleben jeder Gesellschaft und jeder Organisation in ihr. Die Gedanken verantwortungsbereiter Menschen und Mitarbeiter dürfen nicht alle kanalisiert werden, sie müssen auch in ungezielte Richtungen ausfliegen können, nur so finden sie das eigentliche und fruchtbare Neuland, auf dem die Ideen gedeihen, die wir brauchen, wenn wir nicht zunächst geistig und dann auch wirtschaftlich verarmen wollen.

Wer eine Besprechung leitet, trägt nicht nur Verantwortung dafür, daß die Tagesordnung eingehalten wird und irgendwelche einigermaßen vernünftige Ergebnisse dabei herauskommen, sondern er muß vor allem auch dafür sorgen, daß Gedanken, die im Raum schweben, eingefangen werden und zur Sprache kommen, selbst auf die Gefahr hin, daß die Sitzung dann etwas länger dauert. Dies zu verwirklichen, ist eine hohe Kunst. Niemandem ist damit gedient, wenn Probleme umständlich zerredet werden und schließlich keiner mehr weiß, worum es eigentlich gehen sollte. Andererseits werden durch das sture Kleben an der Tagesordnung viele zumindest indirekt nützliche Ideen unterdrückt. Der Geist bleibt nicht in der Tagesordnung, er verhält sich wie Hefeteig in einer zu kleinen Backform: Er überbordet. Ich habe die Erfahrung gemacht, daß in einer Besprechung viel mehr herauskommt, wenn man zu Beginn und dann zwischendurch immer wieder für einige Zeit dem Palaver freien Lauf läßt. Wenn man dann die Zügel wieder in die Hand nimmt, kommen bessere Ideen, als wenn alles nur effizient, sachlich und nüchtern abläuft. Dies alles gilt aber nicht nur für Konferenzen. Jede menschliche Kommunikation braucht neben der Sachorientiertheit die unausgesprochene »Geistorientierheit«. An und für sich könnte diese Erkenntnis eine banale Selbstverständlichkeit sein, wenn wir sie aber nicht mehr zulassen, dann veröden nicht nur die menschlichen Beziehungen selbst, sondern auch ihre Ergebnisse. Was wir zunehmend für Luxus halten, das ist in Wirklichkeit lebensnotwendig. Unser Begriff von Luxus muß revidiert werden.

Was verbindet die Blüte mit den Früchten, denen sie weicht?

Die Pusteblume und der Weltgeist

Der Tratsch im Kaufladen wurde schon vor Jahren abgeschafft und durch das Stäbchen »nächster Kunde« im Supermarkt ersetzt. Die aufwendige Lagerhaltung in der Industrie weicht zunehmend den »Just-in-time-Lieferanten« – und wir Menschen, die in dieser Gesellschaft leben, werden nach und nach zu effizient denkenden Just-in-time-Neurotikern umerzogen. Das beginnt mit der wirksamsten Babybetreuung durch Fernbedienung und endet mit der optimalen Bestattung im Halbstundentakt.

Ist es wirklich so schlimm? Noch haben wir in vielen Bereichen die Möglichkeit zum Gegensteuern, aber der Weg in die totale Effizienzgesellschaft ist beschritten. Wenn ein elektronischen Zwängen angepaßtes Denken zum Leitbild der optimalen und effizienten Aufgabenerledigung wird und weiter auf unser Privatleben ausstrahlen kann, dann müssen wir aufpassen, daß wir nicht eines Tages all das als überflüssigen Luxus betrachten, was nicht auf dem nächsten Weg genau ins Ziel unserer Vorstellungen, Wünsche und finanziellen Begehrlichkeiten trifft. In unserem Leben herrscht zunehmend die Angst vor dem Umweg. Mehr Leistung zu erzielen im Verhältnis zu den aufgebotenen Mitteln, das ist der oberste Grundsatz unserer Wirtschaft. Ein Unternehmen, das sich diesem Zwang verschließt, hat keine Überlebenschance.

Aber ist das wirklich die reine Wahrheit, gibt es nicht einen Umweg, einen Luxus, eine Verschwendung, die auf lange Sicht der einzige Weg zum Überleben ist? Kann die zunehmende Rationalität nicht vielleicht auch der Vorbote eines psychischen und wirtschaftlichen Niedergangs sein? Über solche Fragen sollten wir allmählich nachdenken. Es wird so viel über Armut gesprochen, auch über Armut bei uns. Beim genauen Hinsehen zeigt sich jedoch, daß es sich oft nur um psychische Armut handelt und daß viele Menschen, die weit weniger haben als die offiziell registrierten und versorgten »Armen«, ein zufriedenes Leben führen können, soweit sie in geistig geordneten Verhältnissen leben. Kann vielleicht eines Tages eine ganze Gesellschaft zum Sozialfall werden?

Soweit und solange wir Reichtum nur materiell definieren, geht es uns überwiegend gut. Wenn wir ihn geistig betrachten, dann müssen wir erkennen, daß wir dabei sind, unser reiches Erbe zu verspielen. Wie sich das im einzelnen auswirkt, das soll noch gezeigt werden. Vor allem müssen wir eines zur Kenntnis nehmen: Die psychische Verelendung geht der materiellen voraus. Die Wirtschaft ist kein Feld, das isoliert von geistigen Zusammenhängen betrachtet werden kann. Dies scheint zwar eine alte Erfahrung zu sein, aber sie ist immer wieder neu zu bedenken. Es geht dabei nicht nur um die Wirtschaft, sondern auch um unsere Existenz für uns selbst und im Zusammenleben mit anderen.

Seit meiner Kindheit bewundere ich eine Blume ganz besonders: den Löwenzahn. Wäre diese Pflanze selten und empfindlich, würde man sie trotz ihrer geringen Haltbarkeit als einen Luxus in Garten und Stube ge-

nießen. Was mich jedoch immer schon an ihr faszinierte, war ihre Verwandlung von der Blüte zur Pusteblume. Unzählige verschiedene Strategien kennt die Natur, um das Überleben einer Art zu sichern. Fast alle Methoden müßten wir eigentlich vordergründig als ineffizient ansehen. Pflanzen und Tiere treiben den größten Aufwand, um ihren Samen der Nachwelt zu überlassen. Bäume müssen jährlich Tausende von Blüten und Früchten tragen, nur um schließlich auf Umwegen zu erreichen, daß wenigstens ein neuer Baum an seiner oder einer anderen Stelle gedeihen kann. Die Tricks, die sich eine Pflanze »einfallen« lassen muß, damit ihre Samen weggetragen werden, sind faszinierend: Nüsse werden vom Eichhörnchen teilweise nicht gleich gefressen, sondern auch als Vorrat vergraben und (manchmal) vergessen, »damit« daraus ein neuer Baum wachsen kann, von dem die Nachkommen später einmal leben können. Das Eichhörnchen »vergißt« einige Nüsse in »weiser Voraussicht«, die ihm und der Pflanze zugleich dient.
Viele wohlschmeckende Früchte haben unverdauliche Samen; sie werden im Kot an entfernten Plätzen abgelegt. Kletten heften sich an vorbeiziehende Tiere. Der Löwenzahn wandelt sich zur Pusteblume und verläßt sich auf den Wind. Wirtschaftlich wäre es, wenn nur ein Samenkorn entwickelt und an die richtige Stelle davongetragen würde. Aber nicht nur dies, die Pusteblume wird meist nicht durch den ersten Windstoß kahlgefegt, sie hält mehrere Winde aus verschiedenen Richtungen aus. Die Pflanze weiß nicht, welcher Same zu ihrer Vermehrung beiträgt, sie läßt ihre Frucht in alle Richtungen umherschweifen. Damit hat sie den größten Erfolg: gelbe Wiesen. Bei diesen Beobachtungen drängt sich die

Frage auf, ob diese aufwendigen Strategien wirklich überlebensnotwendig für die Art sind. Vielleicht sollten wir dies alles unter einem zusätzlichen Gesichtspunkt sehen. Gibt es nicht auch eine vom Menschen unabhängige »Freude« der Natur an sich selbst? Dürfen wir Reichtum und Schönheit der Natur nur unter evolutionären Gesichtspunkten als Überlebensstrategien für die einzelnen Arten betrachten, wie es die Biologen tun? Oder könnten wir uns jetzt allmählich wieder zu Gefühlen bekennen, mit denen Dichter und Maler seit Urzeiten ihre Mitmenschen erfreuen konnten, wenn sie die Natur verherrlicht haben? Es gibt zeitgenössische Kunstwerke, die gegenüber der Natur unausgesprochen Teilnahmslosigkeit erkennen lassen. Schlägt hier ein wissenschaftliches Effizienzdenken auf die Kunst über? Das war bekanntlich nicht immer so. Der einundzwanzigjährige Goethe widmete Friederike Brion diese Verse:

> Wie herrlich leuchtet
> Mir die Natur!
> Wie glänzt die Sonne!
> Wie lacht die Flur…

Vom rationalen, wissenschaftlichen Standpunkt aus betrachtet, sind diese Worte reiner Unsinn. Hier werden lauter menschlich subjektive Empfindungen und Absichten der Natur im wahrsten Sinne des Wortes untergejubelt. Als ob die Flur lachen könnte! Was ist wirklich? Ein verliebter, glücklicher Mensch projiziert seine Gefühle auf die Natur. Aber dürfen wir damit das Problem einfach abhaken? Können wir sagen, daß Mensch und Natur völlig getrennte Wesenseinheiten sind? Oder gibt es einen verbindenden Geist, für den diese Trennung nicht gilt? Kann die Flur auch ohne Goethe lachen? Konnte sie es schon, als die Natur vom künftigen Menschen nichts ahnte? Es wäre vermessen, auf solche Fragen irgendwelche Antworten zurechtzuzimmern. Aber wer darüber nachdenkt, hält sich ein Fenster für den Geist offen.

Kehren wir zur Pusteblume zurück. Wer wie sie handelt, läßt seine Gedanken mit allen Winden ausfliegen, findet neue fruchtbare Felder und riskiert gerne, daß »etliches unter die Dornen fällt«. Es geht jedoch nicht nur um das Denken, sondern auch um das Verhalten. Das ungehemmte Streben nach Rationalität engt unseren Geist und unsere Menschlichkeit, was immer man darunter verstehen mag, in einer Weise ein, die uns die Zukunft verbaut. Wer nur Gedanken und Handlungen zuläßt, die ihm in der Sache nützlich erscheinen, verarmt: kurzfristig geistig und langfristig auch materiell. Die Pusteblume ist auf ihre Art auch kreativ, weil sie neue Felder in allen Richtungen sucht. Sie läßt die Samen einfach wegwehen. Für sie gilt das, was die Physiker Bohm und Peat in ihrem Buch »Science Order and Creativity« (deutsch: Das neue Weltbild) sagen: »Der kreative Mensch weiß strenggenommen nicht, wonach er Ausschau hält. Die ganze Aktivität wird daher nicht als ein Problem angesehen, das man lösen muß, sondern einfach als Spiel.« (S. 59)

Mit unseren rationalen Konzepten dienen wir allenfalls der Gegenwart, soweit wir ihre Einflußgrößen durchschauen. Wir verpassen aber damit die Möglichkeit, einen Weg zu bahnen, auf den wir in der Zukunft angewiesen sein könnten. Wer sich in seinen Strategien an dem spontanen und manchmal scheinbar chaotischen

menschlichen Denken und an der Natur orientiert, mag Umwege beschreiten und dies als Luxus empfinden, aber er ist auf lange Sicht effizienter. Das gezielte Einwegdenken ist zunächst zwar preiswerter als alles andere, aber es macht uns einseitig und störungsanfällig.
Dies alles ist jedoch nur ein Aspekt. Es gibt noch einen weiteren. Stellen Sie sich vor, Sie reisten von einem fernen Stern auf die Erde und hätten noch nie eine Pflanze gesehen. Jetzt verfolgen Sie die Entwicklung einer Pflanze, nehmen wir als Beispiel wieder den Löwenzahn. Zwischen den Blättern wächst etwas hervor, es entfaltet sich, spreizt sich gelb auseinander. Das zieht sich nach ein paar Tagen wieder zurück und entfaltet sich von neuem in einer Unzahl fallschirmähnlicher Gebilde, die dann mit einem Kern davonfliegen. Fast jeden Tag beobachten Sie ein neues, ungeahntes Abenteuer dieser Pflanze. Da Sie keinen Vergleich haben und nie im voraus wissen können, was geschehen wird, muß Ihnen das Verhalten der Pflanze spontan, listig und chaotisch vorkommen. »Was will sie nur?« werden Sie sich fragen.
Erst wenn die Entwicklung zu einem erkennbaren Jahresabschluß kommt, können Sie versuchen, Wesen und Strategie der Pflanze zu beurteilen. Wir, die wir seit unserer Kindheit an dies alles gewöhnt sind und für selbstverständlich halten, haben nie gelernt, solche Phänomene zu bestaunen. Was, objektiv betrachtet, ein neues, spontanes und unberechenbares Verhalten sein könnte, ist durch eine über Hunderte Millionen Jahre alte Gewohnheit der Natur zuverlässig vorhersehbar. Die Vorhersehbarkeit »zerstört« das Wunder. Werden wir ihm dadurch gerecht? Und überhaupt: Leistet die Evolution immer

nur das Notwendige und Nützliche für eine Art von Lebewesen? Gibt es nicht auch Reichtum, Schönheit und Überfluß, deren Sinn in sich selbst erfüllt ist?
Machen wir uns Gedanken darüber, wo der Unterschied liegt zwischen einem Verhalten, das durch spontane und unvorhersehbare Ereignisse gesteuert wird, wie die Evolution in der Natur und die Geschichte der Menschen und Völker einerseits, und einem Zustand andererseits, den wir genau vorausberechnen können, weil Naturabläufe sich nach gleichbleibenden Gesetzen ständig wiederholen? Liegt hier ein grundsätzlicher Unterschied, oder sehen wir wesentliche Gemeinsamkeiten nicht, weil unser Blick verstellt ist und weil wir einen zu engen zeitlichen und räumlichen Horizont haben? Fließen auch die Zufälle aus einer überdimensionalen Ordnung, deren Anfang und Ende uns verborgen ist?
Es gibt einen Philosophen, dessen Lebenswerk einem Teil derartiger Fragen gewidmet ist. Leider hatte er über lange Jahre die schlechte Angewohnheit, seine genialen Gedanken und seinen reichen Wortschatz in schwerfällige und umständliche Satzperioden fließen zu lassen. Die Rede ist von Georg Wilhelm Friedrich Hegel (1770–1831). Hegel suchte immer wieder nach dem, was über und hinter der jeweils beobachtbaren Erscheinung steht. Die zu seiner Zeit schon übliche wissenschaftliche Methode, die beobachtbaren Dinge zu beschreiben und möglichst objektiv zu registrieren, genügte ihm nicht; er forschte nach tieferen Zusammenhängen. Er suchte nach etwas, was über den Dingen ist und deshalb nicht in ihnen gefunden werden kann. Und so sagt Hegel schon in der Einleitung zu seiner »Phänomenologie«: »Die Knospe verschwindet in dem Hervorbrechen der Blüte,

und man könnte sagen, daß jene von dieser widerlegt wird; ebenso wird durch die Frucht die Blüte für ein falsches Dasein der Pflanze erklärt (...) Diese Formen unterscheiden sich nicht nur, sondern verdrängen sich auch als unverträglich miteinander. Aber ihre flüssige Natur macht sie zugleich zu Elementen der Einheit.« (S. 12)

Diese Einheit, die wir nie zu sehen bekommen, weil sie sich erst im Lauf der Entwicklung erkennen läßt, ist der eigentliche Kern dieser Lehre. Jeder gegenwärtige Zustand ist unwesentlich, er ist nur eine für sich unverständliche aus dem Zusammenhang gerissene Phase einer Entwicklung. »Das nackte Resultat ist der Leichnam, der die Tendenz hinter sich gelassen hat.« (S. 13)

Was wir nicht wahrnehmen können, wenn wir jeweils nur das in der Gegenwart Sichtbare betrachten, ist für Hegel der Geist. Wer nur eine Blüte betrachtet und sonst nichts von der Pflanze weiß, wird aus ihr weder die Form der Knospe noch die der Samen erkennen können. Und doch ist die ganze Entwicklung in ihr unsichtbar und unerforschbar vorhanden. Sie ist geistig vorgegeben. Was für die Pflanze gilt, ist aber, zumindest für Hegel, eine allgemeine Erscheinung. Nicht über der Entwicklung von einzelnen Lebewesen, sondern auch über der Geschichte der Völker steht ein Geist, der den Zusammenhängen erst einen Sinn gibt. Dieser »Weltgeist« kann nur aus dem erahnt werden, was tatsächlich geschehen ist. Die Menschen, die diesen Sinnzusammenhang verwirklichen, sind sich dessen natürlich nicht bewußt. Indem sie »frei« entscheiden, verwirklichen sie den vom »Geist« zusammengehaltenen Sinn.

Dieser philosophische Exkurs mag zunächst genügen.

Ob wir nun Hegels Lehre über den sinngebenden Geist der Zusammenhänge für uns akzeptieren oder nicht, wer sie erahnt, der kann das, was im Staat, in der Wirtschaft und schließlich auch in jedem Unternehmen geschieht, mit anderen Augen sehen und wahr-nehmen.
Die größte Opposition zu dieser Deutung kam von einem etwas jüngeren Denker. Er hielt diese vom Geist ausgehende Deutung für zwar interessant, aber für falsch. Er meinte, Hegel sehe dies verkehrt herum. Also nicht: Der Geist ist über den wirtschaftlichen Zusammenhängen, sondern umgekehrt, zunächst sind es die wirtschaftlichen Verhältnisse, die bestimmen, wie die Menschen denken können und müssen. Wer die Wirtschaft ändert, der ändert den Menschen. Er stellte der »idealistischen« Deutung Hegels seine »materialistische« gegenüber. Die Rede ist natürlich von Karl Marx. Seine Lehre wurde von Bert Brecht in der »Dreigroschenoper« in den lapidaren Satz zusammengepreßt: »Erst kommt das Fressen, dann erst die Moral.«
Der Streit darüber, wer nun eigentlich auf dem Kopf steht, Hegel oder Marx, tobte mit unterschiedlicher Heftigkeit seit rund hundertfünfzig Jahren. Vielleicht ist er so müßig wie der Streit, ob das Huhn oder das Ei zuerst war, den Eduard Mörike dadurch entschieden hat, daß er behauptete, der Hase habe das erste Ei gebracht. Bei aller Hochachtung vor dem Lebenswerk von Karl Marx, das man heute wieder unabhängig von denen betrachten kann, die ihn ausgeschlachtet haben, ohne daß er sich dagegen wehren konnte, leuchtet mir persönlich der Gedankengang von Hegel eher ein. Dieses Buch ist ein Bekenntnis nicht zu Hegels Lehren im einzelnen, wohl aber zu einer Auffassung, die über und hinter dem

Materiellen das Wirken geistiger Kräfte anerkennt. Es ist nicht gegen den Materialismus an sich gerichtet, denn der ist fast überall eine notwendige Grundlage für die Erklärung objektivierbarer Erscheinungen, wohl aber gegen den Absolutheitsanspruch des Materialismus. Wer den »Geist« lediglich für eine biochemische Reaktion hält, hat damit genauso recht, wie jemand, der erklärt, ein Gedicht sei nichts anderes als ein paar Zeichen aus Druckerschwärze auf einem Blatt Papier. Solche Aussagen lassen sich vielleicht mit rein naturwissenschaftlichen Methoden nicht widerlegen, aber sie helfen uns auch nicht weiter.

Mein Denken geht auch nicht im entferntesten gegen Naturwissenschaft, Technik und das Funktionieren einer gesunden Wirtschaft. Im Gegenteil. Ich bin allerdings der Ansicht, daß das einzig und allein sich an exakt meßbaren Kriterien orientierende Denken und Handeln auf keinem Gebiet einen dauerhaften und soliden Erfolg bringen kann. Wir können die Löwenzahnblüte nach allen Regeln der Kunst analysieren, wenn wir nichts sonst von der Pflanze wissen, werden wir die Pusteblume nie in ihr erkennen können.

Wenn der geistige Grundwasserspiegel sinkt, dann vertrocknen nach einiger Zeit auch die finanziellen Quellen.

Die Folgen der Denkermüdung

Vor einigen Jahren gab es einmal einen Schlager, der mit einer geradezu genialen philosophischen Aussage anfing – die allerdings durch die darauf folgenden Banalitäten wieder plattgewalzt wurde: »Wenn du denkst, du denkst, dann denkst du nur, du denkst...« Wenn Sie in diesem Satz das zweite und das vierte du betonen, dann gibt er einen wichtigen Sinn. Sind wir es selbst, die denken, oder denkt etwas in uns, das uns nicht alleine gehört und das uns auch nicht immer gehorcht? Wir werden uns mit solchen Fragen immer wieder beschäftigen, aber zunächst wollen wir uns ganz vordergründig den von Mensch zu Mensch unterschiedlichen Horizonten des Denkens zuwenden. Denken existiert ja nie für sich allein, sondern es ist immer eine Frage der geistigen und (nach Marx) auch wirtschaftlichen Umwelt, auf die es trifft.

Unser Denken, soweit wir denken können, was wir denken können, hat Grenzen. Ob wir uns auch vorzustellen vermögen, wie das Land hinter diesen Grenzen aussieht, darüber haben sich die Philosophen seit Urzeiten den Kopf zerbrochen. Auch uns, die wir im Alltag nicht daran vorbeikommen, gelegentlich ein bißchen nachzudenken, berührt diese Grenze täglich. Alles was sich in der Welt der Menschen je verändert hat, das hat sich in

ihren Köpfen niedergeschlagen, oder, je nach der philosophischen Auffassung, dort seine Ursache gehabt.
Jeder Mensch hat seinen eigenen Denkhorizont. Je höher sein Aussichtspunkt ist, desto weiter kann er blicken. Daraus könnte sich eine natürliche Hierarchie der menschlichen Horizonte ergeben. Leider tut uns aber die menschliche Gesellschaft nicht den Gefallen, so organisiert zu sein, daß Menschen mit Weitblick immer oben und Menschen, die gerade noch den Boden unter ihren Füßen wahrnehmen, immer unten stehen. Daraus haben sich schon immer Konflikte ergeben. Könige und Diktatoren mit großer Macht und kleinem Hirn haben seit Urzeiten viel Böses angerichtet. Letzten Endes muß jede Gesellschaft danach beurteilt werden, ob und inwieweit sie tüchtigen und weitsichtigen Menschen ermöglicht, Einfluß auszuüben. Wo Banausen über Genies herrschen, sieht es anders aus als dort, wo die Weisen auf dem Thron sitzen. Dieses uralte Problem der menschlichen Gesellschaft hat schon Platon immer wieder beschäftigt – und er war nicht der erste. Seine Stufenleiter vom Verbrecher über den Sklaven und dem erziehbaren Menschen bis hin zum weisen Staatsmann, dem nicht nur »in einem geistigen Werdeprozeß etwas Göttliches zuteil wird«, sondern der auch mit Hilfe der Muse sein Erziehungs- und Bildungsideal anderen Menschen beibringen kann, war schon im alten Athen ein nie erreichter, wohl aber anerkannter Idealzustand.
Haben wir heute die richtigen Auswahl- und Förderkriterien? Und wenn wir sie denn hätten, kommt Weisheit gebührend zum Zuge? Oder ist Weisheit im Grunde vielleicht sogar etwas unausgesprochen Verpöntes, weil sie nicht nach Effizienz und Wirtschaftlichkeit fragt? Ist

Weisheit ein Luxus, den sich nur noch die leisten können, bei denen Geld und Erfolg, aus welchen Gründen auch immer, keine Rolle spielen? Hatte Albert Einstein recht, als er 1955 kurz vor seinem Tod resigniert an seinen Freund Max Born schrieb: »Ich würde unter den heutigen Verhältnissen nur einen Beruf wählen, bei dem der Broterwerb nichts zu tun hat mit dem Streben nach Erkenntnis.« (S. 299) Kann es sich eine Gesellschaft leisten, Weisheit als Risikofaktor anzusehen und dafür besonders anpassungs- und lernfähige Banausen auf die Sessel zu setzen, von denen Macht ausgeht? Obwohl derartige Fragen nicht vorschnell beantwortet werden dürfen, will ich doch eine Aussage wagen: Ja, das kann sich eine Gesellschaft leisten, aber nur eine gewisse Zeit lang. Früher oder später wird Macht, die von Banausen ausgeübt wird, Menschen, denen in einem geistigen Werdeprozeß nie etwas Göttliches zuteil geworden ist, wie sich Platon ausgedrückt hat, auf Abwege führen. Allerdings: Die reine Weisheit ist nie lebensfähig, sie braucht irdische Banalitäten, auf die sie sich im Kampf der Gedanken stützen kann.

Wie ist es in Ihrem menschlichen Umfeld, Ihrem Arbeitsfeld, in Ihrem Unternehmen, in Ihrer Verwaltung, in Ihrem Verein, in Ihrer Partei damit bestellt? Kommen Weisheit, Weitblick, Kreativität so zur Geltung, wie es die Verhältnisse erfordern? Dazu seien hier Beispiele aus der jüngeren Vergangenheit genannt. Erhard Eppler, der schon in der Zeit der sozialliberalen Koalition immer wieder hellsichtige und wegweisende Mahnungen insbesondere für eine andere Umwelt- und Friedenspolitik ausgesprochen hatte, traf innerhalb seiner Partei, der SPD, vornehm ausgedrückt, längst nicht auf die Reso-

nanz, die ihm gebührt hätte. Herbert Gruhl, der mit seinem Buch »Ein Planet wird geplündert« (1975) Aufsehen erregt hatte, fand in seiner Partei, der CDU, die er 1978 verließ, ebenfalls nicht die notwendige Anerkennung. Ralf Dahrendorf, der zeitweise einer der führenden Vordenker liberaler Politik in Deutschland war, hat seine Arbeit erfolgreich nach England verlegt. Und wie viele Wegbereiter ökologischen Denkens haben allein die »Grünen« durch einen zeitweise unbeugsamen Fundamentalismus hinausgeekelt?
Der gemeinsame Grund solcher hierarchischer Horizontbeschneidungen ist in der Politik dieser: Der Super-GAU für eine Partei ist nicht der Zusammenbruch der Wirtschaft, eine heranrückende Umweltkatastrophe oder der Ausbruch einer allgemeinen Phantasielosigkeit, sondern der Verlust von Wählerstimmen, der ihr die Regierungsfähigkeit nehmen oder sie gar unter die Fünf-Prozent-Hürde drücken würde. Ein Politiker, den dieses Problem weniger beschäftigt als die langfristige Gesundheit von Wirtschaft und Gesellschaft, muß sich sagen lassen: Du magst ja recht haben, aber was nützt uns deine Weisheit, wenn wir nicht gewählt werden und dann nichts zu bestimmen haben? Wessen Sichtweite auf einen kurzen Zeitabschnitt begrenzt ist, bis zur Wiederwahl oder bis zur nächsten Firmenbilanz, von der die Vertragsverlängerung, die Dienstvilla oder der Firmenwagen abhängen, darf anscheinend keinen allzuweiten Horizont erkennen lassen, wenn er seiner Karriere nicht schaden will. Ein solcher Zustand fördert zwangsläufig die Diktatur der Borniertheit, es sei denn, wir finden Strategien, dagegen anzusteuern. Daß es dennoch immer wieder Menschen gibt, die nicht nur trotz, sondern viel-

leicht sogar auch wegen ihrer Weisheit den Weg nach oben schaffen, muß Hoffnung machen.

Es kommt also darauf an, ob und in welcher Weise sich geistiger Weitblick, Phantasie und Kreativität durchsetzen können. Dies ist zum Teil zwar auch eine Frage der jeweiligen Organisation, vor allem aber auch noch der »führenden Köpfe«. Wenn ein erlahmendes Unternehmen einen Berater beschäftigt, der zu dem Ergebnis kommt: »Die Organisation ist okay, aber der Boß muß weg«, dann kann er kaum damit rechnen, einen neuen Auftrag zu bekommen. Und gerade hier scheidet sich die Spreu vom Weizen.

In (West-)Deutschland ist nach 1945 eine blühende Industrie entstanden, die uns wieder zu einer der bedeutendsten Wirtschaftsmächte in der Welt hat werden lassen. Daß Bewunderung und Neid da nicht ausbleiben konnten, ist selbstverständlich. Aber jede Blüte welkt, jede Pflanze hat einmal die ihr von der Evolution her zukommende Größe erreicht, jedes höhere Lebewesen durchläuft einen natürlichen Alterungsprozeß. Können wir es uns wirklich leisten, so zu tun, als ob uns das nichts angehe? Alles spricht dafür, daß wir uns geistig schleunigst auf unsere noch vorhandenen geistigen Kraftreserven besinnen und diese für eine Verjüngungskur mobilisieren sollten. Wir müssen von unserer Weisheit Gebrauch machen.

Der Alterungsprozeß zeigt sich an zahlreichen und weitgehend bekannten Symptomen, von denen hier zur Veranschaulichung einige erwähnt werden sollen. Sie betreffen teilweise nicht nur Deutschland, sondern die zunehmend ineinander verwobene Denk- und Schicksalsgemeinschaft Westeuropa.

Als, beginnend in den sechziger Jahren, die Kameraindustrie aus Deutschland nach und nach verschwand und einige Jahre später auch mehr oder weniger die der Unterhaltungselektronik, gab es dafür viele plausible Gründe, und man brauchte das zunächst auch gar nicht so tragisch zu nehmen, schließlich gab es ja noch genügend andere Bereiche, in denen kreativ entwickelt und viel Geld verdient wurde. Daß u. a. auch die Textilindustrie unter Zurücklassung einiger renommierter Marken und Adressen Zug um Zug abwanderte, empfanden viele, im Gegensatz zu den betroffenen Arbeitnehmern, als wenig spektakulär. Aufregender könnte allerdings werden, wenn in einigen Jahren auch die Automobilindustrie folgt, die sich ebenfalls schon auf diesen Weg gemacht hat. Wenn nach Korea in einigen Jahren auch China und Malaysia Autos und zahlreiche andere Gebrauchsgüter für den Weltmarkt produzieren, dann muß uns viel mehr einfallen als derzeit noch, um auf irgendeine Weise in der Welt mithalten zu können. Es wäre ein gefährlicher Irrtum zu hoffen, unsere hohen Lohn- und Produktionskosten ließen sich noch lange halten für Produkte, die es anderswo billiger gibt. Gegenüber der Konkurrenz ist das Pochen auf Besitzstände ein untaugliches Argument. Wer auf ihnen beharrt, wird weggeschwemmt, wenn die Flut kommt. Nur wer verzichten kann, hat die richtige Strategie.

Es gibt jedoch noch weitere Faktoren: Schon 1989 wurde ermittelt, daß Japaner für die Montage eines Autos im Durchschnitt 16,8 Arbeitsstunden brauchten, während dafür in Europa mehr als das Doppelte an Zeit, nämlich 36,2 Stunden erforderlich waren. In Japan wurden (je 100 Autos) dabei 60 Montagefehler, in Europa dagegen mehr als der eineinhalbfache Wert, nämlich 97 festgestellt (Angaben nach Womack, S. 97). Die Zahlen über Montagefehler schlagen sich indirekt auch in der vom ADAC jährlich ermittelten Pannenstatistik nieder, in der ebenfalls japanische Autos im Durchschnitt besser abschneiden als europäische. Es muß etwas geschehen. Das weiß man auch in der deutschen Industrie, aber wer mit der Schlankheitskur erst beginnt, wenn andere schon abgespeckt haben, hat das Nachsehen.

Die Produktion kann man verschlanken, nicht aber so leicht auch das Denken. Es müßten daher andere Strategien möglich sein als nur die der Verlagerung von Arbeitsplätzen ins Ausland. Jeder klagt über diese Entwicklung, keiner hat ein Rezept gegen sie, man nimmt sie hin wie ein unabänderliches Schicksal. Dabei macht sich kaum einer Gedanken, daß der brachliegende Arbeitsmarkt indirekt eine Folge der Brache in den Köpfen ist. Und wenn es ein Naturgesetz geben sollte, wonach die fortschreitende Technik den Menschen teilweise entbehrlich machen muß, dann müssen wir uns eben Gedanken darüber machen, ob nicht vielleicht eine auf diese Weise menschenfeindliche Technik entbehrlich ist. Niemand wird dafür bezahlt, gerade über dieses letzte Thema nachzudenken, denn die Industrie kann kein Interesse daran haben, obwohl es eigentlich nur um das Wie und Wofür der Technik geht und nicht um sie selbst. Mittelfristig wird das Land einen Vorteil als Industrie- und Wirtschaftsstandort haben, dem es gelingt, Strategien zu entwickeln und zu realisieren, die dieses Problem lösen.

Auch in Deutschland gibt es dazu hoffnungsvolle Ansätze, nur leider viel zu selten.

In den folgenden Betrachtungen zeigt sich, wie sehr die Sicherheit der Arbeitsplätze von der geistigen Struktur der führenden bzw. führen sollenden Köpfe abhängt.
Daß die Produktion der Halbleitertechnik bei uns trotz einiger kostspieliger Ansätze kaum Fuß fassen konnte, mag viele äußerlich plausible Gründe haben, aber es mag kein Trost sein, daß sie dereinst einmal nicht abwandern kann, weil sie ihren Schwerpunkt und ihre wesentlichen Antriebskräfte noch nie bei uns hatte. Im Jahr 1994 wurden auf dem Gebiet der Mikroelektronik in Japan 19 344 Patente angemeldet, in den USA 1667, in Deutschland dagegen nur 204 (Journal für Deutschland, 7/1995). Das letzte in Deutschland ansässige Werk, das Sonnenkollektoren herstellte, verlegte seine Produktion 1995 ins Ausland, obwohl gerade diese Technologie mit Zukunftschancen wesentliche Impulse aus Deutschland erfahren hatte. Vielleicht ist es aus ethischen Gründen verständlich, daß die Deutschen sich auch in der Gentechnik so zurückhaltend gebärden. Aber unsere Bedenken werden andere nicht davon abhalten, um so intensiver in diesem Bereich weiterzuforschen und die entsprechenden Produkte auf den Weltmarkt zu bringen, auf dem dann auch wir sie einkaufen werden. Unsere »Ethik« in Ehren, aber wenn die verschmähten Produkte durch die Hintertür zu uns kommen, müssen wir über den ganzen Komplex offener denken.
Daß die eigentliche Innovationsfähigkeit nicht nur ein vordergründig wirtschaftliches und technisches, sondern vor allem auch ein geistiges Problem ist, wurde viel zu wenig beachtet. Es hat sich erst erwiesen, als auch in kulturellen Bereichen Deutschland mehr und mehr zum Importland wurde. Zumindest hier zieht das Argument

vom teuren Produktionsstandort nicht mehr. Niemand produziert so billig wie ein Schriftsteller, dem man, wenn seine Bücher unverkäuflich sind, gar nichts bezahlen muß. Teuer sind nur Lizenzen von Welterfolgen. Deutsche Filme gibt es, nach einer ideellen Blüte in den siebziger Jahren, nur noch gelegentlich zu sehen, meist in kleineren, noch selbständigen Kinos. Ihr Marktanteil wird auf fünf Prozent geschätzt. Ein Grund für diese Tatsache mag sein, daß der Filmverleih bei uns in amerikanischen Händen liegt. Wahrscheinlicher sind aber geistige Gründe für diese Entwicklung. In der Buchproduktion spielen bei »großen Titeln« mit hoher Auflage nur noch Übersetzungen eine wesentliche Rolle. Deutschsprachige Autoren sind zumindest in der Belletristik immer weniger im Geschäft. Auf Bestsellerlisten wagen sie sich nur in Ausnahmefällen. Die entsprechende Entwicklung auf dem Gebiet der Unterhaltungs- und Popmusik ist längst abgeschlossen. Hier sind wir ganz aus dem Rennen. Bei der »klassischen« Musik, die wir uns doch so viele öffentliche Mittel kosten lassen, kommen die Impulse für neue Interpretationen fast ausschließlich aus England und die Preisträger bei internationalen Wettbewerben besonders häufig aus Japan, obwohl (oder weil?) diese Musik dort keine jahrhundertealte Tradition hat.

Wie sieht es mit der wissenschaftlichen und technischen Kreativität aus? Der damalige Präsident des Deutschen Patentamts in München, Erich Häußer, sagte Anfang 1994 vor der Presse, aus großen deutschen Forschungseinrichtungen, die sich der Staat noch immer viel Geld kosten lasse, komme nicht einmal ein Prozent der deutschen Patente. Abgesehen davon, sagt die Zahl der Patente noch nichts über ihre Qualität aus. Der internationale Ruf der deutschen Universitäten ist längst nicht mehr das, was er einmal war. Und die Zahl der Studenten hat nichts mit der Qualität der in den Universitäten vermittelten Ausbildung zu tun. Die deutsche Wissenschaft hatte ihre größte Weltgeltung zu einer Zeit, als die Zahl der Studienplätze im Vergleich zu heute nur einen kleinen Bruchteil ausmachte.

Schon 1984 wurde durch eine Studie bekannt, daß fast siebzig Prozent der Studenten bekennen, seelische Probleme zu haben, und zwanzig Prozent sich in psychiatrischer Behandlung befinden (BNN, 13. 2. 84). Die damalige Befragung bezog sich zwar nur auf westfälische Hochschulen, sie dürfte aber einen allgemeinen Zustand beleuchten. Einem Menschen, der sich aus irgendwelchen Gründen vorwiegend mit sich selbst beschäftigt, bleibt wenig Energie, für eine Sache oder gar für andere. Ob die während des Studiums abgebogenen Kräfte nachschießen, wenn Prüfungs- und Bewerbungshürden bewältigt sind, ist fraglich.

Wenn wir diese mehr oder weniger allgemein bekannten Symptome in diesem Zusammenhang noch einmal betrachten, so sollte nicht ein verletztes Nationalgefühl im Vordergrund stehen. Solange der Weltmarkt funktioniert und wir genügend Geld haben, dort einzukaufen, bräuchten wir uns nicht aufzuregen. Das Problem besteht jedoch darin, daß Geld auf lange Sicht nur dort verdient wird, wo auch die geistigen Quellen schütten. Wenn die versiegen, kann man aus einem See noch einige Zeit schöpfen, bis auch der vertrocknet. Viele unserer großen Industriebetriebe lassen sich auf Unternehmer und Erfinderpersönlichkeiten des neunzehnten Jahrhunderts zurückführen, die weltberühmt geworden sind. Sie konnten ihren Weitblick in der sie unmittelbar umgebenden Wirklichkeit durchsetzen. Wenn aber bei uns jetzt Arbeitgeber sich Löhne abtrotzen lassen, die sie nur dank ins Ausland ausgelagerter Arbeitsplätze bezahlen können, dann muß man sich fragen, wie lange ein solcher Neokolonialismus funktionieren kann. Unser Schiff mag geistig leckgeschlagen sein, aber solange das Wasser nicht ins Restaurant dringt, lassen wir es uns schmecken. Noch ist unser Vermögen, von dem wir zehren, nicht erschöpft, noch sind wir eine Wirtschaftsmacht, noch schaut man auf uns, wenn auch die Blicke, die man auf uns richtet, manchmal etwas mitleidig werden. So sagte der japanische Managementberater Minoru Tominaga: »Ich will, daß Japans Wettbewerber stark sind, denn nichts ist so gefährlich wie schwache Konkurrenten. Und dann bestände die Gefahr, daß Japan ebenso träge und selbstzufrieden wird wie Deutschland und seine europäischen Nachbarn.« (WW 12/95)

Diese Entwicklung hat zahlreiche immer wieder erwähnte und beklagte Gründe. Sicher spielen die Lohnkosten und politische Randbedingungen dabei eine gewichtige Rolle, aber solche Argumente zählen nicht, wo es um verengte Blickwinkel und schwerfälliges Denken geht. Mit Geld kann man nur kurzfristig Symptome, nicht aber langfristig die eigentlichen Ursachen kurieren. Es gibt auch andere, hoffnungsvolle Zeichen. So haben 1995 einige junge Leute, die aus einer Arbeitsgemeinschaft eines Gymnasiums in Stade hervorgegangen sind, gemeinsam ohne staatliche Förderung und ohne industrielle Forschungslabors eine Erfindung gemacht, an der vor allem japanische und amerikanische Techniker

mit Millionenaufwand seit Jahren bislang vergeblich herumgetüftelt hatten: Sie entwickelten den 3-D-Bildschirm, der mehreren gleichzeitig räumliches Sehen ohne optische Hilfsmittel ermöglicht. Es bleibt abzuwarten, in welchem Land schließlich mit dieser Erfindung Arbeitsplätze geschaffen werden, und wo damit Geld verdient wird.

Alle wirklich genialen Erfindungen und Kunstwerke sind nicht dadurch entstanden, daß sie jemand hoch bezahlt hätte, sondern dadurch, daß ein Genie aus sich selbst heraus zur Tat gedrängt wurde. Dies soll nicht besagen, daß man geistig produktive Leute schlecht bezahlen soll. Doch ist in der Kultur- und Wirtschaftspolitik meist nur vom Geld die Rede, fast nie vom geistigen Wind, der weht oder nicht weht. Es geht also weniger darum, große Leistungen groß zu bezahlen, als sie zunächst einmal überhaupt zu erkennen. Das ist unser Problem.

An der Spitze müßte man einen weiten Horizont haben und nicht nur die Kraft, die man gebraucht hat, um sich nach oben zu boxen.

Die Hierarchie der Horizonte

Neue und wegweisende Gedanken findet man nicht, wenn man immer nur auf seine eigenen Füße starrt. Wenn Regierungen und Geschäftsleitungen sich in Tagesfragen aufreiben, reicht ihr Horizont nicht weit. Der Horizont eines Mitarbeiters in einem Unternehmen oder ganz allgemein in einer Organisation kann nur so weit genutzt werden, wie der Horizont seines Chefs reicht. Je höher einer sitzt, desto weiter müßte eigentlich sein Blickwinkel sein. Dies läßt sich leicht grafisch skizzieren. Wie sich dabei zeigt, wird der weiterreichende Blickwinkel auf unterer Ebene durch den des Vorgesetzten beschränkt und bleibt somit ungenutzt.

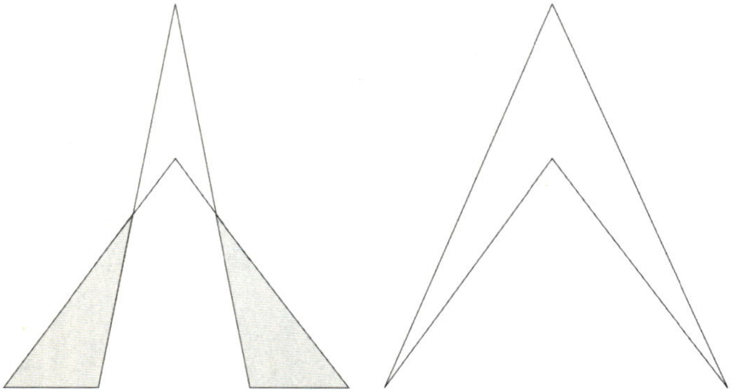

Wie eine Horizontbeschneidung sich in der Wirtschaft auswirkt, dafür gibt es Beispiele aus der jüngsten Geschichte. Telefax wurde bei Siemens und der mit Flüssigkristall arbeitende flache Bildschirm (LCD) bei AEG entwickelt. Es sind beides Innovationen, die »Weltkarriere« machten. Bei uns wurde aber ihre zukunftsweisende wirtschaftliche Bedeutung nicht rechtzeitig und gebührend erkannt, mit der Folge, daß die entsprechenden Produkte heute überwiegend importiert werden müssen. Neben diesen spektakulären Beispielen gibt es Tausende weiterer. 1993 hat das Institut der Deutschen Wirtschaft behauptet, daß es in Deutschland Millionen Arbeitsplätze mehr geben könnte, wenn wir alle deutschen Erfindungen so genutzt hätten, wie es die Japaner tun. Wir müssen wissen, daß die Erfindungen, die die nächsten Jahrzehnte beeinflussen werden, schon gemacht sind oder in wachen Köpfen bereitliegen. Es käme also darauf an, diese wachen Köpfe aus der Vielzahl derer, die sich für wichtig halten, herauszufinden. Die Nadel im Heuhaufen zu suchen, ist das kleinere Problem gegenüber dem, zu wissen, daß es sie überhaupt gibt.

In jeder Organisation, vor allem in den großen bürokratisch geführten Verwaltungen und Unternehmen hat jeder Mitarbeiter seinen angeketteten Freßnapf. Wehe dem, der – im wahrsten Sinne des Wortes – über den Tellerrand hinausblickt. Was es dort zu sehen gibt, darf ihn nichts angehen. Er darf nicht nach der Seite und schon gar nicht nach oben scharfe Augen machen, das wird ihm (unausgesprochen natürlich) als Einmischung ausgelegt, und Weiterdenken ist absolut nicht förderlich für die Karriere und das berufliche Wohlergehen. Als

Mitarbeiter noch Zeit hatten, Außerberufliches miteinander zu besprechen, konnte immer wieder ein kreativer Funke über die Fachgrenzen hinwegspringen. Aber wo jeder im Rahmen einer Effizienzoptimierung auf seine enge Funktion festgelegt wird, ist der Zwang zur Anpassung noch größer geworden. Wer über das ihm übertragene Aufgabenfeld hinausdenkt, tritt anderen dorthin, wo ihr Schwanz liegen müßte, wenn sie ihn nicht schon längst eingezogen hätten. Aber da muß es wohl so eine Art Phantomschmerz geben.

Ein großer Teil der Versäumnisse in Wirtschaft und Kultur hat seine Ursache darin, daß die Begabung, die jemand braucht, um nach oben zu kommen und sich dort zu halten, von anderer Art ist als die, die er oben eigentlich bräuchte. Das Streben nach Wiederwahl, Beförderung, Vertragsverlängerung und neuen Aufträgen verzehrt Kraft und Nerven, die eigentlich anderweitig nötig wären. Die mit Vitalität gepaarte Visionslosigkeit verspricht mehr (finanziell meßbaren) Erfolg als ein auf ein einziges Sachziel gerichtetes Talent. Mit Perfektionismus und Vollkasko-Mentalität ist heute zwar immer noch einiges erreichbar, aber in die Zukunft weisen solche Einstellungen nicht. Wir müssen unsere Denk- und Verhaltensstrukturen überprüfen, und wir werden dabei feststellen, daß in mancher Beziehung nicht viel Neues entdeckt werden müßte, es käme vielmehr darauf an, von dem, was wir bereits haben, den richtigen Gebrauch zu machen.

Zwar wird gelegentlich behauptet, es gebe Chefs, die auch unbequeme Mitarbeiter tolerieren, wenn sie kreativ sind. Aber abgesehen davon, daß Kreativität ein sehr weitgespannter Begriff ist, der immer davon abhängt, was gerade verlangt wird, ist dieser Zustand eher die

Ausnahme. Normalerweise darf erst der unbequem werden, der selbst Chef ist. Wer schon vorher unbequem ist, wird keiner, es sei denn, er macht sich selbständig. Dieser Zustand in deutschen Hierarchien wurde sogar schon von einer »Gesellschaft für erfahrungswissenschaftliche Sozialforschung – Gewis« untersucht. Danach soll jeder dritte in deutschen Büros manchmal das Gefühl haben, er könnte seinen Chef erwürgen. Ein Viertel wünscht sich, daß der Chef besser zuhört, und nur neun Prozent haben Respekt vor ihm (BNN. 26. 8. 94). Da stimmt doch etwas nicht mehr. Wie soll er denn sein, der ideale Chef? Rühren die Probleme daher, daß Menschen immer weniger Sinn für Gemeinschaft haben und daher auch die Zusammenarbeit mit anderen, zu denen auch der Chef gehört, für eine Zumutung halten? Lassen wir Liebe, Achtung und Vertrauen zum Chef einmal beiseite. Das Hauptproblem ist die Frage, ob er die Intelligenz der Mitarbeiter zu seiner eigenen macht, ohne ihnen ihr Selbstwertgefühl zu nehmen. Vermutlich gibt sich alles andere dann von selbst. Bei einem kreativitätsfördernden Chef, der weite Horizonte unter sich nicht nur duldet, sondern fördert, geht es letztlich auch um die recht verstandene Kraft der Demut und Bescheidenheit. Dies ist kein Widerspruch, weil es oft viel Überwindung braucht, die Idee eines anderen zu akzeptieren und einzusehen, daß man selbst nicht der Größte zu sein braucht. Stark ist, wer seine Grenzen kennt und doch weiß, daß es eine Welt hinter ihnen gibt. Groß ist, wer seinen eigenen Horizont nicht für das Ende der Welt hält. Dies war schon die Lehre von Laotse, der im 66. Spruch des »Taoteking« folgendes über den weisen Herrscher sagt:

»Wünscht er über den Menschen zu sein,
muß er sich demütig unten halten.
Wünscht er den Menschen voranzugehen,
muß er sich selbst nach hinten stellen.«

Es sieht so aus, als ob eine derartige Weisheit, die die Kraft hat, andere zu fördern, ohne sich selbst hervorzutun, das ist, was fehlt in einer Welt, in der sich Erfolg nur noch in Mark und Pfennig ausdrücken läßt. Wo ein Weiser mit weitem Horizont unten in der Hierarchie sitzt, kann niemand seine Visionen nutzen. Sie sind auf lange Jahre oder für immer vergebens. Eine Gesellschaft kann nur überleben, wenn die Intelligentesten und Weisesten von ihren kostbaren Fähigkeiten wirksam Gebrauch machen können. Unter der Vorherrschaft übermenschlich großer Strukturen, des Geldes, der Sachzwänge, der etablierten Lehren und der banalen Kraftmeier muß eine Kultur zugrunde gehen.

Was ließe sich gegen die beklagten Zustände tun? Vieles hängt von der Art und Weise ab, wie wir mit geistigen Problemen umgehen. Und uralte Erkenntnisse tragen dabei eher zu einer geistigen Verjüngungskur bei als die allerneuesten Denkprodukte aus dem Supermarkt.

Wenn etwas nicht funktioniert, fragen wir immer gleich nach einem Schuldigen. Im Strafrecht können, von genau definierten Ausnahmen abgesehen, nur Täter beschuldigt werden, denen konkret nachgewiesen werden kann, was sie wollten und was sie getan haben. Auch der zivilrechtliche Schuldbegriff stützt sich zumindest indirekt auf ein menschliches Fehlverhalten, denn nur einem Menschen kann schließlich vorgehalten werden, daß er die »im Verkehr erforderliche Sorgfalt außer acht läßt«

(§ 276 BGB). Wenn aber der Geist eines Unternehmens oder einer Fußballmannschaft sich verflüchtigt, wenn Gruppen versagen, dann schweigt unsere Rechtsordnung. Man kann einen Minister ablösen, einen Manager dem Arbeitsmarkt zur Verfügung stellen, einen Trainer feuern, aber was geschieht mit dem kranken Gruppengefühl, mit der miesen Stimmung, mit der gestörten Kommunikation unter den Mitarbeitern?

Das verlorene Fußballspiel, die verlorene Wahl, der verlorene Marktanteil, das alles läßt sich meist nicht auf individuell zurechenbares Versagen zurückführen. Die Gruppe hat versagt. Trotzdem wird immer zunächst nach Ursachen und Schuldigen gesucht, und Sündenböcke werden geopfert. Doch bereits Aristoteles kannte den Zusammenhang zwischen den Teilen und dem Ganzen: »Was aus irgendwelchen Bestandteilen so zusammengesetzt ist, daß das Ganze eine Einheit bildet, also nicht wie ein Haufen, sondern wie eine Silbe, das ist offenbar mehr als nur die Summe seiner Bestandteile. Eine Silbe ist nicht nur gleich den Lauten, die sie bilden: die Silbe ba ist nicht gleich b und a.« (Hauptwerke, S. 126)

Über das, was aus den Buchstaben die Silbe, aus Sportlern eine Mannschaft und aus Menschen ein Volk macht, wurde seit Urzeiten nachgedacht. Aristoteles sprach in diesem Zusammenhang und über diesen Zusammenhang von »Entelechie«, das ist, frei übersetzt, etwas, was sein Ziel in sich hat. Das unausgesprochene gemeinsame Ziel, der gemeinsame Geist, das gemeinsame Verständnis macht aus Individuen eine Gruppe, die mehr zuwege bringen kann als eine Versammlung von Einzelkämpfern.

Was geschieht bei uns? Wir werden zunehmend ein Volk von »Singles« in jedem Sinne des Wortes. Wir schotten und kapseln uns voneinander ab. Unsere Feste veröden im Fraß. Wo nicht mehr getanzt, gesungen und gelacht wird, besteht keine »Entelechie«, um bei diesem Begriff zu bleiben. Und wenn es ums Essen geht? Man kehrt nicht ein, sondern man geht aus. Die »Einkehr« war die gastliche Aufnahme in eine neue Gesellschaft. Der »Ausgang« ist die Flucht aus der Häuslichkeit. Dies ist ein vielsagender Wandel des Sprachgebrauchs.

Wer schafft den Zusammenhang, das Gemeinschaftsgefühl? Der gemeinsame Geist ist zwar über dem Individuum, aber er wird von einzelnen mehr, von anderen weniger zutage gefördert. Es käme also darauf an, Menschen zu finden, die mit diesem Geist auf andere ausstrahlen können. Wenn es an solchen Menschen fehlt, läßt sich die »Entelechie« nicht für teures Geld einkaufen. Das Gruppenbewußtsein läßt sich auch nicht einfach organisieren. Teams und Arbeitsgruppen, deren Zusammenarbeit auf eine vorgegebene Aufgabe beschränkt ist, schaffen es normalerweise nicht, eine richtige Gruppe zu werden. Wenn wir die Voraussetzungen für fachübergreifende Freundschaften wegrationalisieren, verkümmern alle Horizonte.

Studenten, die sich nur an Kommilitonen ihres eigenen Fachs binden, schaffen vielleicht dadurch ein gutes Examen, aber der Weg zum Fachidioten ist für sie vorprogrammiert. In dieser Hinsicht hat das alte Verbindungswesen der Universitäten einige Pluspunkte aufzuweisen. Ideen und Erfindungen setzen immer voraus, daß zuvor der Rahmen des angepaßten, fachbezogenen

Denkens gesprengt worden ist. Sie sind vermutlich, viel mehr als wir wissen, die Folge einer Freundschaft, eines langen, immer wieder aufgenommenen Dialogs – und sei es auf einer gemeinsamen Wanderung oder nach der dritten Flasche Wein. Es lohnt sich, die Lebenserinnerungen großer Forscher daraufhin einmal durchzusehen. Ein Beispiel: »Der Teil und das Ganze« von Werner Heisenberg. Geselligkeit, das ist mehr als das gemeinsame Herumstehen mit Appetithäppchen und Glas in der Hand. Wo sie gedeiht, hebt sich der geistige Grundwasserspiegel.

Aus der hier geäußerten Kritik ergibt sich indirekt auch der Weg zur geistigen Verjüngung. Man kann zwar versuchen, das Gespür für menschliche Gemeinschaft auf Wochenendseminaren zu trainieren, und tatsächlich gibt es ja auch solche Veranstaltungen. Aber es käme darauf an, schon das Kind intuitiv erfahren zu lassen, daß es ein Teil des Ganzen ist. Dies kann später weitergeführt werden. Ich kann dazu aus eigenem Erleben etwas beitragen. Seit vielen Jahren singe ich in einem Chor, in dem ich mich gleich wie alle anderen Mitsänger ganz dem Werk, der Interpretation und den oft spontanen Ideen des Dirigenten unterordnen muß. Obwohl ich in vieler Beziehung ein ausgeprägter Individualist bin, beeinträchtigt mich diese zeitlich begrenzte Ein- und Unterordnung überhaupt nicht. Im Gegenteil, ich empfinde mich z. B. bei der Aufführung einer Bachschen Passion als Teil einer Gemeinschaft, bei der es auf mich zwar ankommt, aber nicht auf meine Individualität.

Es gibt Hunderte von anderen Gemeinschaften, die ähnliche Erlebnisse der Zusammengehörigkeit verschaffen, ohne daß dadurch die menschliche Freiheit (was immer dies auch sei) beeinträchtigt wird. In einer Gesellschaft, die zunehmend auf Individualität und Wettbewerb setzt, käme es wieder mehr darauf an, das bei vielen in Verruf gekommene Gemeinschaftserlebnis als Beitrag zur Selbstfindung anzuerkennen.

»Nur wer Schrecken macht, kann andre führen.« Darf man Nietzsche das glauben?

Wie man seinen Kopf durchsetzt

Wer seinen Kopf durchsetzen will, muß erst mal einen haben. Denn bei manchen Menschen unterscheidet sich die obere Fortsetzung des Rückens nicht sehr von der unteren. Und wer immer mit dem Kopf durch die Wand will, hat bald keinen mehr. Die Straße von der inneren Vorstellung zum äußeren Ergebnis ist steil, eng, ungepflastert, kurvenreich und voller Verbotsschilder. Das Schlimmste ist aber der ständige Gegenverkehr. In Straßengräben und Abgründen liegen überall Verunglückte, und viele geben auf, bevor sie richtig gestartet sind.

So hart und unbequem es klingen mag: In irgendeiner Weise muß jeder versuchen, seinen Willen (oder was er dafür hält) durchzusetzen. Das ist schon schwierig bei widerspenstigen Gegenständen. Als Kind habe ich einmal versucht, mit der Laubsäge umzugehen, weil ich bei meinem Bruder gesehen hatte, wie man damit für sich selbst die schönsten Spielsachen basteln kann. Die Laubsäge muß mir gegenüber einen eigenen Willen gehabt haben, der meinem Willen total entgegengesetzt war. Wir stritten richtig miteinander. Ich redete auf sie ein, und sie reagierte mit passivem Widerstand. Immer wieder verklemmte sich das Sägeblatt und riß dann, weil ich natürlich nicht lockerlassen konnte. Schließlich kapierte ich, was mir die Säge sagen wollte: Wir zwei passen nicht zusammen. Das widerspenstige Ding flog in die Ecke und blieb dort beleidigt liegen. Die Scheidung fiel mir leicht, und sie war endgültig, zumal man mir als Ersatz für sie ein Klavier anbot. Das war die Liebe auf den ersten Ton. Zwar hatte und hat auch dieses mir gegenüber einen eigenen Willen, aber es ließ sich von mir immer wieder an den richtigen Stellen betasten, so daß wir seit vielen Jahren die reine Freude aneinander haben. Es ist also schon nicht harmlos, seinen Willen gegenüber Dingen durchzusetzen. Aber gegenüber Menschen erst! Da wird alles noch viel komplizierter. Ein verstimmtes Klavier mag ärgerlich für den Spieler sein, aber ein verstimmter Mensch ärgert sich und andere, die er dafür verantwortlich macht.

Seinen Kopf durchzusetzen, das halten wir leichtfertigerweise manchmal für ein vordergründiges Problem. Etwa so: Unsere innere menschliche Vorstellung trifft auf ein System aus anderen Menschen und Sachen. Dieses andere System soll nun durch unser (trainierbares) Verhalten seinen Zustand so ändern, daß es unserer inneren Vorstellung angepaßt oder ähnlicher wird. So etwa läßt sich das unterkühlt darstellen. Wie man eine derartige »Anpassung« zustande bringt, darüber kann man sich die unterschiedlichsten Gedanken machen. Über allem sollte jedoch die Einsicht stehen, daß es sich hier letzten Endes um ein geistiges Problem handelt. Die Willensstärke selbst ist nämlich weder machbar noch meßbar, doch ist gerade sie der entscheidende Faktor. Wo der eine brüllen muß, genügt beim andern schon seine stumme Anwesenheit.

Ob und wie man seinen Willen in entscheidenden Fragen, aber auch in scheinbar unbedeutenden Alltagssituationen behaupten kann, davon hängt das ab, was man gemeinhin als Erfolg bezeichnet. Wenn wir einmal die Herrschaft über Sachen (von der Laubsäge bis zum Computer) beiseite lassen, dann berührt uns vor allem die Frage nach der »Macht« über Menschen.

Macht gilt heute als etwas eher Negatives, weil man mit ihr Zwang und Unfreiheit verbindet, obwohl es keine menschliche Organisation gibt, in der sich nicht ausgesprochen oder unausgesprochen, bewußt oder verdrängt, immer wieder die Machtfrage stellt. Wir wollen uns deshalb zunächst ein wenig mit dem radikalsten und brutalsten Machttheoretiker befassen: mit Friedrich Nietzsche. Er hat die Macht verherrlicht und verklärt wie kein anderer. Vieles von dem, was er bei Ausbruch seiner Geisteskrankheit in einem unermeßlichen Zettelsalat hinterlassen hatte, befaßt sich mit dem »Willen zur Macht«. Auch wenn manche seiner Gedanken uns heute, nach dem entsetzlichen Mißbrauch, der mit ihnen getrieben wurde, zynisch und böse erscheinen, enthalten sie doch einige wichtige Einsichten. Nietzsche geht es nie um den Durchschnittsmenschen, sondern um den seltenen und daher einsamen Menschentyp, der sich über die Herde hinaushebt und sie zu seinen eigenen Zielen führt. Christliche und demokratische Wertvorstellungen lehnt Nietzsche ab, ebenso sozialistische. »›Der Wille zur Macht‹ wird in demokratischen Zeitaltern dermaßen gehaßt, daß deren ganze Psychologie auf seine Verkleinerung und Verleumdung gerichtet scheint. Der Typus des großen Ehrgeizigen: das soll Napoleon sein! Und Cäsar! und Alexander! – Als ob das nicht gerade die größten Verächter der Ehre wären!«

Wer also wirklich Macht hat, den läßt die Ehre kalt. Von diesem Standpunkt aus gesehen, ist es dann nur logisch, wenn Nietzsche sagt: »Damit der Mensch vor sich Achtung haben kann, muß er fähig sein, auch böse zu werden.« (III, 746) Und den Gipfel seiner »Führungsphilosophie« drückt er in seinem Gedicht »Der Einsame« aus (II, S. 24):

> Wer sich nicht schrecklich ist, macht niemand Schrecken.
> Und nur wer Schrecken macht, kann andre führen …

Wir werden sehen, daß es zum Glück auch prominente Gegenbeispiele gibt, denn Schiller war da wohl anderer Ansicht. Ob Nietzsche auch dann noch bei seinem Zynismus geblieben wäre, wenn er Hitler und Stalin gekannt hätte, darf man zu seinen Gunsten bezweifeln, und nichts lag ihm ferner, als für den Weg vom Willen zu seiner Verwirklichung gängige Rezepte anzubieten.
Zum Glück (oder Unglück) der Völker treten Menschen vom Typ eines Caesar oder Alexander nicht in jedem Jahrhundert auf. Aber ihr Egoismus war wohl doch nicht eine Privatangelegenheit, dann nämlich nicht, wenn er, wie Hegel in seinen Vorlesungen über die Philosophie der Weltgeschichte meinte, eine Ausprägung des Weltgeistes war. Einer aus der Herde spürt, was die Herde insgesamt, aber ohne Bewußtsein will. Hegel: »Die welthistorischen Individuen haben das Ziel gesteckt, das in der Tat der innere Wille der Menschen gewesen ist.« Diese Jahrhundertmenschen meinten, einen eigenen Willen zu haben, dabei blies ihnen nur der Weltgeist durch die Seele. »Große Menschen haben gewollt, um sich, nicht um die wohlgemeinten Absichten der an-

deren zu befriedigen. Von denen haben sie nichts erfahren (...) Caesar hatte die richtigste Vorstellung von dem, was die Römische Republik hieß.« (S. 431) Wer einen aus dem Weltganzen erfaßten Willen in sich spürt, dem folgt die Herde anscheinend wie von selbst. Auch Moses muß ein solcher Mensch gewesen sein. Leider gab es auch immer wieder »Hirten«, die ihre Herde in den Abgrund geführt haben.

Wenn auch Hegel und Nietzsche aus ganz verschiedenen Ecken heraus argumentierten, eines haben sie gemeinsam: den Irrtum, daß es in der Welt nur auf die Jahrhundertmenschen ankäme. Die Steuerung aus dem Weltganzen, oder, wie Hegel gesagt hätte, aus dem Weltgeist, ist wohl kein Privileg einiger weniger. Sie ist allerdings beim einzelnen unterschiedlich stark ausgeprägt. Man kann es, stark vereinfacht, so umschreiben: Jeder Mensch besitzt in sich sowohl Herden- als auch Hirteneigenschaften. Die Hirteneigenschaften waren bei Alexander sicher stärker ausgeprägt als bei einem Handwerksmeister, der seinen erfolgreichen Betrieb bei Null angefangen hat, aber beide müssen immer wieder gespürt haben, daß sie die richtigen Entscheidungen weder aus einem Lehrbuch noch von einem weisen Chef beziehen konnten. Der Mensch, der auf sich selbst angewiesen ist, sich selbst fragt, auf sich selbst hört und von dort Antworten erhält, und sei es nur in Teilbereichen seines Handelns, trifft Entscheidungen, durch die sich die Welt fortentwickelt; um eine Minute beim einen, um ein Jahrhundert beim andern. Unser Wille zeigt uns den Weg aus der Herde, auch wenn wir gerne in sie zurückkehren.

Aus der menschlichen Willenshierarchie folgen immer

wieder Konflikte und Gefahren. Deshalb sollen hier zwei ebenso radikale »Vorschläge« erwähnt werden, diesem Kampf zu entrinnen. Dem eigenen Willen zu entsagen, das ist der Rat der Mystiker. Besonders treffliche Formulierungen findet man darüber in der Schrift eines Frankfurter Mönchs aus dem späten vierzehnten Jahrhunderts, die unter dem Titel »Theologia deutsch« bekannt wurde. Ähnlich wie zuvor schon Meister Eckhart befaßt sich auch der »Frankfurter« mit dem Loslassen des Willens: »Wäre nicht eigener Wille, so wäre auch kein Eigentum. In dem Himmel ist nichts Eigenes. Daher ist da Genügen, wahrer Friede und alle Seligkeit (…) Aber in der Hölle will jedermann eigenen Willen haben. Darum ist da alles Unglück und Unseligkeit (…) Denn je mehr Eigentum, desto mehr Hölle und Unseligkeit. Und je weniger eigener Wille, desto weniger Hölle und näher dem Himmelreich (…) Wer etwas Eigenes hat oder haben will oder gern hätte, der ist selber eigen. Und wer nichts Eigenes hat oder haben will und nichts zu haben begehrt, der ist ledig und frei und niemand eigen.« (51. Kapitel)

Diese plakative Aussage ist, auch wenn sie das Gegenteil behauptet, wohl gerade so schroff wie die Nietzsches. Eigenartigerweise wurden solche asketischen Einsichten im neunzehnten Jahrhundert wieder von einem deutschen Denker aufgegriffen, der ganz bestimmt kein Frömmler war, Arthur Schopenhauer. Er sah in der Verneinung und Vernichtung des menschlichen Willens einen Weg zu Freiheit und Erlösung ins – Nichts.

Zwischen diesen Extrempositionen, zwischen den Willensverherrlichern und den Willensverneinern bleibt in unserem Alltag die Aufgabe, unseren Weg zu suchen und zu finden. Da sich das Dickicht, durch das wir uns dabei wühlen müssen, nicht ganz darstellen läßt, sollen in den folgenden Abschnitten Wege gezeigt werden, wie es funktioniert, wenn Menschen beeinflußt werden: durch Befehlen und Reglementieren, durch Schimpfen und durch Manipulation.

Kann man dem Menschen seine Natur mit der Heugabel austreiben?

Verbieten und Erlauben

Wer etwas verbietet, was andere gerne tun, macht sich normalerweise nicht beliebt. Denn es ist doch eigenartig, daß moralisches Verhalten den Menschen mit so viel Aufwand beigebracht werden muß. Gott (und Kant) sei Dank gab es schon immer einige wenige, die so eine Art moralischen Weltgeist in sich spürten, wenn auch dieser seine Auffassung von Zeit zu Zeit ein bißchen ändert. Ohne Verbieten geht es aber nicht. Moses hatte es damit verhältnismäßig leicht, er verbot seinen Landsleuten nichts selbst, sondern berief sich auf den alten Trick mit dem hierarchischen Rückgrat. Etwa so: »Ich selbst wäre ja gar nicht so streng, aber ihr wißt ja, der da oben …« Die Zehn Gebote hatte er an höchster und von höchster Stelle empfangen. Und dem Herrn darf man ja bekanntlich nicht böse sein. Die Gebote sind nach unserem heutigen Sprachgebrauch eigenartig mild formuliert: »Du sollst nicht töten.« Schon Luther hätte vielleicht besser daran getan, zu übersetzen: »Du darfst nicht …« Vielleicht hat sich der Wortsinn seither gewandelt, denn antiautoritär eingestellt war er sicher nicht. Die Gebote sind jedenfalls keine »Sollvorschrift«. Auch die Engländer müssen sich mit dem »Thou shalt not kill« begnügen, während ich in einer alten französischen Bibel die Formulierung:

»Tu ne tueras point« gefunden habe, was man etwa so übersetzen könnte: »Töten wirst du keinesfalls!« Hier beginnen schon die europäischen Unterschiede in der Mentalität. Eine neue Übersetzung, die sich bemüht, »heutiges Deutsch« wiederzugeben, begnügt sich harmloserweise mit den Worten »Morde nicht«, als ob das Töten eines Menschen nicht auch ohne Mord schon schlimm genug wäre. Falsch ist diese Übersetzung allerdings leider nicht, denn Menschen töten durfte man schon in biblischen Zeiten, man mußte nur einen triftigen Grund dafür haben. Wurde denn nicht das Töten aus Gründen der Staatsraison schon zu allen Zeiten und bei allen Völkern gerechtfertigt und mancherorts geradezu verherrlicht?

Und unser Strafrecht? Es verbietet eigentlich überhaupt nichts. Es sagt nur völlig kühl und nüchtern: Wer dies und jenes tut, der wird so und so bestraft. Es kündigt einfach nur an, welche Konsequenzen eine bestimmte Tat hat, falls man den Täter je erwischen sollte. Und welche Konsequenzen drohte Jahwe zur Zeit des Moses an? Schon bei ihm gab es diese rein sachliche Art des Verbots. Die folgende Regelung ist kaum bekannt, sie steht im Schatten der großen Gebote: »Wer Vater oder Mutter schlägt, der soll des Todes sterben.« (2. Mose 21,15) Das ist kurz und bündig. Nun ist es ein Unterschied, ob man gegen ein ethisches Grundgebot verstößt oder nur den Fisch mit dem falschen Messer ißt. Aber dazwischen gibt es eine ganze Reihe von Problemen, die im internationalen Vergleich unterschiedlich gesehen werden. Das zeigt sich an Verkehrsschildern besonders deutlich:

Diese Abbildung zeigt das deutsche Gebot: »Du sollst nicht links abbiegen«. Unbiblisch und exakt gesprochen müßte es aber heißen: »Du darfst nach rechts abbiegen oder geradeaus fahren, sonst darfst du hier überhaupt nichts.« Im Hintergrund steht eine unserem Ordnungssinn entsprechende Geisteshaltung. »Was nicht ausdrücklich erlaubt ist, das ist verboten.«
Ganz anders geht es in unseren Nachbarländern zu. Dort sieht der Autofahrer folgendes Schild:

Vom Ergebnis her gesehen, ist zwar das gleiche gemeint, aber welch grundsätzlich andere Philosophie verbirgt sich hinter dieser Tafel? Sie sagt nämlich: »Es sind hier alle Richtungen erlaubt, bloß nicht die linke.« Oder noch kürzer und allgemeiner: »Was nicht ausdrücklich verboten ist, das ist erlaubt.« Aber damit nicht genug; der Pfeil, auch wenn er aufgrund seiner Durchgestrichenheit zum Unpfeil werden soll, bleibt doch ein Pfeil. Er suggeriert allein durch sein Vorhandensein einen Weg und damit den geheimen Wunsch, diesen zu befahren. Schließlich wird durch den Unpfeil angezeigt, daß man könnte, wenn man dürfte.
Das ausländische Verkehrszeichen entspricht dem allerersten Verbot, das Adam und Eva hinnehmen mußten, und das, als Symbol dargestellt, etwa wie das folgende ausgesehen haben könnte, womit nicht behauptet wird, daß der Baum der Erkenntnis ein Apfelbaum gewesen sein muß. Der Sinn dieses Nichtverzehrszeichens wäre dann dieser: »Von allen Bäumen dürft ihr hier essen, nur von dem nicht, auf den das Schild hinweist. Also kommt mir nicht auf die Idee, ausgerechnet von diesem Baum zu essen.«

Die eine Art des Verbietens macht blind für das Verbotene, es wird verdrängt. Die andere macht neugierig. Da die Menschen, von Kant und seinen Jüngern abgesehen, das moralische Gesetz meist nicht in sich tragen, ergibt sich daraus: Ein Verbot wird, wenn überhaupt, dann allenfalls nur beachtet, wenn es mit Strafe bedroht ist. Man weiß das auch bei uns. Welch ein Riesenaufwand an Werbung und Propaganda wurde vor Jahren getrieben, um die Menschen dazu zu bringen, sich im Auto anzugurten. Die Philosophie einer ganzen Generation wohlerzogener Verkehrsminister, die an das Gute im Autofahrer beharrlich geglaubt hatten und dazu noch an ihre Vernunft, versagte. Es stellte sich seinerzeit heraus, daß sich immer weniger Leute im Auto angurteten. Erst nachdem Geldbußen angedroht wurden, befolgten die Leute das Gebot. Warum? Die Menschen fürchteten ganz offensichtlich eine Geldbuße mehr als ein Leben im Rollstuhl. Wer meint da, so dumm könnten doch Menschen nicht sein? Die Nichtangeschnallten waren damals weit mehr als fünfzig Prozent der erwachsenen Menschen. Mit ihrer Intelligenz und ihren Wählerstimmen hätten sie jederzeit eine regierungsfähige Mehrheit in den Bundestag gebracht. Da nicht anzunehmen ist, daß seit der Einführung der Gurtpflicht ein allgemeiner Intelligenzruck durch das Volk gegangen ist, muß leider davon ausgegangen werden, daß sich an der entsprechenden Mentalität nicht allzuviel geändert hat.

Fragt man Menschen: »Wie wollt ihr, daß man euch etwas verbietet?« dann antworten sie vielleicht so: »Wir wollen alles dürfen, was wir wollen, und wir wollen nur das nicht dürfen, was wir sowieso nicht wollen.« Mit dieser schlichten und überzeugenden Einstellung könnte man theoretisch den idealen Staat schaffen und aufrechterhalten. Es wäre der Staat, in dem alle Bürger aus ihrem Inneren heraus Rücksicht und Verantwortungsbewußtsein spüren. So denkende und handelnde Menschen könnten und wollten gar nicht anders sein als ordnungsliebend und rechtstreu. Philosophen haben daher immer wieder gemeint, die Menschen würden sich eines Tages zu einer allgemeinen Vernunft durchringen, bzw. man könnte sie dazu erziehen. Platon beschäftigte sich schon mit der Frage, wie nützlich Gesetze sein können. In seinem Buch »Der Staatsmann« läßt er den »Fremden« sagen: »Das beste aber ist, wenn nicht die Gesetze Macht haben, sondern der mit Einsicht begabte königliche Mann.« (Hauptwerke, S. 269) (Dies war übrigens, wie Platon selbst wußte, eine sehr gefährliche Theorie, denn der Staatsmann, der von Fall zu Fall weise entscheidet, kann leicht in Willkür verfallen.)

Ein anderes Beispiel stammt von Thomas Morus, der 1515 in seinem berühmten Buch über das Land Nirgendwo, das auf griechisch »Utopia« heißt, schrieb: »Gesetze haben sie (die Utopier) überaus wenige (...) Sie halten es für höchst unbillig, irgend jemanden auf Gesetze zu verpflichten, die entweder zu zahlreich sind, als daß es möglich wäre, sie zu lesen, oder zu dunkel, als daß sie jedermann verstehen könnte.« (S. 111) Was sollte man den Utopiern auch verbieten, weil sie doch nach ihrer natürlichen Vernunft leben und nirgends »eine Weinschenke, ein Bierhaus oder ein Bordell« zu sehen ist. Und doch gab es in Utopien eine Strafe: Wer durch ein Verbrechen ehrlos geworden ist, dem werden »goldene Ringe an die Ohren gehängt, goldene Fingerringe angesteckt (...) So sorgen sie mit allen Mitteln dafür, in ihrem Lande Gold und Silber in Verruf zu bringen.« (S. 83) Diese Art der Bestrafung hat vermutlich noch kein Volk versucht. Das wäre etwa so, wie wenn man heute einem Verkehrssünder, der zu schnell gefahren ist, auf Staatskosten einen Gratisporsche verpassen und ihn von allen Geschwindigkeitsbeschränkungen befreien würde. Man könnte es ja einmal versuchen. Es ist jedoch bekanntgeworden, daß die in Frankreich übliche Amnestie durch einen neugewählten Staatspräsidenten die Autofahrer vor der Wahl zu einem dementsprechenden Verkehrsverhalten verführte, das 1995 zusätzlich zahlreichen Menschen das Leben gekostet hat. Trotz alledem träumte Kant von Menschen, die wie er selbst das »moralische Gesetz« in sich tragen und folglich dem kategorischen Imperativ gehorchen und nur noch so handeln, daß die Grundsätze des Handelns auch für den Gesetzgeber gelten könnten. Kurz gesagt: Jeder soll von sich aus so handeln, daß es der Gesetzgeber auch nicht besser vorschreiben könnte.

Leider sieht die Praxis seit Urzeiten anders aus. Über die wußte bereits der römische Dichter Horaz Bescheid: »Treib die Natur mit der Heugabel aus, sie kehret doch wieder.« (»Naturam expelles furca, tamen usque recurret«, zitiert bei Schopenhauer in: »Aphorismen zur Lebensweisheit«, VI, S. 447.) Eine etwas schlichtere Volksweisheit kannte schon vor vielen Jahren unser alter Nachbar. Er rezitierte sie bei jeder Gelegenheit mit erhobenem Zeigefinger:

> Prügeln schafft zwar große Pein,
> doch nützt es nichts, denn Schwein bleibt Schwein.

Findet der Mensch endlich von selbst zur Moral? Bis jetzt hat er auf diesem Weg noch keine Fortschritte gemacht. Überall stehen Verbotsschilder, aber selbst Geschwindigkeitsbeschränkungen, mit denen man doch sogar noch Benzin sparen könnte, werden fast nur dort eingehalten, wo geblitzt wird.

Es hilft alles nichts. Seit es Menschen gibt, wissen sie, wie sie sein müßten, aber es gelingt ihnen meist nicht, ihr Wissen in die Tat umzusetzen. Und deshalb darf der alte Peachum in Brechts »Dreigroschenoper« diese uralten Bemühungen zusammenfassen:

> Natürlich hab ich leider recht
> Die Welt ist arm, der Mensch ist schlecht.
> Wir wären gut – anstatt so roh
> Doch die Verhältnisse, die sind nicht so.

Die »Verhältnisse«, das ist ein innerer geistiger Zustand des Menschengeschlechts. Tiere haben mit der Moral bekanntlich kein Problem. Wenn sie beißen, dann tun sie es, weil sie müssen. Aber wir armen Menschen, wir wissen, daß wir nicht »beißen« dürfen. Müssen wir trotzdem oder müssen wir nicht? Diese Frage hat noch niemand so beantwortet, daß Idee und Wirklichkeit zusammenpassen. Wenn der Mensch mehr sein will als ein zwanghaft seinen Trieben folgendes Wesen, muß er sich an die Idee des Guten halten und versuchen, aus ihr Kraft zu beziehen. Das haben schon viele seit Urzeiten geschafft, und es ist nicht einzusehen, daß so etwas auf Dauer überholt sein soll. Auch der Altmeister Kant dürfte, so gesehen, wieder Anerkennung finden.

Und wann endlich kommt der bessere Mensch zustande? Lange hat man gemeint, wenn man einmal wisse, wie er aussehen soll, dann werde er auch eines Tages dastehen, so wie es der Erzengel Uriel in strahlendem C-Dur dem erstaunten Zuhörer von Haydns »Schöpfung« verkündet: »Mit Würd' und Hoheit angetan, mit Schönheit, Stärk' und Mut begabt, steht der Mensch (...) und aus dem hellen Blicke strahlt der Geist, des Schöpfers Hauch und Ebenbild.« – Einen solchen Menschen kann man vielleicht aus Marmor meißeln, aus Fleisch und Blut hat es ihn noch nie gegeben, selbst Heilige und Helden zeigen Schrammen und Flecken, wenn man sie mit der Lupe betrachtet. Das wußte schon die Bibel besser als Haydns Texter. Bei ihr begann die Menschheitsgeschichte nämlich nicht mit Würd' und Hoheit, sondern mit Besserwisserei, Feigheit und Mord. Und doch, die Hoffnung auf den besseren Menschen ist so alt wie die Menschheit. Überall tauchen Heilige, Propheten und weise Denker auf, die einen anderen, neuen und besseren Menschen verkündeten; einen, der sich in Freiheit den Geboten des Zusammenlebens fügt.

Und was ist daraus geworden? Es gab Fortschritte, Rückschritte, Enttäuschungen, Hoffnung, und immer blieb nach einem Aufbruch der Mensch als das zurück, was er schon immer war: ein Wesen, das im Spannungsverhältnis zwischen Gut und Böse unruhig hin und her getrieben wird. Für die Kraft, das Gute zu wollen und zu leisten, genügen Gesetze und guter Wille allein nicht, auch nicht mit dem Verstand erarbeitete Lehren, wie man friedlich miteinander auskommt. Dies alles ist zwar wichtig und richtig, aber es reicht nicht. Ohne ein die Menschen miteinander umfassendes geistiges Klima gedeiht kein gesellschaftliches Zusammenleben und auch keine Kultur. Was Brecht so locker als »die Verhältnisse«

bezeichnet, das ist es, woran wir arbeiten müssen. Wie? Das Gefühl, ein Mensch unter allen zu sein, ein Bestandteil der Welt, kann uns Hoffnung machen. Diese Hoffnung wird auch dann nicht getrübt, wenn wir immer wieder auf die banale Alltagswelt zurückgeworfen werden, in der es vielen nicht erspart bleibt, manchmal lautstark aus der Haut zu fahren.

Was wirkt besser: »Halten Sie bitte Ordnung« oder »Räumen Sie sofort den Saustall auf«?

Fehlt uns die Schimpfkultur?

Die folgenden Ausführungen sind verhältnismäßig ernstgemeint. Falls Sie in ihnen etwas Ironie entdecken sollten, so ist dies zwar kein Zufall, nehmen Sie aber bitte die Ironie nicht ernst. Manches läßt sich einfach nur auf dem schmalen Grat zwischen Ernst und Ironie erkennen, und es ist dann jedem überlassen, in welcher Richtung er auf den Abgrund der Wirklichkeit hinunterschaut.

Wo sind die Eltern, Lehrer und Chefs geblieben, die noch so schimpfen konnten, daß die Wände wackelten und die Knie des Beschimpften zitterten? Was haben wir statt dessen? Softies, Meckerer, Mobber, Motzer, Intriganten, Schweiger und Übelgelaunte aller Art. Wo sind die Leute, die einem noch sagen konnten, was ihnen nicht paßt, und zwar so, daß man es für den Rest des Lebens nicht mehr vergißt? Wer im Namen einer Autorität schimpft, verteidigt damit die Moral oder zumindest das, was er dafür hält, um die böse Welt wieder in Ordnung zu bringen. Der Schimpfer bringt ein Opfer an Nerven, Stimme und emotionaler Kraft im Interesse der Ordnung. »Apfelbutzen gehören nicht in den Papierkorb! Verstanden? Ja? Merk dir das, sonst setzt es was! Schlamper, elender!« Ich persönlich wurde zwar nicht so erzogen und habe meine Kinder auch nicht so traktiert, aber es lohnt doch, darüber nachzudenken. Zwar sagt das Sprichwort: »Bei einem Kind von Adel genügt schon kleiner Tadel«, aber abgesehen davon, daß jede Verallgemeinerung sofort widerlegt werden könnte, besteht ja eine Gesellschaft zum Glück nicht nur aus Blaublütlern. Als die Leute, die ihre Erziehung noch direkt oder indirekt nach der »guten alten« Kasernenhofmethode genossen hatten, schon am Aussterben waren, kamen einige auf die Idee, sich gegen den autoritären Ton in Elternhaus, Schule und Arbeitswelt zu wenden. Und was taten die Deutschen damals vor rund einer Generation? Gewohnt, von einem Extrem ins andere zu fallen, wurden die ehemaligen Donnerer durch schüchterne Softies ersetzt, die dort, wo ihre Vorgänger noch gebrüllt hatten, nicht einmal mehr den Mut aufbringen, die Stirn zu runzeln; sie schauen lieber weg. Da meinten doch tatsächlich einige, die rohe Natur des Menschen werde weniger roh, wenn man die Roheit nicht zur Kenntnis nehme. Darum gibt es jetzt eine ganze Reihe wirklich netter Menschen, die keinen Muckser machen, wenn es darum geht, gegen menschliche Widerstände anzugehen. Sie nehmen jeden Unfug, ja selbst bodenlose Schlamperei als liebenswerten Ausdruck menschlicher Unvollkommenheit hin. Leider haben die Menschen die Neigung, eine solche Sanftmut zu mißbrauchen. Wie schwer es ist, menschliche Grundmuster zu ändern, haben wir ja oben schon erörtert.

Solange mit korrekter oder freundlicher Höflichkeit Leistungen und Ordnung gesteigert werden können, ist sie natürlich schon immer das bessere Führungsmittel gewesen. Damit werden wir uns noch befassen. Aber: »Die Verhältnisse, die sind nicht so!« Sind denn die Produkte der Schulen, der Dienstleistungsunternehmen oder der Industrie im Weltmaßstab in den letzten zwanzig, dreißig Jahren besser geworden?

Manche Lehrer und Chefs behaupten, sie hätten schon abgewetzte Nasen, weil ihnen zuviel darauf herumgetanzt würde. Was uns fehlt, ist anscheinend eine gesunde Schimpfkultur, denn auch Schimpfen will gekonnt sein. Weil in der Praxis von dem Moment an, wo einem der Kragen platzt, bis zu dem, an dem man an der glatten Wand hinaufgeht, wenig Zeit bleibt, müssen Schimpfen und Schelten schon vorher trainiert werden. Wohlgemerkt: Hier geht es nur um die Kritik von oben nach unten, denn wer von unten nach oben schimpft, tut das auf eigene Gefahr. Manchmal hat auch dies schon genützt, aber es dürfte die Ausnahme sein. Es ist ja längst bekannt: nach unten spuckt sich's leichter als nach oben.

Wer unbedingt eine Definition braucht, hier sei sie gewagt: »Schimpfen ist die explosive Äußerung von Autorität, die bewirkt, daß sich der Beschimpfte so klein vorkommt, wie er wirklich ist.« – Wo diese Definition nicht zutrifft, wird nicht geschimpft, sondern nur getobt oder gebrüllt. Positiv gesehen, ist Schimpfen nicht eine Entgleisung, sondern ein Mittel der »Menschenführung«. Wer schimpft, braucht gute Nerven. Wer dabei droht, diese zu verlieren, soll gleich gar nicht anfangen, sondern sich lieber damit begnügen, die Fäuste im Hosensack zu ballen.

In der modernen Führungslehre kommt der Begriff »Schimpfen« nicht oder nur negativ bewertet vor. Dort wird nur noch der sachlich unter vier Augen erörterte Soll-Ist-Vergleich befürwortet. Wenn man mit ihm etwas erreicht, um so besser. Aber es gibt nach wie vor Situationen, in denen eine ordentliche Standpauke mehr bewirkt, als eine indirekt kritische Bemerkung. Manchmal muß die Schelte so laut sein, daß sie noch in ein durch ständigen Walkman-Genuß verändertes Ohr dringt. Die Ausdrucksweise sollte herb, farbig, kontrastreich und vor allem volkstümlich sein, damit jeder Betroffene gleich spürt, worum es geht.

Dazu einige Beispiele:

SCHWACH: Ich bitte Sie, diesen Raum künftig besser in Ordnung zu halten.

STARK: Räumen Sie sofort diesen Saustall auf!

SCHWACH: Sie sollten etwas mehr auf die Qualität Ihrer Arbeit achten.

STARK: Der Pfusch, den Sie liefern, ist eine Beleidigung.

SCHWACH: Möchten Sie nicht Ihr äußeres Erscheinungsbild etwas besser pflegen?

STARK: Wenn Sie noch mal so schlampig daherkommen, schicke ich Sie sofort wieder nach Hause.

SCHWACH: Sie sollten pünktlicher zur Arbeit erscheinen.

STARK: Bilden Sie sich nicht ein, Sie könnten sich auf Kosten der Kollegen ausschlafen.

SCHWACH: Ihre Erklärung, warum Sie den Termin nicht einhalten konnten, überzeugt mich nicht.

STARK: Ich will von Ihnen keine faulen Ausreden, sondern eine pünktliche Arbeit.

Die hier ausgewählten Beispiele kommen mit wenig Polemik und Beleidigung aus. Sie sind sprachlich reicher, weil sie auf einer langen Schimpftradition beruhen. Der Chef, der sich so ausdrückt, wird vielleicht nicht besonders geliebt, aber er wird wohl geachtet werden.

Ein weiteres Beispiel zur Veranschaulichung: Eine junge

Frau mit zwei kleinen Kindern wurde regelmäßig von ihrem Mann verprügelt. Das Jugendamt schaltete sich ein. Eine rücksichtsvolle und selbst an das Gute im Menschen glaubende Dame sprach sehr eindringlich mit dem Mann. Ergebnis: Er prügelte weiter. Dann kam der Bruder der jungen Mutter. Er brüllte seinen Schwager nicht nur in Grund und Boden, sondern er stellte vor allem auch in Aussicht, diesen so zusammenzuschlagen, daß er nicht mehr wisse, ob er noch verheiratet sein wolle und könne. Ergebnis: der Mann kam zur Vernunft, die Frau kann zu Hause bleiben.
Gilt denn in unserer Gesellschaft nichts anderes als die Moral der »Dreigroschenoper«? Auch die Moral der schon erwähnten horazschen Heugabel (*furca* läßt sich auch mit Mistgabel übersetzen) kann man leider nicht durch sanfte Ideologien verdrängen, die nicht von der natürlichen Herkunft des Menschen ausgehen. Oder kürzer gesagt: Auch die beste Ideologie weicht mit der Zeit der Erfahrung.
Was tun moderne Menschen, denen jede erhobene Stimme bei sich und anderen ein Greuel ist? Sie greifen zu einem Mittel, das wesentlich schlimmer und verletzender ist als Brüllen: Sie schweigen. Sie geben keine Antwort, sie ignorieren ihren Partner, Schüler oder Mitarbeiter. Sie knallen die Tür nicht zu, sondern sie drehen lautlos den Schlüssel herum. Aus Kindern, die nicht mehr das Spielen mit anderen gelernt haben, werden Menschen, die andere wortlos mißachten und die daher nichts so fürchten als Gemeinschaft mit Menschen, von denen vielleicht nicht alle nach ihrem Geschmack sind. Sie schneiden das Kabel durch, über das Kommunikation möglich ist. Wer schimpft, kümmert sich um den

anderen. Wenn der Ärger vorüber ist, können auf derselben Ebene auch wieder Achtung und Kameradschaft weitergeführt werden. Wer aber seine Stimme schont, wo er Grund hätte, etwas zu sagen, kann niemandem nützen, nur schaden.

Die Bereitschaft, für seine Ideen und seine Vorstellung von Ordnung gegen menschliche Widerstände zu kämpfen, entscheidet über Erziehung und beruflichen Erfolg. In ihr zeigt sich die Feldstärke des Geistes. Läßt sie nach, dann verkümmern die Werte. Wer Angst vor einem Adrenalinstoß hat, wird nie über den Durchschnitt hinauskommen. Wer kühl und ohne Emotionen bleiben will, wie soll der sein Letztes geben, wenn es darauf ankommt? Entscheidend ist, daß man seine Werte weitergibt.

Um es klarzustellen: Ich bin kein Freund des Schimpfens, aber es ist immer noch besser als das Totschweigen. Lieber sich im Ton vergreifen, als sich in ein keimfreies Schneckenhaus zurückziehen. Es gehört zum Menschsein, daß man sich gelegentlich angiften kann. Und außerdem: Es ist immer gesünder, mit Dreck zu werfen, als ihn zu schlucken.

Und wo bleibt nun wirklich die Moral? Soll man schimpfen, soll man's bleiben lassen? Bewirkt es etwas oder nützt es nichts? – Es gibt zwar keine lehrbaren Rezepte, wohl gibt es aber eine Lehre: Wer nicht bereit ist, Widerstände bei sich und anderen zu überwinden, wird nichts erreichen. Solche Widerstände kommen aus der Materie wie die verschlossene Tür und der steile Anstieg beim Weg oder aus einer geistigen Haltung. Die Übergänge sind fließend. Ob man einen Anstieg nicht schafft, weil man müde ist oder weil die Hoffnung fehlt, oben etwas zu erreichen, das ist oft schwer auseinanderzuhalten.

Widerstände zu überwinden, die uns andere leisten, ist vielleicht das heikelste Problem im menschlichen Miteinander. Wir müssen die Gefahr sehen, die uns dadurch droht, daß diese »Kunst« immer weniger trainiert wird. Was ist die Folge? Die einen arten in eine durch falsche Vorbilder erlernte Brutalität und Gewalt aus, die andern, aus Furcht, negativ zu wirken, ziehen sich scheu zurück. Den gangbaren Weg zwischen diesen Extremen zu finden, das ist etwas, was nur dem gelingt, der seinen Willen erkennt und zumindest intuitiv geistige Zusammenhänge zwischen den Menschen einschätzen kann.

Wie man Druck verstärkt oder: Management by Erlkönig

Manipulieren ist vornehmer als Schimpfen, aber nicht besser. Das Problem ist alltäglich: Man möchte höflich und kollegial bleiben, man will auf Schimpfen und auf Zwang verzichten und man muß, wohl oder übel, eben doch seinen Kopf durchsetzen. Gibt es Erfolg ohne Druck auf andere?

Goethe war, als er die Ballade vom »Erlkönig« schrieb, schon in Weimar in herzoglichen Diensten und als Minister mitverantwortlich, den zerrütteten Hofstaat wieder in Ordnung zu bringen. Goethe war also seinerzeit selbst Druck ausgesetzt und mußte ihn weitergeben. Daß seine berühmte Ballade nicht nur von einem schauerlichen Geschehnis berichtet, das vor allem in der Vertonung durch Franz Schubert direkt unter die Haut geht, sondern auch einen kurzgefaßten Grundkurs über Manipulation darstellt, war bislang nicht bekannt.

Im »Erlkönig« werden zwei verschiedene Welten dargestellt. Die eine ist die des Vaters, des nüchternen, realistisch denkenden Menschen, der mit dem kranken Kind »so schnell durch Nacht und Wind« reitet. Vermutlich kommt er vom Arzt und will durch die einsame Landschaft nach Hause zurück. Die andere Welt ist die des Kindes, die Geisterwelt, für die der Vater natürlich kei-

nen Sinn hat. Für das Kind existiert sie wirklich. Wer wollte bestreiten, daß es tatsächlich den lockenden und fordernden Erlkönig »sieht«? Das sterbende Kind berichtet nur, was es wahrnimmt beim Übergang von der einen Welt in die andere. Die Beschwichtigungen des Vaters, mit denen er versucht, das Kind in seiner Welt zu behalten, werden angesichts der zunehmenden Macht des Geisterkönigs immer hilfloser.
Das Gleichnis vom Kampf zwischen Wirklichkeit und Geisterwelt wurde wohl nie so intensiv und eindrucksvoll verdichtet wie in dieser Ballade. Aber was hat sie mit unserem Alltag zu tun? Sehr viel. Erlkönig wendet nämlich gegenüber dem Kind seine geniale Fünf-Stufen-Methode der Druckverstärkung an. Man kann sie deshalb auch »Management by Erlkönig« bezeichnen.

1. Stufe: Höfliche Einladung

Du liebes Kind, komm geh mit mir!
Gar schöne Spiele spiel ich mit dir.

Erlkönig lädt, zunächst unverbindlich ein. Er stellt sich auf die Ebene des Kindes und verspricht nur, mit ihm zu spielen. Meist führt eine solche Einladung in der Praxis schon zum Erfolg. Reicht dies wie hier nicht aus, dann muß der Manipulationsdruck verstärkt werden.

2. Stufe: Manipulationsversuch

Willst, feiner Knabe, du mit mir gehn?
Meine Töchter sollen dich warten schön.

Das »liebe Kind« wird jetzt zum »feinen Knaben« ernannt, eine Bezeichnung, die damals einem gewöhnlichen Jungen nicht zukam. Außerdem wird ihm mit dem Hinweis auf die Töchter schon ein »früherotisches« Abenteuer in Aussicht gestellt:

> Meine Töchter führen den nächtlichen Reihn,
> Und wiegen und tanzen und singen dich ein.

Die unmittelbare Zuwendung ist eines der wirksamsten Mittel der Menschenbeeinflussung. Wenn es immer noch nicht zum Erfolg führt, wird die nächste Stufe erforderlich.

3. Stufe: Psychischer Druck

> Ich liebe dich, mich reizt deine schöne Gestalt…

Bei diesem Druckmittel soll das Opfer nicht nur durch Schmeicheleien, sondern auch durch Einbeziehung in das Gefühlsleben des Manipulierenden gefügig gemacht werden.

4. Stufe: Gewaltandrohung

> Und bist du nicht willig, so brauch ich Gewalt.

Wenn alle Versprechungen und Schmeicheleien nichts bewirken, muß der Manipulierende sein wahres Gesicht zeigen. Er muß sich zur Gewalt bekennen und sie zunächst androhen. Das Kind bleibt immer noch beim Vater, dessen Einfluß schwindet aber zunehmend. Und so kommt es zur

5. Stufe: Gewaltausübung

> Mein Vater, mein Vater, jetzt faßt er mich an!
> Erlkönig hat mir ein Leids getan!

Erlkönig holt sich den widerwilligen Knaben mit Gewalt in sein Reich. Schließlich bringt der Vater nur noch das tote Kind nach Hause.
Die Erlkönigmethode ist bis heute ein wirksames Mittel der Willensdurchsetzung geblieben. Wenn damals ein Herzog Truppen für einen Feldzug brauchte, dann gingen die Werber über Land und versprachen Abenteuer und Sold. Wenn das nicht zog, wurde mit Gewalt rekrutiert und je nach Bedarf in den Tod geschickt. Heute sieht das normalerweise etwas anders aus; aber an den Stufen der Methode hat sich nichts geändert. Es ist nun mal so, daß Freiwilligkeit nach dem lateinischen Rechtsgrundsatz »volenti non fit iniuria« (dem, der es so haben will, geschieht kein Unrecht) immer das erste und beste Mittel ist, wenn man etwas erreichen will. Sogar schon der alte Aristoteles wußte es, wenn er in seiner »Nikomachischen Ethik« (S. 179) schreibt: »Niemand leidet freiwillig ein Unrecht.« Aber was heißt schon »freiwillig«, wenn man weiß, wie leicht sich ein Mensch aus der Spur bringen läßt? Nicht jeder bleibt standhaft bis zur letzten Stufe.
Wie sieht diese Methode heute in der Praxis aus? Angenommen, in der Abteilung Erlkönig eines Unternehmens ist ein wirtschaftliches Himmelfahrtskommando zu bestücken; vielleicht geht es auch nur um einen Posten, dessen Aufgabe darin besteht, irgendeinen liegengebliebenen, zähen Uraltdreck wegzuputzen. Dann kann das so aussehen:

1. Stufe: Höfliche Einladung
Die Abteilung Erlkönig bietet Ihnen eine angenehme und interessante Aufgabe. Wollen Sie sich nicht bewerben?

2. Stufe: Manipulationsversuch
Wenn Sie zur Abteilung Erlkönig gehen, dann kommen Ihre herausragenden Fähigkeiten voll zur Geltung. Eine gute Bezahlung wird Ihnen zugesichert. Die Tochter des Chefs würde Ihre Zusage übrigens auch begrüßen.

3. Stufe: Psychischer Druck
Das können Sie doch gerade mir nicht antun, diese wunderbare Aufgabe nicht übernehmen zu wollen. Sie persönlich wären der Spitzenkandidat, weil ich Sie für eines der besten Pferde im Stall halte. Enttäuschen Sie mich nicht.

4. Stufe: Gewaltandrohung
Wenn Sie sich meinen Bemühungen um Sie weiterhin widersetzen, werde ich demnächst eine unangenehme Entscheidung treffen müssen. Sie verstehen mich.

5. Stufe: Gewalt
Leider müssen wir auf Ihre weitere Mitarbeit verzichten. Ihre Papiere können Sie auf Zimmer 217 abholen.

Während eines Kriegs oder in totalitären Staaten gibt es natürlich noch viel drastischere Mittel der Gewalt. Demgegenüber ist die Kündigung harmlos. Auf welche Weise zum Beispiel für die Mitarbeit bei der Stasi geworben wurde, und welche Folgen es haben konnte, wenn man darauf verzichtete, soll hier nur erwähnt werden. Bei dieser Gelegenheit wird erst verständlich, wie fragwürdig der erwähnte Grundsatz »volenti non fit iniuria« ist. Wozu Zwang androhen, wenn man auch den Weg des geringsten Widerstands gehen kann? Aber was geschieht mit dem Menschen, der die Manipulation nicht durchschaut oder zu schwach ist, ihr standzuhalten? Und ist dies alles nur eine Frage im beruflichen und gesellschaftlichen Leben? Gibt es nicht Tausende Erlkönige um uns herum? Könnten wir wie das Kind bis zum Tod standhalten gegen die Verlockungen einer Welt, die »gar liebliche Spiele« mit uns spielt. Wird das Kind des Reiters zum Helden, zum Vorbild? – Die Ballade ist nicht zu Ende, genausowenig wie Erlkönigs Macht. Sie erscheint uns täglich in neuen Varianten. Erlkönigs geistige Nachfolger bieten uns Konsum und Genuß, vor allem aber die Einbildung, wir könnten sie durchschauen. Wir verschließen unsere Augen vor geistigen Signalen, die wir rational zu erklären versuchen wie der Vater. Denn auch dies ist ein Hintergrund dieser genialen Ballade. Wir verdrängen alles, was uns nicht vordergründig ins Weltbild paßt.

> Siehst, Vater, du den Erlkönig nicht?
> Den Erlenkönig mit Kron' und Schweif?

Der Vater reagiert aufgeklärt und rational. Er glaubt an das, was er sieht, nicht aber an die Hintergründe:

> Mein Sohn, es ist ein Nebelstreif. –
> (...) Sei ruhig, bleibe ruhig, mein Kind;
> In dürren Blättern säuselt der Wind. –

Natürlich hat der Vater auf seine Weise recht. Aber er versteht die Doppeldeutigkeit der Phänomene nicht. Wir werden nicht nur von Erlkönigen bedroht, sondern auch von Vätern, die für Zeichen aus Nebel und Wind keinen Sinn haben.

Solche Zeichen können vielleicht auch dem gesunden

Menschen erscheinen, aber vermutlich wird sie der »Normalmensch« nicht hören und sehen. Für ihn haben die dürren Blätter, in denen der Wind säuselt, keinen Hintersinn. Die Macht der wachen Gegenwart überlagert alle Ahnungen aus der »Geisterwelt«. Ist es normal, daß nur Dichter, Kinder und todkranke Menschen über die vordergründig natürlichen Erscheinungen hinwegsehen können? Gab es eine Zeit, in der jeder Mensch schon zu Lebzeiten mit einem Bein im Jenseits stand? Über solche Fragen müßte in der Gegenwart wieder mehr nachgedacht werden. Es sollte nicht so sein, daß auf der einen Seite Berufsesoteriker jeweils ihre eigenen hundertprozentigen Weisheiten vermarkten und auf der anderen Seite die stehen, die alles miteinander für ausgemachten Schwindel halten. Die Welt ist voller Zwischentöne, sie hält Einsichten für jeden bereit, dessen Sinne über die Geräuschkulisse des Alltags hinwegreichen. Künstler können uns darin schulen.

Der erfolgreiche Mensch bleibt unberechenbar.

Erfolg?
Caesars Stolperweg

Wer über Erfolg nachdenkt und nach anderen Maßstäben sucht als den üblichen in Mark und Pfennig ablesbaren, der muß auf Caesar stoßen. Viel imitiert wurde er, aber nie erreicht, auch nicht im entferntesten, denn Erfolg ist etwas Unnachahmliches. Caesar war sicher der erfolgreichste Politiker und Feldherr der Weltgeschichte. Er hat aus einer aus allen Nähten platzenden, zerstrittenen und unregierbar gewordenen Stadtrepublik ein Weltreich aufgebaut und sich eigenmächtig an dessen Spitze gestellt. Das von ihm in den wichtigsten Grundsätzen gestaltete Imperium bestand über Jahrhunderte hinweg. Es zerbröckelte und verfaulte erst lange nach seiner Zeit und endete ein halbes Jahrtausend nach ihm. Die kulturellen und politischen Nachwirkungen von Caesars Taten reichen bis in unsere Zeit. Ohne ihn wäre alles anders geworden. Und ein weiterer Gesichtspunkt sei schon hier vorweggenommen: Caesar zettelte einen Bürgerkrieg an, aus dessen Chaos das Römische Weltreich neue Kräfte empfing.

Caesar war als Politiker, Feldherr und Schriftsteller erfolgreich. Die entscheidenden Schlachten führte er selbst und gewann sie fast alle. Seine knappen und diskret selbstverherrlichenden Frontberichte werden nach zweitausend Jahren auch heute noch zum Leidwesen der mit ihnen geplagten Gymnasiasten mehr schlecht als recht übersetzt; immerhin, sie werden noch gelesen. Aber sein Ruhm als Feldherr und Propagandaschriftsteller wäre längst verblaßt, wenn er nicht alles unter seinen politischen Willen gestellt hätte: »Ich will die römische Weltherrschaft ausbauen und stärken, und ich will sie beherrschen.« Dabei war er so klug, dies nie eindeutig und klar auszudrücken. Er hatte schließlich nicht nur im Rom der damaligen Zeit, sondern für alle Zeiten auf der politischen und wirtschaftlichen Weltrangliste den Platz eins erreicht. Er wurde nach glänzenden Triumphen und Ehrungen Diktator auf Lebenszeit einer pro forma noch weiterbestehenden Republik, die ihre Macht und ihren Reichtum zu einem großen Teil seinen Taten verdankte. Höher konnte und kann kein Mensch hinaufsteigen. Keiner vor ihm und nach ihm hat das je aus eigener Kraft geleistet. Kein Alexander und kein Napoleon. Aus Caesars Namen sind Worte wie Kaiser und Zar entstanden – zeitlose Inbegriffe der Macht.

Erfolg ist aber nicht etwas, was man einmal erreicht hat und dann erhalten bleibt wie Geld auf der hohen Kante. Jede Weltmeisterschaft, jeder Bestseller, jedes Umsatzplus von fünfzehn Prozent ist nur ein ruhmvoller Augenblick, von dem an es eigentlich nur noch bergab gehen kann. Caesar blieb der denkbare Abstieg in die römische Provinzliga erspart. Bekanntlich fiel er am 15. März des Jahres 44 v. Chr. einer Verschwörung zum Opfer, an der auch sein ehemaliger Freund Brutus beteiligt war. Dies geschah in seinem 56. Lebensjahr. Wer weiß, welche Folgen es gehabt hätte, wenn Caesar von dem noch kurz vor seinem Tod geplanten Feldzug gegen die Parther (im Norden des heutigen Irak) nicht oder ohne Erfolg heimgekehrt wäre? Der als unbesiegbar gel-

tende Feldherr konnte sich einfach keine Schlappe leisten, sein Nimbus wäre von heute auf morgen zerstört gewesen und mit ihm natürlich auch seine Macht.
Caesar wußte, daß er sich nicht auf seinen Lorbeeren ausruhen konnte, und irgendwann wäre wohl auch sein persönlicher Stern etwas verblaßt. Doch einem Toten kann nichts mehr mißlingen. Nur weil Caesar der menschliche Abstieg erspart blieb, konnte sein Werk fortbestehen. Sein Adoptivsohn Octavian schaffte es daher, sich als Nachfolger zum göttlichen Caesar Augustus aufzubauen. Vorsichtshalber mußte Octavian zunächst noch Kleopatras Söhnchen Caesareon (Caesarlein) umbringen lassen, denn dieser hätte ja behaupten können, er sei der leibliche Sohn und wahre Erbe des großen Caesar. Ob er es wirklich war, das haben die Historiker bis heute nicht herausgebracht.
Caesars Erfolg ist unbestritten. Aber wie hat er das alles geschafft? Es gibt unendlich viele Bücher über den Erfolg in der Wirtschaft, in der Politik, im Beruf, im Leben, in der Liebe. Überall werden bombensichere Rezepte angepriesen und verkauft. Erfolg damit haben allenfalls die, die solche »Geheimnisse« auf den Markt bringen, etwa nach dem Grundsatz: Die Glatzen der Welt verheißen viel Geld. Auch Caesar hätte einen Teil seines Vermögens dafür hergegeben, wenn ihm seine Haare nicht ausgegangen wären. Aber er konnte später seine Blöße durch einen Lorbeerkranz verhüllen, der mehr Eindruck machte als ein modernes Toupet.
Wenn Caesar ein Erfolgsrezept gehabt hätte, wäre er nicht Caesar geworden, auch wenn er so geheißen hätte. Sein eigentliches Geheimnis war und blieb, daß es keine Regel, keine Strategie für den eigentlichen Erfolg gibt

und geben kann. Denn alles, was sich lehren und lernen läßt, können andere auch lernen und nachvollziehen. Und wenn alle einigermaßen Begabten nach den gleichen Regeln handeln, dann kann sich keiner herausheben. Zu einem provinziellen Mittelklasseerfolg kann man sich anhand von Rezepten empordienen, aber alles weitere muß wie von selber kommen. Um Caesar zu werden, muß man Caesar sein. Das gilt nicht nur für ihn, sondern für alle Menschen, die ein Geist weit über die Masse hinaushebt. Um Mozart zu werden, muß man Mozart sein. So einfach ist das? Natürlich nicht, denn Caesar hat (ebenso wie Mozart) zeitlebens hart gearbeitet. Aber woran und wofür eigentlich? Hat er denn erreicht, was er wollte? Der große Historiker und Nobelpreisträger Theodor Mommsen (1817–1903) schilderte in seiner »Römischen Geschichte« Caesars Erfolg so: »Das Verhängnis ist mächtiger als das Genie. Caesar wollte der Wiederhersteller des bürgerlichen Gemeinwesens werden und ward der Gründer der von ihm verabscheuten Militärmonarchie (...) Aber dennoch ist es ein Privilegium der höchsten Naturen, also schöpferisch zu irren. Die genialen Versuche großer Männer, das Ideal zu realisieren, wenn sie auch ihr Ziel nicht erreichen, bilden den besten Schatz der Nationen.« (S. 87)
Das Geheimnis großer Menschen liegt darin, daß sie aus ihrem für sie selbst und erst recht für andere undurchschaubaren Inneren, aus ihrer im Weltganzen verwurzelten Intuition gesteuert werden. Caesar war unberechenbar, er war allen seinen Gegnern zumindest um eine List voraus. Wie paßt das zusammen: Ein (nach damaligen moralischen Grundsätzen) einigermaßen ehrenwerter Mensch zu sein und zugleich undurchschaubar zu blei-

ben? Das ist sein eigentliches, unbewußtes Geheimnis. Er ließ sich nicht in die Karten sehen und hielt sich an Spielregeln nur, soweit sie seinen Zwecken dienten.
Mommsen meint, Caesars Persönlichkeit fehlte es an »charakteristischen Zügen«. (S. 18) Modern ausgedrückt hieße das: Caesar war charakterlos. Das ist es doch: Auf eine charaktervolle Persönlichkeit, wie sein politischer Gegner Cicero eine gewesen ist, kann man sich verlassen. Einen zuverlässigen Menschen kann man leicht austricksen. Bei Caesar gelang das keinem.
Ein römischer Feldherr durfte aufgrund eines alten republikanischen Gesetzes nach einem auswärtigen Krieg wohlweislich nicht mit seinem Heer nach Italien zurückkehren, weil sonst die Gefahr bestanden hätte, daß er damit bis Rom zieht, um auch dort gleich die Macht an sich zu reißen. Als Caesar siegreich aus Gallien zurückmarschierte (im Herbst des Jahres 50) hätte er also spätestens an der Grenze zu Italien sein Heer entlassen müssen. Da das heutige Oberitalien damals noch zu Gallien gehörte, bildete das Flüßchen Rubicon einen Teil der Grenze. Als Caesar in der Gegend von Ariminum (Rimini) über den Fluß schritt, und zwar mitsamt seinen Soldaten, wurde aus dem zwar erfolgreichen, aber hoch verschuldeten und trotz seiner propagandistischen Frontberichte vielseitig angefeindeten Feldherrn ein Rebell und Bürgerkriegsgeneral. Er tat genau das, was das alte Gesetz, der römische Senat und vor allem auch sein Exfreund, Rivale und früherer Schwiegersohn Pompejus hatten verhindern wollen. Caesar setzte sich über Recht, Konvention und sämtliche Bedenken seiner Freunde hinweg und entfesselte den Bürgerkrieg. Er ließ sich nicht aufhalten. »So soll

der Würfel denn geworfen sein«, soll er im voraus am Rubicon gesagt haben, und nicht erst im nachhinein: »Der Würfel ist gefallen.« Dieser kleine zeitliche Unterschied charakterisiert Caesar als Menschen der Tat.

Eine weitere Erklärung seines Erfolgs sind Caesars gute Erziehung und Ausbildung, vor allem aber seine körperliche und geistige Fitneß. Er kam mit ganz wenig Schlaf aus und soll bis zu sechs Briefe gleichzeitig diktiert haben, teilweise sogar auf der Reise vom Pferd aus. Er ging seinem Heer voran und leitete Schlachten selbst, er fürchtete nie den Tod. Er war groß im Motivieren und wohl auch im Manipulieren. Er mißtraute allen, konnte sich aber blind seinen ihn verehrenden, auf ihn eingeschworenen Soldaten anvertrauen. Zu dem Schiffer, der sich wegen eines Sturms nicht aufs Meer wagen wollte, soll er gesagt haben: »Vorwärts, Freund, Mut und keine Furcht. Du fährst Caesar, und sein Glück fährt mit!« Caesar war gewissermaßen der Trainer einer unschlagbaren Fußballmannschaft, die mehrmals hintereinander den Weltmeistertitel nach Hause brachte.

In der Schlacht bei Alexandria versuchte Caesar vom damals noch als Weltwunder geltenden Leuchtturm in Pharos aus die Schiffe zu dirigieren. Als er feststellen mußte, daß der Rückweg auf dem zum Leuchtturm führenden Damm durch die Feinde abgeriegelt war, warf er seinen purpurnen Feldherrenmantel ins Wasser, sprang hinein, tauchte unter und ließ sich von einem Schiff, das auf seiner Seite kämpfte, aufnehmen. Damals war er 52 Jahre alt.

Caesar lebte und kämpfte scheinbar grenzenlos überall auf der Alten Welt vom westlichen Spanien über Nordafrika bis weit hinein nach Kleinasien. Im Norden erreichte er den Niederrhein und Großbritannien, und doch kannte er auch rechtzeitig und sicher seine Grenzen. Er ließ vorsichtshalber die Germanen mehr oder weniger in Ruhe. Er selbst brauchte für sich weder Luxus noch Bequemlichkeit. Geld gab er reichlich aus, aber persönlich reich zu werden, das war nicht sein Problem. Schulden in Millionenhöhe machte er, um sich beim Volk durch luxuriöse, von ihm gesponserte Gladiatorenkämpfe beliebt zu machen, und später, um seine Eroberungskriege zu finanzieren. Mit der jeweiligen Beute konnte er seine Schulden zurückzahlen. Selbst so gesehen, schlug er nie über die Stränge. Seine Maßlosigkeit hatte ihr Maß in seiner individuellen, von andern unerreichbaren Größe. Er wollte die Macht und wußte, daß kein gerader Weg zu diesem Ziel führen konnte.

Seine eigentliche Lebensstrategie, falls man es doch so nennen möchte, läßt sich in seinem wohl berühmtesten und kürzesten Zitat zusammenfassen, das zwar jeder nachplappern kann, dessen eigentlicher Inhalt aber gar nicht so harmlos ist. Nach der Schlacht bei Zela in Kleinasien (47 v. Chr.) »telegrafierte« er nach Rom nur die drei Worte: »Veni, vidi, vici.« (Ich kam, sah und siegte.) Dieser Grundsatz enthält wesentlich mehr als die drei dürren Worte vermuten lassen. Um das zu verstehen, muß zunächst, als Gegensatz, die heute übliche Strategie gezeigt werden:

– Ich beauftragte in Rom eine Expertenkommission mit der Ausarbeitung eines Schlachtenplanes;
– ich schickte täglich ein Fax nach Pontus mit genauen Anweisungen an die dortigen Generäle – und
– ich erlitt Schiffbruch, an dem alle anderen schuld sind, nur nicht ich.

Caeser tat genau das Gegenteil:

– Er fuhr selber überallhin, wo es etwas für ihn zu tun gab, und scheute weder Zeitaufwand noch Gefahren und Strapazen (veni);

– an Ort und Stelle schaute er sich zunächst einmal gründlich um. Erst dabei dachte er über mögliche Strategien nach. Er kam also nie mit einer vorgefertigten Meinung und festen Zielvorstellungen an, sondern er reagierte flexibel auf die von ihm selbst beobachteten Gegebenheiten (vidi);

– dann schlug er zu, ohne Zögern und ohne Angst vor der Übermacht der andern und vor einer Niederlage, immer auf sein Glück vertrauend (vici).

So einfach war das also. Und so einfach ist es geblieben. Seiner Erfolgsstory wäre zwar noch unendlich vieles hinzuzufügen, aber es gab schon damals nichts, was im Grunde genommen nicht heute auch noch so wäre. Einen Menschen wie Caesar konnte auch das römische Volk selbst in seinem vitalsten Jahrhundert, im Zeitalter seiner größten Geister, nur einmal hervorbringen. Ein großer Teil seiner Nachfolger waren nur ärmliche Psychopathen und Verbrecher. Nur Caesar war, wie Hegel sagte, ein »welthistorisches Individuum«, eine vollkommene Verkörperung des Weltgeistes und: »Caesar mußte das Notwendige vollbringen.« Seine Zeit war da, und einer mußte ihre Forderungen erfüllen.

Wie wird man heute erfolgreich? Eigentlich immer noch auf die gleiche Weise wie Caesar, auch wenn es in Quantität und Qualität des Erfolgs einige Abstufungen gibt. Auch der kleinste Erfolg, wenn es wirklich einer ist und nicht nur ein Sechser im Lotto, ist ein Schritt auf dem Weg, den Caesar gegangen ist. Eines ist dabei ganz sicher: Erfolg ist immer das Ergebnis einer individuellen menschlichen Kraft, er entspringt nie aus einem System, einer Organisation, einer Abstimmung. Er kann aber durchaus aus einem gemeinsamen Gruppengeist hervorgehen, wenn man dann auch diesen als Individuum ansieht, wie es schon Hegel tat. In jedem Fall ist Erfolg etwas ganz und gar Undemokratisches, denn selbst dann, wenn alle zustimmen, hängt er letztlich doch von dem ab, der Geist, Mut und Ideen hat und den anderen Vertrauen abgewinnen kann. Dies zu wissen ist nicht gerade bequem. Die beste Demokratie nützt nichts, wenn leere Köpfe unter sich sind und alle nur mitreden wollen, aber keiner vorausdenken kann, oder wenn jedem nach einer kleinen Niederlage schon die große Puste ausgeht.

Viele reden ständig von Erfolgen, die sie sich und anderen für teures Geld versprechen. Politiker, die Bücher über ihre künftigen Erfolge schreiben, bevor sie an der Macht sind, darf man nie wählen. Denn wer seine Strategien preisgibt, bevor er sie erprobt hat, ist ein armer Tor. Jeder kann ihn entweder beim Wort nehmen oder reinlegen. Viele künden an, eine Volkswirtschaft oder ein Unternehmen erfolgreich zu sanieren. Die meisten scheitern damit endgültig beim ersten Versuch, manche schaffen mit Bilanztricks und Schnellfeuerwaffen einen kurzen Scheinerfolg. Der echte Erfolg überdauert lange Zeit, und zwar auch dann, wenn der, dem er zu verdanken ist, einem Brutus zum Opfer fällt.

»Jedwedem zieht er seine Kraft hervor…« – Schillers idealisierte Führungspersönlichkeit.

Wallensteins Autorität

Hier geht es nicht um den 1583 geborenen Albrecht Wenzel Eusebius von Waldstein, der später Herzog von Friedland und kaiserlicher Generalissimus im Dreißigjährigen Krieg wurde. Albrecht von Waldstein, Waldenstein, Wallerstein oder, wie allgemein benannt, Wallenstein war, zumindest nach Ansicht seiner Gegner, ein zwielichtiger Abenteurer, machtbesessen, hart, geldgierig und rücksichtslos. Nebenher war er aber der vielleicht genialste Feldherr seines Jahrhunderts. Ob er die kaiserliche Sache verraten hat, und wenn ja, aus welchen Motiven, darüber spekulieren die Historiker seit damals. Tatsache ist, daß er 1634 in Eger einem Komplott kaisertreuer Militärs zum Opfer gefallen ist.

Nicht der historische Wallenstein interessiert uns in diesem Zusammenhang, sondern nur der von Schiller als großer, edeldenkender, wenn auch fehlbarer Mensch dargestellte Ideal-Wallenstein als Kunstfigur der deutschen Klassik. Uns geht es hier um Schillers Auffassung von natürlicher Autorität. Daß man mit Macht, Gewalt, durch Schimpfen, Manipulieren oder durch Schläue seinen Kopf durchsetzen kann, haben wir schon gesehen. Das edelste Mittel ist immer noch die persönliche Autorität. Doch ihre Komponenten lassen sich nicht auf Seminaren einkaufen. Die muß jemand von Haus aus mitbringen. Es geht darum, andere in seinen Bann zu bringen, ohne daß diese ihre Individualität aufgeben müssen. Erfolg ist letzten Endes immer der Erfolg einer Persönlichkeit, das haben wir bei Caesar schon gesehen. Wo Menschen zusammenarbeiten, deren Aufgaben, Fähigkeiten und Kenntnisse aufeinander abgestimmt sind, die ein Forum haben, auf dem sie sich verstehen, tritt Machtausübung, äußerlich betrachtet, nicht in Erscheinung. Man blickt sich strahlend in die Augen und weiß, wo es langgeht. Sobald das so funktioniert, ist jedes »Kommando« überflüssig. Sich abstimmen ist sogar noch demokratischer als abstimmen lassen. Wenn wir dann aber ehrlich bereit sind zu fragen, woher letzten Endes die Zeichen kommen, die den Weg zu einem Ziel gewiesen haben, dann stoßen wir selbst dort auf Autorität, wo sich alle über den Weg einig waren. Natürliche Autorität verleiht einem Menschen Macht, von der niemand etwas zu spüren braucht, vielleicht selbst der nicht, der sie besitzt. Sie ist eine Auswirkung geistiger Kraft. Wer aber keine Persönlichkeit ist, dem helfen die Systeme nichts, und wer eine ist, der braucht sie nicht. Allerdings, am Handwerk, auch dem der Menschenführung, kommt keiner vorbei. Doch das Handwerk selbst macht noch nicht den Künstler. Auch die genialsten Komponisten hatten das Komponieren anhand alter Regeln lernen müssen, doch vermutlich gab es Tausende, die insoweit die »besseren« Schüler waren. Beethovens Fugen sind, vom Standpunkt des strengen Kontrapunkts aus gesehen, barbarisch. Er nahm sich in allem, was er schrieb, Freiheiten, die in keinem Lehrbuch stehen. Durch sie wurde er groß, und durch sie hat er nachfolgenden Komponisten Räume geöffnet, in denen sie ihre eigene Freiheit verwirklichen konnten.

Schillers idealisierter Wallenstein wird in seinem Stück »Die Piccolomini« (Wallenstein, Teil 2) dargestellt. Max Piccolomini schwärmt von ihm:

Was gibt's aufs neu denn an ihm auszustellen?
Daß er für sich allein beschließt, was er
Allein versteht? Wohl, daran tut er recht,
Und wird's dabei auch sein Verbleiben haben.
Er ist nun einmal nicht gemacht, nach andern
Geschmeidig sich zu fügen und zu wenden.

Der Schillersche Idealchef läßt sich nicht dreinreden und drausbringen. Er kennt seinen Weg und versucht nicht, es allen anderen recht zu machen. Er nimmt es in Kauf, wenn die Mitarbeiter seine Entscheidungen kritisieren und manchmal nicht verstehen.

Und eine Lust ist's, wie er alles weckt
Und stärkt und neu belebt um sich herum,
Wie jede Kraft sich ausspricht, jede Gabe
Gleich deutlicher sich wird in seiner Nähe.
Jedwedem zieht er seine Kraft hervor,
Die eigentümliche, und zieht sie groß ...

Im Bannkreis der Autorität werden die Mitarbeiter kreativ. Sie bleiben nicht nur Individuen, sie werden von ihr zu neuer Größe erweckt. Sie gibt ihnen Signale, die sie sich zu eigen machen können.

Läßt jeden ganz das bleiben, was er ist;
Er wacht nur drüber, daß er's immer sei
Am rechten Ort; so weiß er aller Menschen
Vermögen zu dem seinigen zu machen.

Autorität engt Menschen nicht ein, sondern verschafft ihnen neue Bereiche, die sie sonst nicht gehabt hätten.

Eine Autorität, das ist der Lehrer, der Schüler hat, die dank seiner Ausstrahlung besser sind als er selbst, der frei ist von Eifersucht. Aber, das weiß auch der von Schiller zum Reden gebrachte Max Piccolomini: Er macht das Vermögen seiner Mitarbeiter zu dem seinigen. Die Kraft fließt in eine Richtung, nämlich in die der Autorität. In wessen Richtung sollte sie sonst fließen? Soweit man unter Demokratie versteht, daß jeder seine eigene Richtung durchsetzen will und kann, dreht man sich mit ständigen Streitereien im Kreise. Es gibt politische Parteien, die dazu ausführliches Anschauungsmaterial liefern. Es geht um Konsens und nicht um Kompromisse. Denn ständige Kompromisse kompromittieren auf Dauer die Demokratie. Ein solcher Konsens ist ein geistiges Phänomen, er gedeiht nur im Schatten von Persönlichkeiten. Dies einzusehen, wird einem puristischen Anhänger der Demokratie nicht leichtfallen. In diesem Zusammenhang wäre unsere Auffassung von Individualität neu zu überdenken. Ob eine Gesellschaft auf Dauer überleben kann, in der jede Unterordnung unter den Gemeinsinn als Zumutung angesehen wird, hat sich bis jetzt noch nicht erwiesen.
Doch die Schillersche Erkenntnis über Autorität reicht noch weiter, bis in Bereiche hinein, die uns auch heute noch manchmal nicht recht geheuer erscheinen. Max fügt nämlich das Folgende hinzu:

> Da rufen sie den Geist an in der Not,
> Und grauet ihnen gleich, wenn er sich zeigt.
> Das Ungemeine soll, das Höchste selbst
> Geschehn wie das Alltägliche. Im Felde
> Da dringt die Gegenwart – Persönliches

Muß herrschen, eignes Auge sehn (...)
.... Das Orakel
In seinem Inneren, das lebendige,
Nicht tote Bücher, alte Ordnungen,
Nicht modrichte Papiere soll er fragen.

Das »Orakel im Inneren«, das ist natürlich ein stets anfechtbarer Begriff, denn es bringt wohl nicht bei allen gleich brauchbare Ergebnisse hervor. Nur der kann sich darauf verlassen, der sich seines Blicks durch die Wirren der Gegenwart hindurch einigermaßen bewußt ist. Das gelingt nur Persönlichkeiten, die die wesentlichen Zusammenhänge nicht anhand vorgezeichneter Linien suchen und finden. Doch wer so etwas kann, begegnet sofort den regeltreuen Bedenkenträgern. Dem schwärmenden Max tritt daher sein mahnender Vater Oktavio entgegen:

Mein Sohn, laß uns die alten engen Ordnungen
Gering nicht achten! (...)
Denn immer war die Willkür fürchterlich.
Der Weg der Ordnung, ging' er auch durch
Krümmen,
Er ist kein Umweg.

Das Dilemma ist uralt und zeitlos, es begegnet uns überall: Freiheit und Ordnung. Über alte Ordnungen gibt es meist einen leichten Kompromiß, aber aus ihnen droht das Leben zu fliehen. Gibt es eine Harmonie mit dem Neuen, dem anderen, dem Ungewohnten? Ob dies gelingt, hängt vom Gewicht der Persönlichkeit ab, die es vertritt.

Wenn Maschinen immer intelligenter werden, dann kann der Mensch auf eigene Intelligenz verzichten.

Es geht auch ohne Intelligenz

Daß Intelligenz nicht gleichmäßig auf die Menschen verteilt ist, das erfuhr ich schon im ersten Schuljahr. Ich hatte da einen Mitschüler, ich glaube er hieß Summerer oder so ähnlich, der schaffte es einfach nicht, bis zehn zu zählen, als wir anderen es schon locker bis hundert konnten. Beim Summerer kam nach vier immer gleich sieben und das wurde auch nicht besser, als dem Lehrer der Geduldsfaden riß und er mit dem feuchten Tafellappen den armen Kerl ausgerechnet auf die heillos überforderte Stirn traf. Beim Schreiben war es auch die reinste Katastrophe, denn der Summerer malte jedes Detail der Buchstaben säuberlich von der Tafel ab, doch war das Ergebnis leider unleserlich. Beim Versteckspiel nach der Schule war es mit ihm auch nichts. Wir wußten nämlich immer gleich, wo er sich versteckt hatte. Aber wenn er uns suchen mußte, fand er keinen.

Wir zogen dann fort aus dieser Stadt. Viele Jahre später fragte ich einen der dortigen, was aus dem Summerer geworden sei. Der hat seinen Weg gemacht!, sagte man mir, der ist jetzt Aufseher beim Großmarkt und hat sieben Kinder. Na also: Es gibt Dinge, die haben etwas mit Selbsterhaltung und Arterhaltung zu tun und funktionieren auch ohne allzugroße Intelligenz. Ich hoffe nur, daß das mit den sieben Kindern wirklich stimmt und er

inzwischen weiß, daß nach der Vier nicht gleich die Sieben kommt.
Wir meinen, inzwischen zu wissen, wofür Intelligenz notwendig ist und wofür nicht. Sie wird vom Kindergarten bis zur Universität und erst recht im Beruf als das wichtigste Kriterium für jede Art von Erfolg angesehen, ja sogar für den sexuellen. Aber da gibt es auch noch ganz andere Aspekte.
Bei einer festlichen Gesellschaft sah ich einmal einen bronzehäutigen Jungen, den seine deutschen Adoptiveltern in Bolivien buchstäblich im Rinnstein entdeckt hatten. Leider, so hieß es, komme er in der Schule überhaupt nicht mit und müsse demnächst wohl auf die Sonderschule überwechseln. Als dann am Spätnachmittag das kalte Büffet eröffnet wurde, konnte ich feststellen, wie der kleine Indio zwischen den Beinen der anderen hindurch unter den Tisch krabbelte und von der anderen Seite aus sich als erster hinter die begehrtesten Häppchen machen konnte. Ich glaube, er wäre in der heißen Schlacht am kalten Büffet auch dann Sieger geworden, wenn er dazu hätte auf Bäume und Mauern klettern müssen. Der Junge besaß sicher überdurchschnittliche Fähigkeiten zum Überleben in einer Welt, in die er hineingeboren war, einer Welt, in der es ein Sieg der Intelligenz ist, nicht zu verhungern, egal ob man das kleine Einmaleins beherrscht oder nicht.
Unser ganzes Streben, Erziehen und Trachten beruht darauf, daß wir unsere Vernunft aus einer nachvollziehbaren Intelligenz herzuleiten versuchen. Unsere gesellschaftlichen und wirtschaftlichen Interessen geben vor, was wir unter Intelligenz verstehen sollen. Hans Lenk hat diesen Zustand in seiner Schrift »Pragmatische Vernunft« tref-

fend skizziert, wenn er schreibt: »Verwissenschaftlichung, Rationalisierung, Effizienzsteigerung – diese ausschließlich funktionalen Werte des technologischen Zeitalters werden mit aller möglichen Akribie und Scharfsinnigkeit optimiert. Die instrumentelle Vernunft triumphiert.« (S. 12) Lenks daraus abgeleitete Forderung nach einer »nichtreinen«, sondern »pragmatischen Vernunft«, ist deutlich, und tatsächlich herrscht diese Art der Vernunft auch schon, sie wird nur nicht »offiziell« erkannt und anerkannt, weil ihre Nützlichkeit in kein System paßt.

Man muß sich nur umschauen. Es gibt Spitzenleistungen, die sich nicht anhand der gängigen Intelligenzskala beurteilen lassen. Man kennt manche Popsänger, Tennisstars oder Showmaster, deren IQ nicht höher ist als der des guten Summerer, von Politikern ganz zu schweigen. Oder man denke, wenn auch auf anderer Ebene, an Mozart! Angenommen, er hätte sich als Buchhalter in fürstbischöflich salzburgischen Diensten beworben, das wäre die reinste Katastrophe geworden. Man hätte bald festgestellt, daß der junge Mann eine miserable Orthographie hatte und mit Geld überhaupt nicht umgehen konnte. Wenn man dann noch herausgebracht hätte, daß er an sein »Bäsle« in Augsburg höchst unanständige Briefe geschrieben hat und sich in seiner Freizeit mit Musikanten herumtreibt, dann wäre er gleich wieder gefeuert worden. Hatte dieser geistreiche und originelle Mensch ein Intelligenzproblem?

Wir sehen also, Intelligenz ist eine brauchbare Eigenschaft für brauchbare Durchschnittstypen. Das entsprechende Meßsystem funktioniert so: Man hat einige nützliche Bausteine der Intelligenz zu Schotter verarbeitet und versucht nun, diesen bei Menschen zu wiegen. Zugegeben, das ist sehr stark vereinfacht. Aber es verdeutlicht, daß es in diesem Zusammenhang auf etwas ganz anderes ankommt. Es geht um die vielerlei fast unabhängigen Bestandteile der Begabung. Sie alle zu fassen ist unmöglich. Einige wenige wollen wir herausfischen, um festzustellen, daß eine Gesellschaft, die sich mit Lehr- und Ausbildungsmethoden begnügt, die nur an dem ausgerichtet sind, was üblicherweise als Intelligenz betrachtet wird, geistig verarmen muß. Selbst von namhaften Persönlichkeiten der Industrie wird beklagt, daß die Universitäten vor lauter funktionaler Wissensvermittlung immer mehr versäumen, die zweckfreie Phantasie und nicht nur sie zu fördern. Es geht nicht um die meßbare Leistung, sondern um das Menschenbild überhaupt. Mit der Intelligenz beten wir die falsche Göttin an.

Jeder Mensch hat eine Reihe von Begabungen, die unterschiedlich ausgeprägt und »nützlich« sind. Um sie übersichtlich zu machen, wollen wir eine Anleihe am Systemdenken machen, die aber selbst nicht in ein bindendes System münden soll. Besonders wichtige Begabungen sind zum Beispiel folgende:

1. Die funktionale Begabung

Das ist etwa das, was in herkömmlichen Tests meßbar ist und was man braucht, um ein guter Schachspieler, Ingenieur oder Programmierer zu werden. Ist sie hoch entwickelt, schafft man ein gutes Abitur und hat auch sonst in allem Prüfbaren Erfolg. Sie ist nützlich für schwierige Routineaufgaben. Ob und inwieweit sie im beruflichen Alltag ausreicht, hängt von den anderen Faktoren ab.

2. Die kommunikative Begabung

Das ist die Begabung erfolgreicher Politiker, Showmaster und Verkäufer. Es ist die Fähigkeit, Produkte, vor allem aber sich selbst, gut einzubringen und zu verkaufen. Wer sie hat, findet überall Freunde und Vertrauen, er kann mit anderen zusammenarbeiten und seinen Beitrag in ein Gruppenergebnis einfügen. Die menschliche Ausstrahlung steht hier im Vordergrund, nicht das, was sie vermittelt.

3. Die schöpferische Begabung
Sie ist an dem orientiert, was noch nicht sichtbar ist. Sie läßt einen Menschen Neues erfinden und gestalten. Es ist die Begabung der technischen und wissenschaftlichen Pioniere, der Künstler und Denker in allen Bereichen. Jeder Mensch braucht und hat einen Anteil an ihr; sie zeigt sich in der Phantasie.

4. Die körperliche Begabung
Sie zeichnet Sportler und Akrobaten aus, aber auch die Menschen, die, vereinfacht gesagt, ihren Körper im Griff haben.

5. Die all-organische Begabung
Sie ist die am schwersten zu fassende. Es ist die Gabe, Informationen aus dem zu schöpfen, was uns keine Informationen zur Verfügung stellt. Der so begabte Mensch hat ein Gespür für Zusammenhänge, die nicht in, sondern über den Dingen erkennbar werden. Er muß dabei nicht nur analytisch, sondern in erster Linie ganzheitlich erfassen. Es ist die Begabung derer, die ihren Erfolg nicht aus der Verarbeitung meßbarer und analysierbarer Strukturen herleiten, sondern aus einem intuitiven Einblick in die Gesamtheit der Dinge, die man, um einen Begriff von Schelling zu gebrauchen, auch als »All-Organismus« bezeichnen könnte. (Bd. 3,

S. 477) Diese Eigenschaft ist keineswegs auf »große Menschen« beschränkt. Jeder hat sie und lebt mit ihr, mehr als ihm bewußt wird. Oft wird sie verdrängt. Hierher gehört vermutlich auch die »Begabung« zu religiösem Empfinden.

Wie kann man nun die unterschiedliche Ausprägung dieser hier ausgewählten Begabungen gewichten? Auch hier bietet sich wieder ein extrem einfaches »System« an, das an den handelsüblichen Leistungsprofilen orientiert ist. Dieses »System« darf aber nicht falsch verstanden werden. Es enthält nichts Quantifizierbares; mit ihm kann man nicht »arbeiten«, sonst stünde es ja im Widerspruch zu allem, was hier gesagt wird. Diese Übersicht soll nur bildhaft zeigen, in welche Richtung gedacht werden muß, wenn man auf die übliche Messung des Intelligenzquotienten verzichtet. Es werden also nicht Punkte und Quotienten ermittelt, sondern es soll unsere »Fähigkeit« zum Irrtum, zum Fehlermachen beurteilt werden. Dies geht so:

Fehler → / Begabung ↓	1. immer gleiche	2. eigene	3. fremde	4. unbekannte
1. funktional		X		
2. kommunikativ	X			
3. schöpferisch			X	
4. körperlich		X		
5. all-organisch			X	

1. Die unterste Stufe bezeichnet den Menschen, der immer wieder die gleichen Fehler begeht, also den, der nichts dazulernt.
2. Die nächsthöhere Stufe erlangt der Mensch, der aus Fehlern lernt, die er selbst begangen hat.
3. Die dritte Stufe erreicht, wer aus fremden Fehlern zu lernen bereit und in der Lage ist.
4. Auf der höchsten Stufe steht der, der Fehler vermeidet, die es noch gar nicht gibt.

Wenn wir uns aus diesem Begabungssystem eine Matrix mit zwanzig Kästchen zusammenstellen und aus den geschätzten Ergebnissen ein Profil zeichnen, dann können wir feststellen, wie bescheiden die Rolle unseres landläufigen IQ-Systems ist. Unsere Gesellschaft kann auf Dauer nur überleben, wenn sie die Gesamtheit dieser Begabungen anerkennt und fördert.

Friedrich Nietzsche hat einmal folgendes geschrieben: »Weisheit zeigt sich
1. im unlogischen Verallgemeinern und zum letzten Ziele fliegen,
2. in der Beziehung dieser Resultate auf das Leben,
3. in der unbedingten Wichtigkeit, welche man seiner Seele beilegt.« (Aus: »Wissenschaft und Weisheit im Kampfe«, III, S. 333.)

Die Weisheit, die sich aus der richtigen Kombination der hier vorgestellten Begabungskomponenten ergibt, ist mehr als deren Summe. Seit Menschengedenken sprach man immer von Weisheit. In unserer Zeit war es ruhig um sie geworden, weil man sie mit unseren Systemen einfach nicht fassen kann. Wenn man sie wie Gott personifiziert, dann wird aus ihrem griechischen Namen ein weibliches Wesen namens »Sophia«. Sie zu lieben ist der

Sinn der Philosophie als Wort und Inhalt. Aber der philosophisch denkende Mensch ist nicht ihr einziger Liebhaber. Da gab es noch einen anderen. War die »Sophia« nach einem alten, fast verborgenen Schöpfungsmythos vielleicht Gottes Geliebte oder Gattin? Ist oder war sie der Jahrtausende unterdrückte weibliche Bestandteil der Schöpferkraft? Schon gibt es Stimmen, die fordern, die »Weisheit« wieder auf ihren angestammten Thron zu heben, denn immerhin war der »heiligen Weisheit« das größte Gotteshaus der byzantinischen Kirche, die »Hagia Sophia« geweiht. Auf Ikonen wurde sie zwischen Maria und Johannes, auf einem feurigen Thron sitzend, dargestellt. In der Bibel tritt die »Weisheit« im achten Kapitel der Sprüche Salomos auf. Dort singt sie ihr »Lied«, eine herrliche Dichtung, von der hier einige Zeilen zitiert werden:

> Der Herr hat mich schon gehabt im Anfang
> seiner Wege;
> ehe er etwas schuf, war ich da.
> Ich bin eingesetzt von Ewigkeit, von Anfang,
> vor der Erde.
> Da die Tiefen noch nicht waren,
> da war ich schon geboren,
> als er die Grundfesten der Erde legte,
> da war ich als sein Liebling bei ihm,
> ich war seine Lust täglich
> und spielte vor ihm allezeit
> und spielte auf seinem Erdkreis
> und hatte meine Lust an den Menschenkindern.

In einer griechischen Fassung des Alten Testaments stand statt »Liebling« ursprünglich ein Begriff, den Luther mit

»Werkmeister« übersetzte, der aber in neuen Ausgaben in »Liebling« korrigiert ist.

Die Weisheit hat einen Gegenspieler: die Torheit. Auch dieser Begriff ist nicht gerade ein Modewort in der heutigen Umgangssprache, womit nicht gesagt ist, daß es keine Toren mehr gibt. Im Gegenteil. Die größte Torheit ist der Glaube an die Allmacht der meßbaren Intelligenz. Und die größte Weisheit? Sie besteht darin, den roten Faden auch dann zu finden, wenn alle Fäden rot sind. Intelligenz schützt nicht vor Torheit, wohl aber die Weisheit.

Humor und Liebe sind Schatten aus der metaphysischen Welt.

Humor, der kleine Bruder der Liebe

Hier folgt ein ziemlich humorloser Abschnitt. Dies ist ganz einfach zu erklären: die Beschäftigung mit Humor verträgt keinen Humor. Man spricht zwar manchmal von trockenem Humor, aber das ist ein Widerspruch in sich. Wenn Sie, liebe Leserin und lieber Leser, ein humorvoller Mensch sind, sollten sie hier trotzdem weiterlesen, weil ich es wohl nicht schaffen werde, Ihnen den Humor zu rauben. Halten Sie sich allerdings für humorlos, was übrigens nach meinen Erfahrungen kaum einer je zugibt, dann sollten Sie erst recht weiterlesen, weil Sie dann erfahren, was für ein ärmlicher Mensch Sie sind.
Zeitweise hatte ich einen Kollegen, der der beste Rechtskenner war, der mir je begegnet ist. Es gab keinen Paragraphen, den er nicht auswendig hersagen konnte. Aber nicht nur dies, er war ein wandelnder Kommentar und konnte darüber hinaus die gesamte Rechtsprechung des Bundesverwaltungsgerichts aus seinem Kopf abrufen. Alles staunte, wenn er seine Kenntnisse einbrachte. Er hatte leider nur einen kleinen Fehler, er konnte absolut nicht entscheiden. Sein Weltbild ging davon aus, daß die Erscheinungsformen des menschlichen Alltags und die Tatbestände der Gesetze und Verordnungen haarscharf aufeinander abgestimmt sein müßten. Er meinte vermutlich sogar, alle Gesetze seien von einer weisen Gottheit in ein logisches Gesamtsystem hineingetüftelt worden.

Aber jedesmal, wenn ihm hätten Zweifel kommen müssen, ob das wirklich so sei, zögerte er seine Entscheidung lange hinaus, vielleicht in der stillen Hoffnung, die Probleme oder die Gesetze würden sich seinem unausgesprochenen Denkideal anpassen. Leider taten sie das nicht, und so ging der Kollege anderen zunehmend nicht nur auf die Nerven, er wurde zur Belastung.
Eines Tages, als ich wieder einmal die wenig angenehme Gelegenheit hatte, seinen detaillierten und gut gelernten Gesetzesinterpretationen ausgesetzt zu sein, betrachtete ich sein Gesicht genauer, und da fiel mir etwas auf, was ich sonst noch kaum bei einem Menschen entdeckt hatte. Diesem Menschen fehlten die Züge im Gesicht, die man gelegentlich zum Schmunzeln oder Lachen braucht. Es war ein Mensch ohne Lachmuskeln. Die waren ihm entweder als Kind gar nicht gewachsen oder sie waren mangels Gebrauch durch einen atrophischen Prozeß verkümmert. Ich muß noch erwähnen, daß der Kollege ein schlankes Gesicht hatte. Der weise Lichtenberg hatte seinerzeit schon beobachtet: »Es gibt Leute, die so fette Gesichter haben, daß sie unter dem Speck lachen können.« (Sudelbücher, E 172) Zu denen, die das Lachen auf diese Weise hätten verbergen können, gehörte er also nicht. Versuchte man, ihm einen Witz zu erzählen, dann verlangte er nach einer Erklärung, die ihn allenfalls dazu brachte, mühselig und gequält sein Gesicht zu verziehen. Mir wurde damals klar, daß ein Mensch, der nicht lachen kann, auch unfähig ist, zu entscheiden, soweit man unter einer Entscheidung mehr versteht, als nur ein systematisches Subsumieren eines zurechtgestutzten Problems unter eine allgemeine Norm.

Auch wenn nicht viele Menschen so humorlos, also trocken sind, wie der hier geschilderte Extremfall, muß man leider feststellen, daß vielen, vor allem aber leider zunehmend jüngeren Menschen die Fähigkeit zu lachen abhanden gekommen ist. Dies ist kein Zufall, sondern vermutlich die Folge unseres rationalen, zweckorientierten »Bildungsideals«, unserer von vornherein leistungsorientierten Erziehung. Menschliche Probleme, Not und Gefahr sind an der Humorlosigkeit nicht schuld. Soweit ich mich noch an meine Kindheit erinnern kann, scheint es mir in der »schlechten alten Zeit«, als wir objektiv wirklich nichts zu lachen hatten, noch humorvoller zugegangen zu sein als heute. Not lehrt improvisieren, und improvisieren setzt wie der Humor eine Einsicht in die Unvollkommenheit dessen voraus, was wir gerne logisch betrachten möchten. Je perfekter ein System geordnet ist, desto weniger erträgt es Humor. Computer können nicht lachen, vielleicht ist dies der Grund dafür, daß sie es auch den Menschen verbieten wollen, die sich ihnen direkt oder indirekt ausliefern. Obwohl Lachen eines der Merkmale ist, die den Menschen vom Tier unterscheiden, ist es doch eigenartig, daß der Mensch ausgerechnet beim Lachen ein tierisches Geräusch von sich gibt. Es ist nicht in Worten artikuliert, weil sich mit Worten das Phänomen des Humors nicht erklären läßt. Der große Zoologe und Anthropologe Adolf Portmann hat sich mit ihm in seinem Buch »Biologie und Geist« (S. 31) befaßt. Lachen und Weinen sind für ihn die »vorsprachlichen Weisen der Kommunikation«, denn Lächeln und Lachen und natürlich Weinen lernt das Kind längst vor dem Sprechen. Lachen tritt in der siebten, achten Woche auf. Mit dem Lächeln erzwingt sich

das Kind lebenserhaltende Zuwendung. Was dem Menschen auch später bleibt, ist ein Kommunikationsmittel, das den »Durchbruch der gewöhnlichen Situationsbreite« (Portmann) bewältigen hilft. Das Empfinden von nicht mehr rational verarbeitbaren logischen Brüchen oder Schmerzen äußert sich in solchen Reaktionen.
Ich will deshalb auch nicht die Humorlosigkeit begehen, den Humor zu definieren. Aber es genügt zunächst zu wissen, daß ein humorloses Wesen auch ein liebloses ist und dazu noch eines, das keine richtige Entscheidung zustande bringt, geschweige denn für etwas Neues aufgeschlossen ist. Humor ist, wie schon die Herkunft des Wortes verrät, Feuchtigkeit. Die elementare Erscheinung der Liebe ist der Austausch von Feuchtigkeiten. Das neugeborene Lamm wird von seiner Mutter abgeleckt, sie gibt ihm Milch aus ihrem Körper. Daß Küssen und Zeugung etwas mit dem Austausch von Feuchtigkeit zu tun haben, ist bekannt. Ein trockener Mensch ist ein liebloser Mensch. »Trockener Humor« weist allenfalls auf eine verborgene Feuchtigkeit hin.
Aber wie kommt es, daß ohne eine gewisse Grundausstattung an Humor ein Mensch entscheidungsunfähig wird? Da ist zunächst einem Mißverständnis vorzubeugen. Wer eine Entscheidung des Bundesverfassungsgerichts liest, kann nicht erwarten, daß es da etwas zu lachen gibt. So ist das hier nicht gemeint, obwohl manchen Gerichtsentscheidungen ein gewisser Humor nicht abzusprechen ist, und sei es auch nur unfreiwilliger. Man muß es so sehen: Das Fehlen eines Gefühls für Humor ist ein Indiz dafür, daß einem Menschen auch andere Gefühle fehlen, die ihm dazu verhelfen könnten, verborgene Zusammenhänge aufzuspüren und zu bewältigen.

Humor ist also nicht die Ursache, wohl aber eine der Voraussetzungen für gute Entscheidungen. Er ist ein geistiges Phänomen, das unsichtbare Zusammenhänge aufzuspüren hilft. Zugleich ist er eine der Voraussetzungen für den kreativen Umgang mit der Unlogik der Welt. Er ist dazu noch die Gleitflüssigkeit, mit der das stets sich bewegende Leben und das zur Starrheit neigende Denkprogramm ineinandergepaßt werden.

Wer dies nicht versteht und beherrscht, der sucht nach einer Vollkommenheit, die es nur im System, nicht aber in der Wirklichkeit gibt. Es geht ihm dann vielleicht wie dem Fahrer, der zum ersten Mal ein windiges Gebirgssträßchen hinauffährt. Unten fragt ihn einer: Warum fahren Sie denn rückwärts hinauf, das ist doch furchtbar anstrengend? Der Fahrer sagt nur: Stimmt, aber ich weiß nicht, ob ich da oben wenden kann, und rückwärts bergab, ist es noch viel schwieriger. – Nach einer Stunde schleicht dieser Fahrer aufgeregt und mühselig die enge Straße bergab, schon wieder rückwärts. Da fragt ihn unten der andere: Warum denn das? Da sagt der Fahrer: Ach wissen Sie, da oben war doch eine Wendemöglichkeit.

Das Programm des Fahrers ist leicht durchschaut. Es sah etwa so aus: 1. Wer einen Berg hinauffährt, muß oben wenden, wenn er wieder hinunter will. 2. Rückwärts bergauf ist leichter als rückwärts bergab.

Wenn man diese durchaus vernünftigen Vorgaben anschaut und mit dem vergleicht, was der Fahrer getan hat, was war dann eigentlich falsch? Das Ergebnis ist ganz einfach: Er hatte nicht alle Eventualitäten in seinem Programm und ließ sich irreführen, weil er nicht in der Lage war, es zu überspielen. Dem besagten Juristen ging es im

Grunde genauso, nur waren seine Programme etwas komplizierter und nicht gar so leicht zu durchschauen. Humor ist der Umgang mit Zusammenhängen, die jeweils eine Stufe komplizierter und vertrackter sind, als der rationale Verstand es zulassen will. Das zunehmende Streben nach Funktionalität und Rationalität entzieht dem Humor den Humus, auf dem er gedeiht.

Die Fähigkeit, ein Mißverständnis höherer Art gewissermaßen als Information zu werten, muß einem Menschen schwinden, der im Umfeld rationaler Programme aufwächst. Natürlich hat es solche Typen schon immer gegeben, aber früher war es die harmlose Einfalt, die aus den Menschen sprach, heute könnte eine intellektuelle Einfalt herangezogen werden, die längst nicht so harmlos ist wie die in der alten Geschichte von Graf Bobbi und seinem Freund Mucki, die etwa so erzählt wurde: Die beiden Männer sitzen im Theater. Da sagt Bobbi: Du, Mucki, sitzt da oben in der Loge nicht die Gräfin Esterhazy? – Aber nein, Bobbi, die ist doch schon lange tot. Darauf Bobbi: Aber gerade hat sie sich noch bewegt.

Im Gegensatz zu dem falsch programmierten Bergfahrer, sind es hier zwei Programme, die nicht zueinanderpassen.

Aussage B–a: Wer im Theater sitzt, muß leben.

B–b: Wenn das die Gräfin E. ist, dann lebt sie noch.

(Kommentar: logisch!)

Aussage M–a: Gräfin E. lebt nicht mehr.

M–b: Wer nicht mehr lebt, kann nicht im Theater sitzen.

M–c: Folglich kann das nicht die Gräfin E. sein.

(Kommentar: auch logisch!)

Gehen wir davon aus, keiner der beiden wisse objektiv, ob die E. noch lebt oder nicht. Was gibt es denn da eigentlich zu lachen? Die Antwort für ganz Gründliche: Absurd ist nur, daß Bobbi die Tatsache, daß sich diese Person bewegt hat, als Beweis dafür ansehen will, daß die E. noch lebt, obwohl es unsicher ist, ob sie es überhaupt ist.

Daß wir lachen können, ist der Beweis dafür, daß wir einen intuitiven Einblick in die Logik und in die Welt hinter ihr zugleich haben. Wo der fehlt oder verdorben ist, bleibt uns das humorlose und umständliche Analysieren. Es geht hier also nicht darum, unlogische Entscheidungen zu propagieren, wohl aber darum einzusehen, daß Intuition mehr vermag als umständliche Erklärung, und vor allem, daß sie schneller und unkomplizierter funktioniert. Die Intuition bringt Kriterien ins Spiel, von denen wir vielleicht gar nichts ahnen.

Je vollkommener wir aber sein möchten, desto schwerfälliger werden wir. Diese unsichtbar um sich greifende immer größere Neigung zur Schwerfälligkeit im Entscheiden, führt zu fruchtlosen Auseinandersetzungen, im wahrsten Sinne des Wortes, zu Analysen, deren Zusammenhänge intuitiv überspielbar sein könnten.

Unter dem Stichwort Humor kann man in Meyers Lexikon (Ausgabe 1981) folgendes lesen: »In jüngster Zeit wird infolge eines geschwundenen metaphysischen Bewußtseins, deprimierender Wirklichkeitserfahrung und postulierter Gesellschaftsveränderung Humor als literarisches Mittel von anderen Darstellungsmöglichkeiten (...) überlagert.« Was hier über den literarischen Humor gesagt wird, betrifft alle gesellschaftlichen Bereiche. Das »metaphysische Bewußtsein« war es, das uns in die Lage versetzte, unsere Programme und vor allem uns selbst in Frage zu stellen und nicht gar so wichtig zu nehmen.

Wer Ironie erträgt und versteht, wer den Sinn eines Augenzwinkerns durchschaut, ist jedem überlegen, der für alles nach einer Erklärung sucht, die er nachvollziehen kann. Noch allgemeiner gesagt: »Die Logik ist ein armseliges Modell von Ursache und Wirkung.« (Bateson, Geist und Natur, S. 77)

Menschen wie Wilhelm Busch, Christian Morgenstern, Joachim Ringelnatz, Curt Goetz, Eugen Roth, Charlie Chaplin und viele andere lebten von metaphysischen Einsichten in die Hinter- und Abgründe des Menschseins, von denen wir heute kaum mehr träumen können. Ihr Humor war Teil einer leidgeprüften Liebe zu Menschen. Den Menschen ernst nehmen und sich gleichzeitig über ihn lustig machen, das ist etwas, was schmalhirnige Rationalitätsfanatiker nicht nachvollziehen wollen. Wo sind die Nachfolger unserer großen Humoristen? Wer heute noch wagt, das Lächerliche lächerlich zu nennen, hat zunehmend Schwierigkeiten, ernstgenommen zu werden. Und Blödelei hat mit Humor nicht allzuviel zu tun.

Humorlosigkeit ist ein Indiz für allmählich vertrocknenden Geist und eine der Ursachen der zunehmenden Sterilität unserer Arbeitswelt und damit auch der drohenden Vertrocknung der Wirtschaft. Eine Gesellschaft, in der Singen, Tanzen und gemeinsames Spielen verlernt werden, verliert auch den Sinn für Humor. Die Kunst, Feste zu feiern, reduziert sich zunehmend auf die Kunst, die Gäste zu beköstigen und sie im übrigen mit freundlichen Gesichtern und ihrem Grillsteak allein zu lassen.

Wie lernt man Humor? Natürlich gibt es dafür kein Rezept. Es gibt nur eines, wie man ihn verhindert: durch Leistungsdruck, Erfolgsgeilheit und Effizienzsucht. Vor allem durch das Auffüllen sämtlicher Spielräume mit Informationsmassen verliert schon das Kind jedes Gespür für (Mutter-)Witz. Kann eine ganze Gesellschaft das Spielen verlernen? Spiel ist das, was man ernst nimmt, was aber nicht ernstgemeint ist. Es ist das Experimentierfeld der Phantasie, der Gefühle und Ideen von frühester Kindheit an. Wer ohne Spielen aufwächst, kann nicht kreativ werden und schon gar nicht humorvoll sein. Vermutlich wird er auch unfähig für eine dauerhafte Partnerbeziehung. Wer von Kindheit an allein gelassen wird, hat alle Voraussetzungen dafür, ein Egoist zu werden.

Aber nicht alles, was sich Spiel nennt, ist auch eines. Spiel ist vor allem der spielerische Umgang mit anderen Menschen, also zunächst mit Eltern und Geschwistern, dann aber auch mit Spielkameraden außerhalb des Hauses. Das Nachspielen menschlicher Beziehungen lehrt, sich selbst zu erkennen, sich zu behaupten und andere zu durchschauen. Aber auch das Spielen mit Spielzeug kann menschliche Fähigkeiten entfalten. Da gibt es feuchten Sand, Bauklötzchen, Töne, die man einem Instrument entlocken kann, Figuren eines Brettspiels und Tausende weiterer Möglichkeiten. Wo aber die Alternativen schon bis ins Detail vorgegeben sind wie bei den meisten Computerspielen oder beim herkömmlichen Kreuzworträtsel, kann man vielleicht Teilbereiche einer nützlichen Intelligenz wirksam trainieren. Mit Spielen hat dies aber nicht allzuviel zu tun. Wo Menschen zu bequem sind zum Selberspielen und sich statt dessen Gesellschaftsspiele anderer im Fernsehen anschauen, hat die Verblödung schon so große Fortschritte gemacht, daß fast nichts mehr zu retten ist.

Humor und Liebe sind Schatten aus der metaphysischen Welt und daher undefinierbar. Wer aber nur das Definierbare gelten lassen will, der hat hier das Nachsehen. Wo man diese Welt aus einem unbewußt antimetaphysischen, bewußt rationalen Fundamentalismus heraus betrachtet, siegt der Materialismus. Dieser läßt dem Humor keine Chance. Wem der Humor vergeht, dem vergeht nicht nur das Lachen, sondern mit einigem Abstand auch der Verstand. Einstweilen befinden wir uns in diesem Zwischenraum. Aus ihm finden wir nur heraus, wenn unsere Kinder wieder spielen lernen, und wir mit ihnen.

Haben Wirtschaftlichkeit und Vernunft etwas miteinander zu tun?

Sokrates und Oikonos

OIKONOS: Hallo, Sokrates! Du stehst hier herum und schaust dem Makinos so versonnen hinterher. Gefällt dir denn dieser Mensch besonders gut?
SOKRATES: Findest du es nicht auch erstaunlich, lieber Oikonos, wie schnell Makinos groß und reich geworden ist, wo doch sein Vater noch Sklave war?
OIKONOS: Allerdings, das kann man sagen. Makinos ist jetzt sicher einer der reichsten und bedeutendsten Männer von Athen geworden.
SOKRATES: Und weißt du auch, wie er das geschafft hat?
OIKONOS: Ich nehme an, daß er nicht nur sehr fleißig ist. Fleiß allein hat noch niemanden reich gemacht. Aber Makinos hat auch Verstand und Vernunft. Damit macht er seine Geschäfte.
SOKRATES: Natürlich. Der gebraucht seine Vernunft zu allem, was er tut. Weißt du aber auch, nach welchem Grundsatz er seine Vernunft einsetzt?
OIKONOS: Makinos denkt und handelt immer wirtschaftlich. Das geht ihm über alles.
SOKRATES: Was verstehst du denn unter »wirtschaftlich«, Oikonos?
OIKONOS: Aber das wissen wir doch alle. Makinos versucht mit einem möglichst geringen Einsatz von Geld und Arbeit einen möglichst großen Erfolg zu erzielen.

Ich nehme an, der wendet nie mehr auf als unbedingt notwendig ist.

SOKRATES: Und darin siehst du die Vernunft des Makinos?

OIKONOS: Das möchte ich annehmen.

SOKRATES: Dann handelt also vernünftig, wer wirtschaftlich handelt?

OIKONOS: So ist es. Ich sagte es ja schon.

SOKRATES: Hast du erfahren, daß Makinos jetzt wieder ein großes Handelsschiff hat bauen lassen?

OIKONOS: Klar. Jeder Athener ist in den letzten Tagen in den Piräus gegangen und hat sich dort das herrliche Schiff angeschaut.

SOKRATES: Weißt du auch, woher Makinos das Holz für den Bau bezogen hat?

OIKONOS: So wie ich ihn kenne, hat er es dort besorgt, wo er es mit dem geringsten Aufwand an Arbeit und Kosten hat erhalten können.

SOKRATES: Ja, genauso ist es. Er hat hier bei uns die letzten Bäume am Hang des Lykabetos schlagen lassen. Das war für ihn am billigsten. Wenn er das Material bei den Thebanern gekauft hätte, wäre ihn das wohl wesentlich teurer zu stehen gekommen. Du weißt doch, was die für Preise verlangen. Hat sich Makinos auch insoweit wirtschaftlich verhalten?

OIKONOS: Aber gewiß, Sokrates. Er hat sich wie immer für die günstigste Lösung entschieden.

SOKRATES: Hat er sich auch vernünftig verhalten?

OIKONOS: Jetzt machst du mir die Antwort nicht leicht, denn der angenehme Weg im Hain, auf dem wir sonst spazieren gingen, liegt jetzt in der prallen Sonne.

SOKRATES: Aber du hast gerade selbst noch gesagt, wer wirtschaftlich handelt, der handle auch vernünftig.

OIKONOS: Allerdings, das sagte ich.

SOKRATES: Und jetzt frage ich dich: Handeln die Leute, die für Makinos arbeiten, auch wirtschaftlich und vernünftig?

OIKONOS: Das muß ich wohl glauben, oder lockst du mich wieder in eine deiner berühmten Denkfallen?

SOKRATES: Wenn du für einen anderen Herrn arbeiten müßtest, würdest du dann wirtschaftlich und vernünftig arbeiten?

OIKONOS: Das halte ich für selbstverständlich.

SOKRATES: Und worin würde deine Wirtschaftlichkeit bestehen?

OIKONOS: Laß mich nachdenken, Sokrates. Also ich meine, mein Arbeitsaufwand dürfte gerade nur so groß sein, daß ich den versprochenen Lohn erhalte.

SOKRATES: Aha, also der wirtschaftlich denkende Arbeiter tut nicht mehr als unbedingt notwendig ist, gerade so viel, daß er nicht entlassen wird. Und mehr arbeitet er nur dann, wenn man es ihm besonders bezahlt. Meinst du das so?

OIKONOS: Ja, so wird es wohl sein.

SOKRATES: Wie ist es nun aber, wenn ich spazieren gehe, ein Lied singe oder mich am Saitenspiel erfreue, ist das auch wirtschaftlich?

OIKONOS: Was soll diese Frage? Das steht doch auf einem anderen Blatt. Darauf weiß ich keine Antwort.

SOKRATES: Ist denn die Beschäftigung mit den Musen oder die Erbauung an der Natur etwas Unvernünftiges?

OIKONOS: Warum sollte denn so etwas unvernünftig sein?
SOKRATES: Vielleicht weil es nicht wirtschaftlich ist. Was bringen mir denn solche Beschäftigungen ein? Sie verbrauchen Zeit und man verdient kein Geld mit ihnen. Und wie würdest du es ansehen, wenn ich vor lauter Freude an der Arbeit mehr tue, als mein Herr von mir verlangt. Wäre das unvernünftig?
OIKONOS: Das würde ich nicht sagen.
SOKRATES: Aber du hast doch selbst eben noch bekannt, wirtschaftlich und vernünftig sei nur das unbedingt notwendige Maß an Arbeit und Eifer.
OIKONOS: Es mag diese Mehrarbeit für mich selbst vielleicht nicht wirtschaftlich sein, aber ich kann dir nicht zustimmen, daß ein solcher Eifer unvernünftig sein solle.
SOKRATES: Dann gibt es also ein vernünftiges Handeln, das nicht wirtschaftlich ist.
OIKONOS: So muß es wohl sein.
SOKRATES: Du gibst also jetzt zu, daß es vernünftig sein kann, wenn man nicht wirtschaftlich handelt, also vielleicht genau das Gegenteil von dem tut, was wirtschaftlich wäre. Und wenn du an die gefällten Bäume vom Lykabetos denkst, gäbe es dann nicht auch ein wirtschaftliches Handeln, das unvernünftig ist?
OIKONOS: Das mag so sein, Sokrates.
SOKRATES: Dann haben also wirtschaftliches Handeln und vernünftiges Handeln nichts miteinander zu tun, und es liegen diese beiden Grundsätze auf ganz verschiedenen Ebenen?
OIKONOS: Vermutlich hast du recht.
SOKRATES: Dann würde daraus folgen, daß Makinos

seinen Reichtum nicht nur der Wirtschaftlichkeit und der Vernunft, sondern ebenso auch der Tatsache verdankt, daß er unvernünftig ist und seine Arbeiter unwirtschaftlich handeln.

OIKONOS: Es fällt mir nicht leicht, dir zuzustimmen, Sokrates, aber widersprechen kann ich dir auch nicht.

II. Teil

Anpassung und Rebellion

Wir leben nicht auf einer Insel. Die andern sind ein Teil von uns und wir ein Teil von ihnen. Ein Wolf, der nicht mit den Wölfen heult, hat bald ausgeheult. Und doch: Wir sind verantwortlich auch für das, was nicht geschieht, weil wir nicht aus der Gruppe ausbrechen wollen. Wie gehen wir mit unserem Wissen um? Wie finden wir Zugänge zu einer Welt, in der das Menschsein nicht zur Nebensache wird?

Der Mensch auf dem Weg vom Tier zum Computer

In meiner Jugend war ich davon überzeugt, ich könnte es einem Menschen am Gesicht ansehen, ob er viel Umgang mit Tieren hat, wie zum Beispiel ein Landwirt, oder ob er überwiegend mit Maschinen hantiert. Ich hätte darüber nicht sprechen dürfen. Das sei doch kompletter Unsinn, sagte ein lieber Freund zu mir, an was ich denn das sehen wolle! Ich kam ins Stammeln, denn was ich auch zu sagen versuchte, ich konnte ihn mit nichts überzeugen. »Haben denn deine Tierfreunde vielleicht eine andere Nase?« wollte er wissen. »Natürlich nicht.« »Also was dann?« Ich gab es auf. Und doch blieb ich meiner Meinung insgeheim treu. Wenn Sie wissen wollen, wovon ich rede, dann vergleichen Sie einmal die Gesichter der Hirten auf den Weihnachtsbildern alter Meister mit denen erfolgreicher Geschäftsleute unserer Tage. Tauschen Sie im Geiste nur die Kostüme aus, oder, noch besser, Sie versuchen es mit einer guten Fotomontage. Selbst wenn das überzeugend gelingt, wird doch keiner in der Lage sein, die Unterschiede ordentlich zu beschreiben.

Natürlich gibt es auch heute noch den prägenden Umgang mit dem Tier, und Konrad Lorenz, dessen Bildnis man sich einigermaßen gut als mittelalterlichen Hirten vorstellen könnte, fand in seinem Buch »So kam der Mensch auf den Hund« zu dem lapidaren Satz: »Jeder

Hund ist besser als gar keiner.« Obwohl ich keinen Hund besitze, bin ich in gewisser Beziehung unverbesserlich geblieben: Wenn ich in der Straßenbahn die Gesichter junger Menschen anblicke, dann bilde ich mir ein, ihnen anzusehen, ob da einer sitzt, der es gewohnt ist, seine Zeit mit Walkman im Ohr hinter dem Computer zuzubringen, oder ob da ein tierliebender und womöglich sogar noch Bücher lesender junger Mann zu sehen ist. Was äußerlich zu erkennen und zu erahnen ist, ist ein Teil unseres geistigen Innenlebens. Es an äußeren Merkmalen beschreiben zu wollen, wäre natürlich unergiebig und überflüssig. Daran ist schon vor zweihundert Jahren der Schweizer Pfarrer Johann Caspar Lavater (1741–1801) mit seiner Physiognomik gescheitert. Und doch: Der Umgang prägt den Geist eines Menschen und dieser mit der Zeit auch sein Gesicht.

Wir sind auf dem Weg, aber wohin führt er? Ist der Mensch bald nicht mehr als nur noch ein Verkehrshindernis auf der internationalen Datenautobahn? Wird er allmählich zum Bestandteil eines technischen Verbundes, und ist der Zug dorthin schon abgefahren, oder können wir noch rechtzeitig aussteigen? Haben wir einen festen Platz, von dem aus wir darauf vertrauen dürfen, menschliche Geschöpfe zu bleiben, mit allem, was an geistigem Besitz dazugehört? Gibt es ein Eigentum, das uns und unseren Nachkommen kein Voranschreiten technischer und wirtschaftlicher Zwänge rauben kann? Ich persönlich glaube und hoffe dies zwar, ich weiß aber auch, daß wir unseren Besitz verteidigen müssen. Diesen Verteidigungskrieg dürfen wir nicht anonymen Mächten und schon gar nicht den Politikern anvertrauen. Er muß im Alltag geführt werden, teilweise mit

kleinen und unscheinbaren Mitteln, jedenfalls überwiegend mit geistigen Waffen.
Wir können hoffen, daß die Menschheit nicht dumm genug ist, sich mehr oder weniger kampflos einer weltweiten Elektronik-Medien-Mafia auszuliefern. Zwar ist von einem solchen Verteidigungskampf derzeit noch nichts zu entdecken, aber das Neue kommt immer aus dem Verborgenen. Müssen wir uns Hunde im weitesten Sinne anschaffen, um Menschen bleiben zu können? Was nützt uns das Gefühl, wir könnten ja notfalls dem Computer den Strom abschalten, wenn wir wissen, daß er dann zwar nicht über uns herfallen wird, daß aber alles zusammenbricht, was wir um uns herum mit seiner Hilfe aufgebaut haben? Ein Leben ohne elektronische Datenverarbeitung ist heute nicht mehr vorstellbar. Und ein Kampf gegen sie wäre so erfolgreich wie einst der von Don Quijote gegen die Windmühlen. Sollen wir also klein beigeben und der Dinge harren, die auf uns zukommen?
Josef Weizenbaum, einer der bedeutendsten Vertreter der Informatik und zugleich deren heftigster Kritiker, hat einmal gesagt, die Gefahr bestehe nicht darin, daß Computer einst so denken könnten wie Menschen, sondern es sei umgekehrt zu befürchten, daß Menschen so denken wie Computer, daß wir uns ihnen unterordnen. Es mag ja sein, daß wir in Europa, zumindest indirekt, noch ein traditionelles, humanistisches Bildungsideal haben. Zumindest die Lehrpläne unserer Schulen nehmen auf dieses Ideal noch immer Bezug. Aber was nützt uns dies, wenn es nicht nur von sogenannten Sachzwängen, sondern von ganz anderen Programmen verdrängt wird, Programmen, mit denen ein weltweites Massenge-

schäft zu machen ist, vergleichbar nur dem Drogenhandel?
Hier geht es zum Beispiel um das Geschäft mit interaktiven Computerspielen, in denen der Spieler Fortgang und Ausgang einer Handlung dadurch selbst bestimmen kann, daß ihm jeweils verschiedene Handlungsvarianten angeboten werden. Auch wenn manche solcher Spiele gelegentlich harmlos erscheinen, geht es doch um etwas ganz anderes. Wenn Kinder schon ab dem dritten Lebensjahr mit solchen Spielen aufwachsen – die entsprechenden elektronischen »Bilderbücher« sind schon auf dem Markt –, dann werden die mit ihnen lebenden Menschen zum integrierten Bestandteil elektronischer Vorgänge. Schon als Kind soll der Mensch mit elektronisch erzeugten Bildern, Geräuschen und eventuell auch auf der Haut fühlbaren Einwirkungen so umgeben werden, daß die eigentliche Welt ihren natürlichen Reiz verliert. Die elektronische Wirklichkeit reagiert auf Knopfdruck, ganz im Gegensatz zur realen, die unendlich komplizierter und schwieriger ist. Eindrücke aus einer von Gott geschaffenen Welt, die den Menschen seit Urzeiten geprägt haben, können dann zunehmend ersetzt werden durch synthetische Normgefühle, die aus einer ganz anderen Hand stammen.
Zunächst ganz »harmlose« und allgemein übliche Genüsse wie Fernsehen und elektronische Spiele wie z.B. »Gameboy« haben jetzt schon erstaunliche Auswirkungen. Eine 1994 durch Professor Manfred Heinemann von der Universität Mainz durchgeführte Untersuchung an Kindern zwischen dreieinhalb und vier Jahren zeigte, daß sich 18 bis 34 Prozent der deutschen Kinder als sprachgestört erwiesen – die Hälfte davon so schwer,

daß eine Behandlung erforderlich war. Zehn Jahre zuvor lag der Anteil sprachgestörter Kinder noch bei vier Prozent. »Pflegeleichte« Kinder, die brav stundenlang vor dem Fernseher sitzen bleiben, verstummen und drohen darüber hinaus noch Dauerschäden in ihrem Sozialverhalten zu erwerben (BNN, 23. 6. 95). Ein Drittel der Sechs- bis Achtjährigen sitzt vier Stunden täglich vor der Mattscheibe. Wo wollen diese Kinder noch die Zeit zum Lesen und Spielen hernehmen? Es wird davon ausgegangen, daß es allein in Deutschland zunehmend den sogenannten sekundären Analphabetismus gibt. Circa drei Millionen Menschen, denen man Lesen und Schreiben beigebracht hat, sollen es inzwischen wieder verlernt haben. Vielleicht reicht die Kunst gerade noch dazu aus, die Speisekarte zu entziffern. Trotz allgemeiner Schulpflicht gibt es also mehr Menschen, die nicht lesen und schreiben können, als Menschen, die regelmäßig Bücher lesen. Diese Entwicklung ist erst in den letzten Jahren in Gang gekommen und noch längst nicht abgeschlossen, ihre Ursachen sind bekannt. Sie zu beklagen, ist nicht opportun, weil wirtschaftliche Interessen davon berührt wären.

Denn derart psychisch verkrüppelte Menschen sind denen höchst willkommen, die am vermehrten Elektronikgenuß verdienen. Ein Beispiel dafür ist bekanntgeworden. Es gibt interaktive Pornoprogramme, bei denen der »Spieler« eine Frau nach »Herzens«(?)-Lust behandeln kann. Sie gibt auch dann noch lustvolles Gekreische von sich, wenn sie geschlagen und gequält wird. Der die »Liebe« auf diese Weise »lernende« Mann wird dann sehr erstaunt sein, wenn eine Frau aus Fleisch und Blut sich unter Liebe etwas ganz anderes vorstellt und demgemäß auch anders reagiert, als es ihm das Programm suggeriert hatte. Sicher gibt es viele Spiele, die im Vergleich dazu harmlos erscheinen, aber kann denn irgend etwas harmlos sein, wenn anstelle der wirklichen eine auf den Konsumentengeschmack zurechtgezimmerte Natur gezeigt wird?

Dies ist ein Vorgang, der nicht nur auf elektronische Medien beschränkt ist. Manche deutsche Familie hatte schon mit Austauschschülern aus den USA Probleme. Einige der jungen Amerikaner hatten bei uns keinen rechten Appetit, weil vielen unserer Speisen das künstliche Aroma amerikanischer Fertigprodukte fehlt. Das Essen soll also nicht den Geschmack haben, der ihm von Natur aus eigen ist, sondern den, der schon den Kleinkindern in der Werbung als der alleinseligmachende eingeredet wird. Solche Probleme könnten bei uns in einiger Zeit wieder verschwinden, dann nämlich, wenn wir den »kulinarischen« Rückstand gegenüber Amerika aufgeholt haben und auch bei uns Kinder nur noch das essen wollen (und können), was die chemische Nahrungsmittelindustrie im Welteinheitsgeschmack auf den Markt bringt. In Teilbereichen, z. B. bei Ketchup, Hamburger oder Kartoffelchips und insbesondere bei Colagetränken, sind wir schon so weit.

Noch stehen wir am Anfang einer Entwicklung. Sie wird aber nur unter schwierigsten Bedingungen einzudämmen oder aufzuhalten sein, wenn überhaupt. Allein für interaktive Videospiele wird weltweit ein Markt errichtet, auf dem das ganz große Geschäft mit einem jährlichen Umsatz von siebzig Milliarden Dollar angestrebt wird. In dieser Summe nicht enthalten sind die finanziell nicht faßbaren Raubkopien. Solche Datenträger könnten dann in allen »zivilisierten« Ländern der Welt das einzige »Kulturprodukt« werden, das mengenmäßig noch zählt. Aber es geht auch ohne Disketten. Über »Internet« lassen sich die Computer der Welt unmittelbar miteinander verbinden. In Amerika sind bereits rund 35 Millionen Teilnehmer am Netz und beziehen zu einem großen Teil auch Pornoprogramme, die auch zunehmend auch von Halbwüchsigen konsumiert werden.

Um sich wirklich eine unumstößliche Monopolstellung zu verschaffen, muß es das Ziel dieser Industrie werden, mit ihren Produkten schon in die Kinderzimmer einzudringen, was dank »großzügiger« bzw. an der Erziehung ihrer Kinder uninteressierter Eltern wenig Probleme schafft. Alles Weitere ergibt sich dann von selbst, denn auf die Einstiegsdrogen folgen später härtere. Vielleicht sind wir auf dem Weg in eine solche Abhängigkeit schon weiter fortgeschritten, als wir meinen.

Die Produktion elektronischer »Kultursoftware« in Form von Filmen, Musik, Videospielen usw. für den Weltmarkt wird vermutlich mehr oder weniger auf Kalifornien beschränkt sein. Hollywood ist im Geschäft und wird sich neben Kinofilmen zunehmend der Produktion derartiger Computergeschichten zum Mitspielen zuwenden. Falls sich die Vorstellungen derer verwirklichen sollten, die dieses Geschäft betreiben, dann werden Bilder, Gefühle, Erfahrungen, Wertmaßstäbe und Vorurteile einer relativ kleinen Menschengruppe eines eng begrenzten kulturellen Rahmens die »Erziehung« der Menschheit in einer Weise monopolgewaltig und zentralistisch beeinflussen, wie wir es uns heute noch nicht vorzustellen wagen. Immerhin, den Weg in Richtung auf eine weltweite Monokultur haben wir z. B. auf dem Gebiet der Popmusik dank tatkräftiger Unterstützung auch durch öffentlich-rechtliche Rundfunkanstalten schon eingeschlagen. Wo diese Macht versammelt ist, haben einige wenige mehr Geld und Einfluß als alle Erziehungsminister auf der Welt zusammen. Was vermögen Eltern und Lehrer noch gegenüber denjenigen zu bewirken, die sich aus jeder unbequemen Situation in eine ihnen immer zu Diensten stehende Pseudowelt aus der elektronischen Retorte »abseilen« können?

Welchen Wert hat heute und in Zukunft noch eine demokratische Staatsform, wenn die gewählten Regierungen macht- und ahnungslos sind gegenüber zentralistisch geführten Imperien, die Macht in den Gehirnen der Menschen ausüben. Ein Beispiel, wie so eine Medienmacht organisiert sein kann, bietet der australische Verleger Rupert Murdoch. Er beherrscht auf vier Kontinenten Fernsehsender, Zeitungen, Zeitschriften, Buchverlage und die Filmstudios von »Twentieth Century Fox«. Mit seinen Filmen kann er weltweit die Kanäle füttern und mit seinen Fernsehsendern erreicht er zwei Drittel der Weltbevölkerung. Er erzielt damit Milliardengewinne (Angaben nach WW 22/95). In Ostasien bedient er mit seinen TV-Kanälen auch totalitär regierte Länder, in denen er die psychische Abhängigkeit der Bevölkerung auf diese Weise »unterminieren« kann und will. Selbst wenn diese Absicht aus westlicher Sicht vielen als gerechtfertigt erscheinen mag, muß es doch zu denken geben, daß auch ganz andere Ziele durch andere Monopolisten durchgesetzt werden können. Wer »unterminiert« uns, und mit welcher Absicht? Durch solche

Medienimperien werden die Grundlagen für ein neues totalitäres Weltregime aufgebaut, das von keiner Regierung kontrolliert wird, und dessen demokratische Legitimation einzig und allein die Einschaltquoten sein könnten. Aber wer solche Entwicklungen kritisch beobachtet, der weiß, daß auch Einschaltquoten, sofern technisch überhaupt eine Auswahl gegeben ist, unter psychischen Abhängigkeiten zustande kommen können.
Werden wir unser Menschenbild solchen Aussichten opfern müssen? Zum Glück sind wir noch nicht ganz so weit. Aber wir müssen uns mit unserer Zukunft auseinandersetzen. Gehen wir davon aus, daß noch etwas zu retten ist, dann müssen wir auch in kleinen, ganz harmlos erscheinenden Schritten und aufmerksamen Beobachtungen in unserem Alltag damit anfangen. Hilfreich sind hierfür einige Ansätze für ein noch nicht technisch programmierbares Menschenbild. Dazu stellen wir uns in den folgenden Abschnitten einige Fragen: Gibt es tierische Eigenschaften, die uns ein Vorbild sein können? Wie macht man aus einem Menschen eine angepaßte und nützliche Führungskraft? Brauchen wir dazu noch eine »Allgemeinbildung«? Wie kann man sein eigenes Licht durch einen Projektor ersetzen? Wie wird man überflüssige Informationen wieder los? Wie sieht ein Janein-Mensch aus? Wie geht es einem, wenn man nur falsch reagieren darf? Wie wird man kampflos zum Rebellen?
Wer sich mit solchen Fragen befaßt, wird für diejenigen unbequem, die uns einreden wollen, es müsse und werde alles so weitergehen, wie es begonnen hat. Der Mensch ist noch nicht am Ende. Er wurde in der Evolution durch einen intensiven Umgang mit der Natur geprägt.

Sie hat ihn bis jetzt noch immer davor bewahrt, sich selbst zu einem Kunstprodukt zu machen. Kann uns der nicht nur auf Ausbeutung, sondern auch auf geistigem Kontakt mit Tier und Pflanze beruhende Umgang mit der Natur auf neue und bessere Wege bringen? Kann man das Wort von Konrad Lorenz »Jeder Hund ist besser als gar keiner« verallgemeinern? Das könnte etwa so zu verstehen sein, daß wir den Stimmen der Natur in und um uns mehr Gehör und Vertrauen schenken, wenn wir sie persönlich in unser Leben mit einbeziehen. Man kann dies auch wörtlich und direkt nehmen, wie es Thomas Mann einmal im Umgang mit seinem Hund Baschan erlebte. Wenn dem ein Spaziergang zu kurz und unsportlich war, dann zeigte er es: »Es ist ein unverschämtes, unhöfliches, sperrangelweites, viehisches Gähnen, begleitet von einem piepsenden Kehllaut und von beleidigend gelangweiltem Ausdruck... Ah-i, ein schöner Herr! Kein rechter Herr! Ein lumpiger Herr!« – Wer ein Tier versteht, kann es sich leisten, Mensch zu bleiben.
Hinter diesen Gedanken steht ganz allgemein das, was Albert Schweitzer schon 1915 als »Ehrfurcht vor dem Leben« empfunden hat. Aber ihm ging es nicht nur vordergründig um den Schutz des Lebens, sondern er sah hier ein geistiges Problem. Obwohl er die hier skizzierte Entwicklung zu einem zunehmend von elektronischen Medien abhängigen Menschen noch nicht erkennen konnte, schrieb er schon 1932 in seiner Schrift »Kultur und Ethik«: »Alle Fortschritte des Wissens und Könnens wirken sich zuletzt verhängnisvoll aus, wenn wir nicht durch entsprechenden Fortschritt unserer Geistigkeit Gewalt über sie behalten.« (S. 361) Es

geht nach Schweitzer um das »Aufbrechen der Quellen des geistigen Lebens in uns«. Für diesen Kampf könnte eine Aufbruchstimmung im wahrsten Sinne des Wortes entstehen. Vielleicht sind einige von ihr schon erfaßt, aber noch wird sie in der Öffentlichkeit nicht wahrgenommen.

Tiere können uns ein Vorbild sein. Aber was ist besser: Bellen oder Fauchen?

Von Hunden, Katzen, Menschen und Heuschrecken

Daß sich Menschen immer wieder wandeln müssen, wer weiß das nicht. Aber wie sieht dieser Wandel aus? Da überlagern sich vermutlich verschiedene Entwicklungen. Auf der einen Seite passen wir uns dem Computer an, werden zu seinen Dienern, wollen nur noch wissen, was er an Wissen speichern kann, und alles nur noch in der Form zur Kenntnis nehmen, wie er es wieder von sich gibt. Aber andererseits spielen auch tierische Eigenschaften in unser Dasein mit hinein. Der Personalleiter eines Großunternehmens hat einmal folgenden Satz von sich gegeben: »Wir haben Schäferhunde, die auf Befehl und Gehorsam ausgerichtet sind, die gelernt haben, den Aufpasser zu spielen und ihr kleines Reich mit Zähnen und Klauen zu verteidigen. Und was wir brauchen, sind Katzen – schnell, wendig, flexibel, keine Beißer und Kläffer, sondern gewiefte Taktiker.«

Wer es bisher nicht gewußt hat, der weiß es jetzt: Wer etwas gelten will, darf nicht mehr bellen, sondern er muß jetzt anfangen zu miauen. Wer sich irgendwo bewirbt, wer sich seinem Chef gegenüber positiv darstellen möchte, dem bleibt nur ein Rat: Miaue, so laut es geht! Und im übrigen gilt, was für den cleveren Geschäftsmann schon immer gegolten hat: Wir alle jagen doch den Mäusen nach. Mit Bellen geht das eben nicht.

Wird an einer solchen Aussage ein Wertewandel erkennbar? Gibt es Parallelen im tierischen Verhalten, die menschliche Charaktereigenschaften verdeutlichen? Desmond Morris (Verfasser des Buchs »Der nackte Affe«) beteuert immer wieder seine Achtung vor dem Tier, wenn ihn am Menschen hauptsächlich die Eigenschaften interessieren, die er mit dem Tier gemeinsam hat. Daß der Mensch in vieler Hinsicht ein Raubtier ist, braucht nicht besonders belegt zu werden. Wird er durch ein pflanzenfressendes, nützliches Haustier (Rindvieh, Ochse, Esel) metaphorisch dargestellt, so wird dies keineswegs freundlich aufgefaßt.
Wie kann man aus einem Hund, der zeitlebens gebellt hat, in fortgeschrittenem Alter noch eine Katze, bzw. einen Kater machen? Noch vor einer Generation galt unangefochten in Wirtschaft und Verwaltung das HHH-Prinzip. HHH bedeutet Hirt – Herde – Hund. Einer marschierte voraus und bestimmte den Weg, die anderen trotteten hinterdrein. Damit dies reibungslos funktionierte, brauchte man Hunde. Es gab viele Hunde, und manche Verwaltungen und Wirtschaftsbetriebe waren so organisiert, daß um fünf friedlich vor sich hingrasende Schafe dreizehn Hunde herumkläfften. Aber es ist natürlich leichter, einen Hund wegzurationalisieren, als ihn in einen Kater zu verwandeln. Wer gewohnt ist, mit seinem Herrn auf die Jagd zu gehen, der hat es nicht leicht, wenn er eigenverantwortlich vor dem Mauseloch warten muß.
Hinter diesem Wandel verbirgt sich eine Entwicklung, die weit über das Wirtschaftsleben hinausgeht. Hunde sind Tiere, die in Gesellschaft leben. Auch Wölfe leben in Rudeln und nur das Alpha-Männchen darf auf die

Wölfinnen. Wehe dem Beta-Männchen, das einem weiblichen Wesen zu nahe kommt! Das weiß das Leittier im wahrsten Sinne des Wortes mit Zähnen und Klauen zu verhindern. Aber im Rudel ist man aufgehoben. Auch bei der Großjagd arbeiten die Jäger mit der ganzen Hundemeute. Hunde können also nicht nur eine Herde zusammenhalten, sie selbst sind, so gesehen, ein Herdentier und bestünde diese nur aus zwei Vertretern, nämlich dem Herrn und seinem gefolgsamen Hund. Da auch der Mensch (bisher wenigstens) eine Art Herdentier war, muß der Übergang zu einem Tier, das überwiegend ein Einzeldasein führt, geradezu revolutionär sein.

Die Heimat der Hauskatze ist nicht der Mensch, sondern sein Haus. Man stelle sich vor, wie schwer es wäre, eine Schar Katzen auf die Jagd mitzunehmen! Dies hat seine Entsprechung in der Gesellschaft. Schon gibt es Städte, in denen die Single-Haushalte dominieren. Wir alle werden immer mehr zu Einzelwesen, denen alle gesellschaftlichen Bindungen und Verpflichtungen unangenehm sind. Da ist die Forderung nach Katzen eigentlich nur die logische Konsequenz aus unserem zunehmenden Einzelkämpferdasein. Galt früher die Firmentreue als besonders anzuerkennende Tugend, zählen heute die möglichst vielseitigen Erfahrungen bei Konkurrenzunternehmen. Galt es früher als selbstverständlich, die Jagdbeute aufzuteilen, behält heute jeder die Mäuse für sich. Auf den Hund ist Verlaß, auf die Katze nicht. Der Hund legt den geschossenen Hasen seinem Herrn vor die Füße. Die Katze würde ihn glatt selbst verzehren, wenn sie Geschmack an ihm hätte. Also trotz aller Flexibilität, die in Zukunft mehr von uns gefordert wird, sollten wir uns der Tugenden des Hundes nach wie vor bewußt sein.

Wenn wir uns auf den ständigen Wandel gefaßt machen müssen, dann bleibt die Frage: Was kommt in der Wirtschaft nach den Katzen? Hierüber darf spekuliert werden. Biologen haben vorausgesagt, daß die mittlere Zukunft den Nagetieren, insbesondere den Mäusen und Ratten, die ferne Zukunft aber den Insekten gehören könnte. Letztere allein sind in der Lage, den Globus flächendeckend zu zerkrabbeln, zu zerfliegen und – zu verzehren. Sie sind anpassungs- und vermehrungswütig. Nichts bringt sie aus der Ruhe. Und wenn Billionen Exemplare untergehen, entstehen in der gleichen Stunde Billionen neue. Die Individualität der einzelnen Heuschrecke oder Termite war noch nie ein Thema, wohl aber das Feld ihres Kahlfraßes.

Und die zukünftige Wirtschaft? Der gute alte Kapitalist ist schon Karl Marx, als er das Böse in ihm fassen wollte, unter den Händen zerronnen. Er wußte, daß die kleinen von den großen gefressen werden und daß abhängige Manager selbst keine Kapitalisten sein müssen. Die klassischen Aufpasser auf fremdes Kapital waren Hunde. Man hörte ihr Bellen auf der Jagd. Die lautlos daherschleichende Katze kann man wenigstens noch sehen. Ratten nagen im Finstern. Und die heutigen »Börsenfreaks«, die mit irgendwelchen Kapitalderivaten, Futures und Optionen über ein weltweit verzweigtes Datennetz handeln, die per Knopfdruck Millionen hin und her schieben? Welches Tier verkörpern sie?

Wenn die Zeitalter der Katzen und Ratten vorüber sein werden, folgt dann das der Heuschrecken und Termiten auch in der Wirtschaft? Oder haben wir es zum Teil vielleicht schon: Milliardenwerte, ohne erkennbare persönliche Bindung und Verantwortung gegenüber dem Geld und dem, in dem es steckt? Frei in der Welt herumschwirrende, sich ständig vermehrende Finanz- und Wirtschaftspotentiale ohne individuell erkennbare, menschenbezogene Kraft, das alles gibt es schon. Wirtschaftsmacht als Schwarm? Kommt da nicht Heimweh nach dem guten alten, bösen, blutsaugenden Kapitalisten auf?

Bevor wir solche Horrorvisionen weiterspinnen, die leider schon viel weiter Realität sind, als wir wünschen, folgt hier ein revolutionärer Vorschlag: Wie wäre es, wenn wir uns zum schwierigsten, kompliziertesten und empfindlichsten Tier der Weltgeschichte bekennen würden, zum Menschen? Dieses Bekenntnis zum Menschen ist aufregend und gefährlich. Warum? Weil der Mensch unzuverlässig ist. Es ist schwierig, mit ihm umzugehen, er ist unberechenbar und nicht an ein eingrenzbares Programm gebunden wie Hund, Katze, Ratte und Heuschrecke. Den Tieren hat die Evolution zwar einen bestimmten Rahmen für ihr Verhalten mit auf den Weg gegeben, aber aus diesem können sie nicht heraus, selbst die Katze nicht. Der Mensch aber sprengt seine Spielräume täglich, und gerade dadurch wird er zum Menschen. Dies zu akzeptieren, fällt einigen immer schwer, die von sich meinen, auch sie seien Menschen. Den schmalen Grat zwischen Anpassung und Freiheit, zwischen Herde und Individuum, kann nur der Mensch gefahrlos beschreiten, der aus sich selbst heraus reagieren kann, der in der Lage ist, die Freiheit, die ihm sein Zugang zum Geistigen verschafft, zu nutzen.

Der Aphoristiker Werner Mitsch hat diesen Satz geprägt: »Nur jeder hundertste Mensch ist ein Chef, aber auch nur jeder hundertste Chef ist ein Mensch.« Wenn wir auf der Spur des Menschseins bleiben wollen, dann sollte das Management der Zukunft keine Angelegenheit für tierisches Verhalten sein, auch nicht für Nagetiere. Es sollte kein Ma-nage-ment sein, sondern ein Mensch-ment. Wenn wir diesen Weg nicht einhalten, herrschen eines Tages die Un-menschen über uns.

Mit modernen Testmethoden kann man Menschen mit Ecken und Kanten aussieben.

Der Mensch im Windkanal

Wer beruflichen Erfolg haben will, muß denen ins Konzept passen, die ihn bezahlen. An und für sich ist dies eine banale Selbstverständlichkeit. Aber wie sehen die Konzepte aus? Hier ist in den letzten Jahren ein Wandel eingetreten, der einen neuen Menschentyp fordert und fördert. Dies gilt zunächst noch hauptsächlich für Manager in Wirtschaftsunternehmen, aber früher oder später kann dieses geänderte »Anforderungsprofil« auf fast alle anderen Berufe übergreifen. Es geht uns alle an. Wie findet man die »neuen« Menschen, wie bereitet man sie auf und zu?

Die Zukunft eines Unternehmens hängt zu einem großen Teil davon ab, welche Führungskräfte es einstellt, hält, fördert oder je nachdem auch feuert. Wenn Gott den Menschen nach seinem Bilde schuf, dann gilt das abgewandelt in der Wirtschaft nach diesem Prinzip: Der Chef sucht seinen Nachfolger nach seinem Bilde. Aber nicht nur den Nachfolger, sondern auch die Führungskräfte ganz allgemein. Die subjektive Auswahl der Mitarbeiter, bei der zwischen Kür und Willkür kaum zu unterscheiden war, wurde Ursache von Ärgernissen, und manchmal führte sie auch zu Pleiten. Oft zeigte sich, daß der Chefgünstling nur eine Raubkopie des Chefs war und sich durch unerklärliche Einflüsse oder Viren völlig verwandelte, sobald der Patriarch abtrat.

Insgesamt galt und gilt: Wer es fertigbringt, in Menschen gute Eigenschaften zu erkennen, die er selbst nicht besitzt, der ist weise und kann dadurch das Gedeihen eines Unternehmens sichern. Aber solche Weisheit wird selten. Warum?

Erfolg und Effizienz sind Zauberworte. Sie knüpfen an meßbare Fakten an und lassen sich daher, wie viele meinen, objektivieren. Der Idealmanager aus dem Katalog hat folgende Eigenschaften: Er ist drahtig, flexibel, dynamisch, ehrgeizig, willensstark und – erfolgreich. Wenn er darüber hinaus noch gut aussieht und einigermaßen intelligent ist, dann paßt er in jedes Klischee. Privat kann er der größte Trottel sein, gespickt voll mit Neurosen, Ängsten und Komplexen. Das ist alles unschädlich, die Hauptsache ist, daß er sich im Beruf nicht durchhängen läßt.

Mit dem Wachstum der Unternehmen wächst auch der Bedarf an Spitzenkräften. Da es dann nicht mehr genügt, wenn ein weiser Patriarch sein Ebenbild oder ein noch besseres Leitbild für Führungskräfte ausgibt, muß ein neutrales, objektives und möglichst sogar wissenschaftliches Auswahlverfahren die Willkür ersetzen. Am besten wäre es zwar, wenn man die Idealmanager genormt nach Katalog bestellen könnte. Leider gelingt dies jedoch zur Zeit noch nicht so recht, wenn auch die entsprechende Industrie auf diesem Weg schon einige Fortschritte gemacht zu haben glaubt. Schon gibt es Unternehmen, die bei der Einstellung nur danach fragen, mit welcher Software der Bewerber schon gearbeitet hat. Der Rest ist Nebensache. Als Ersatz für den zur Zeit noch nicht vorhandenen Fertigungsprozeß behilft man sich noch mit verschiedenen Testverfahren. Ein solches oder, besser gesagt, eine Reihe solcher Verfahren wurden vor einigen Jahren aus Amerika importiert, mitsamt eines Begriffs: AC oder »Assessment Center«. Assessment heißt auf deutsch Einschätzung, Beurteilung, Taxierung. Was für Turnierpferde und Schlachtvieh gut ist, muß auch für Manager nützlich sein. Trotz vieler Unterschiede sieht ein AC im Prinzip so aus: Um einen Kreis von Bewerbern oder um Firmenangehörige, die nach Höherem streben, sitzt außen ein weiterer Kreis von arrivierten Führungskräften, Psychologen, Beratern usw. Das Verfahren dauert, je nach Preis und Bedeutung, zwischen einigen Stunden und einigen Tagen. Was kann man so feststellen? Natürlich hängt dies vom Verfahren ab und von den Vorgaben des Unternehmens. Die folgende Darstellung muß natürlich verallgemeinern und mag daher nicht auf alle gängigen AC-Verfahren zutreffen. Hier geht es weniger um das wirtschaftliche, sondern um das ganz allgemeine Problem: Welche Aussagen erlaubt so ein System und welche nicht? Läßt sich die Eignung als Führungskraft oder, technisch gesprochen, das »Management-Potential« auf diese Weise erkennen und sogar messen?

Der AC-Proband wird in eine psychologische Retorte gesteckt und seine Ausscheidungen werden mit denen der anderen Testpersonen verglichen. Anschließend gibt es ein Votum, in dem ihm sogleich oder nach Wochen bescheinigt wird, ob er ein verkappter Napoleon oder ein Durchschnittstrottel ist, ausgedrückt in Punkten, Noten oder Pauschalwertungen. Soweit eine solche Aussage von diplomierten Psychologen in möglichst verklausulierter Fachsprache ausgefertigt wird, macht sie den Eindruck wissenschaftlicher Unfehlbarkeit und ist schon deshalb unanfechtbar. Hier ist ein fast industriell arbeitendes Dienstleistungsgewerbe im Kommen. Sein Produkt: der Idealmanager. Zum Glück funktioniert das alles nicht; aber solange die Auftraggeber naiv genug sind, an den Schwindel zu glauben, kann weiterproduziert werden, zumal keine Garantie gewährt wird.

Für die objektive Auswertung von menschlichen Verhaltensweisen, wozu auch derartige Tests und Befragungen gehören, gibt es tatsächlich eine wissenschaftliche Grundlage. Nach traditioneller Ethik ist die »Psyche« eines Menschen zwar beobachtbar, es können aus solchen Beobachtungen auch allgemeine Erfahrungen abgeleitet werden. Da aber jeder Mensch ein Individuum ist und selbst als Zwilling jeweils nur einmal vorkommt, tun sich die Normer schwer.

Es gibt zwar eine Lehre von der Seele (Psychologie), aber (trotz anderslautender herrschender Lehre) keine naturwissenschaftlichen Ansprüchen genügende Verwertbarkeit objektiver Kriterien. Es gibt oder gab zwar eine Geometrie, aber keine brauchbare »Psychometrie«, obwohl trotzdem ständig gemessen und gerechnet wird. Im Dunstkreis einer all- und übermächtigen Naturwissenschaft entwickelte sich, von Amerika ausgehend, zunächst unter der Führung von John B. Watson (1878–1950) und Edward Lee Thorndike (1874–1949) eine Richtung der Psychologie, die versucht, subjektive Einflüsse und Überlagerungen bei der Beobachtung menschlichen Verhaltens möglichst auszuschließen und nur solche Reaktionen von Menschen (und Tieren) auszuwerten und zu beschreiben, die sich unter ähnlichen Bedingungen wiederholen und somit auch statistisch erfassen lassen. Diese Lehre, die als Behaviorismus be-

zeichnet wird, hat den großen Vorteil, daß ihre Ergebnisse den Mantel der Objektivität tragen können und ihre statistischen Werte sich in mathematischen Methoden mit Hilfe der EDV verarbeiten lassen. Aus der einst nur den Geisteswissenschaften zugänglichen Psyche wurde ein Objekt naturwissenschaftlicher Forschung. Die folgende Kostprobe aus einem Buch über »Führungspsychologie« sollten Sie nicht unbedingt lesen. Überspringen Sie daher bitte das folgende Zitat, es ist nur für ganz Mutige gedacht: »Die Bestimmung der zu extrahierenden Anzahl von Faktoren einer Interkorrelationsmatrix ist ein in der Literatur häufig diskutiertes Problem. Exakte Kriterien gibt es bisher nicht. Als eine erste Schätzung diente der Scree-Test von Cattell. Weitere Abbruchkriterien sind im Computerprogramm PRINAX enthalten. Die Iterationen der Faktorenlösung wurden solange fortgesetzt, bis die nichtdiagonalen Elemente der Restkorrelationsmatrix um Null normalverteilt waren ...«
Dieser Satz stammt aus einem Buch, das sich laut Vorwort an »nicht fachpsychologisch ausgebildete Führungskräfte« richtet und daher »allgemeinverständlich« sein will (Liebel, 1978). Dieser Text ist keineswegs ein weit hergeholtes Extrembeispiel, sondern für die entsprechende Literatur ziemlich durchschnittlich. Daß es bei solchen Darstellungen eigentlich um den Menschen geht, ist kaum vorstellbar. Der Mensch wird bei dieser Art der Forschung auf ein kümmerliches Reiz-Reaktions-Modell reduziert, bei dem seine eigentlichen Werte, seine Individualität und seine seelischen Hinter- und Abgründe völlig unberücksichtigt bleiben müssen. Dies wird von kritischen Psychologen so auch immer

wieder gesehen und anerkannt. Die Frage ist nur, ob und inwieweit sie sich gegen eine Übermacht computerhöriger Kollegen wissenschaftlich durchsetzen können. Es gilt auch hier der allgemeine Grundsatz: Was nicht ins Programm paßt, ist nicht auf der Welt.

Das ungelöste und unlösbare Problem einer derart naturwissenschaftlich verstandenen Psychologie ist die Tatsache, daß menschliches Verhalten nicht unmittelbar gemessen werden kann (wie z. B. die Blutfettwerte), sondern daß zwischen Verhalten und Dateneingabe eine mehr oder weniger subjektive Bewertung durch eine beobachtende oder die Testperson selbst eingeschaltet ist. Unerkennbare Einflüsse durch den Beobachter und die am Experiment beteiligte Gruppe führen zu »Störungen«, die mitunter das Ergebnis so stark verfälschen, daß es unbrauchbar wird. Die so verstandene Psychologie kann nur wenige Teilbereiche der menschlichen Persönlichkeit »vermessen« und muß das eigentliche Wesen eines Menschen unbeachtet lassen.

Sofern eine solche Wissenschaft als Selbstzweck betrieben wird, mag sie, von den verursachten Kosten abgesehen, harmlos sein. Sobald sie aber beispielsweise dazu herangezogen wird, die Auswahl von Persönlichkeiten für Führungsaufgaben wesentlich zu begründen, wird sie gefährlich. Der Auftraggeber oder der Gestalter des Verfahrens kann nämlich vorgeben, welche Eigenschaften von den »meßbaren« er für wichtig hält und welche nicht. Mit anderen Worten, er legt seine (subjektiven) Maßstäbe an die Kandidaten an, versucht diese aber möglichst gleichmäßig anzuwenden, was natürlich in der Praxis nie gelingen kann. Diese Methode hat zur Folge, daß sie im Lauf der Zeit einen ganz bestimmten Menschentypen fördert und andere vernachlässigt. Herausgetestet können die Eigenschaften werden, die auf den Typ des gut funktionierenden Erledigers, des Machers, der nicht nach Hinter- und Abgründen fragt, hinweisen. Solche Fähigkeiten lassen sich relativ schnell und einfach erkennen. Totalitäre Staaten und Sekten haben sich schon immer um solche Menschen bemüht und sich dementsprechend der »Erziehung« angenommen, die dann sogar in eine regelrechte Gehirnwäsche ausarten kann.

Mit Menschen, die geistig weitab vom Idealbild angesiedelt sind, können die Tester nichts anfangen. Ein relativ harmloses Beispiel: Als einmal ein Kandidat in einem solchen AC-Verfahren eine Aufgabenstellung kritisierte und sie als wirklichkeitsfremd bezeichnete, wurde ihm klargemacht, er sei hier, um den Test zu lösen und nicht, um ihn zu knacken. Da er sich durch den Test intellektuell unterfordert fühlte und die Tester dies erkennen ließ, übte er einen negativen Einfluß auf die brav herumsitzenden Testgenossen aus. Es wurde ihm bedeutet, er möge das Verfahren abbrechen und nach Hause fahren. Das Ergebnis, das ihm später mitgeteilt wurde, lautete: unbrauchbar für Führungsaufgaben. Es handelte sich in diesem Fall um eine zwar eigenwillige, aber sehr kreative und weit über den Durchschnitt herausragende Persönlichkeit. Es gibt also nichts Schädlicheres für einen Teilnehmer an einem solchen Test als eine Intelligenz erkennen zu lassen, die über die der Tester hinausreicht. Deshalb bleiben in einem solchen Verfahren alle Eigenschaften, die nicht in das von den Testern vorgegebene Normraster passen, unerkannt.

Die eigentliche Ursache dieser Probleme ist der Mensch

als Individuum, als unteilbare Einheit, mit widersprüchlichen, unvollkommenen Eigenheiten, mit seiner Neigung zu Wechselhaftigkeit und Inkonsequenz. Nicht erst ab einem gewissen Niveau hat jeder Mensch Ecken und Kanten. Diese Eigenschaften stören im Windkanal, aber ihnen verdankt die Gesellschaft ihre Probleme, Fortschritte, Krisen und Erfolge, kurz gesagt, ihr Leben und Überleben. Auch im Beruf kann sich der Mensch nur entfalten, wenn man ihn als Ganzes respektiert und nicht nur als Träger nützlicher Eigenschaften. Ein solches Testverfahren muß gerade die Werte eines Menschen unberücksichtigt lassen, die von der vorgegebenen Norm abweichen, die aber in ihrer Vielfalt erst ein Weg zu dauerhaftem Erfolg weisen können: Mut, Phantasie, Toleranz, Aufrichtigkeit, Standhaftigkeit, Verantwortungsbewußtsein, Kreativität, Herzensbildung, Kritikfähigkeit, Takt, Ausstrahlung, Humor, Weitblick usw. Solche Eigenschaften zeigen sich erst in Lauf der Zeit, jedenfalls nicht in einer Blitzlichtaufnahme. Wer sie nicht besitzt, muß früher oder später scheitern, selbst wenn er ein im übrigen gut herausgetestetes »Managementpotential« besitzen mag. Kurz gesagt: Das Verfahren ist taub und blind für den Geist eines Menschen. Wenn es überall, lange und oft angewendet wird, dann kann der evolutionäre Druck, der den Geist des Menschen unterdrückt, zu einer neuen, geistlosen Spezies führen, die dann mit dem Menschen eventuell noch den Namen gemein hätte.

Wenn solche AC-Verfahren trotzdem häufig gute Ergebnisse hervorbringen, dann nicht wegen, sondern trotz der dort angewandten »Techniken«, weil beobachtende Persönlichkeiten manchmal etwas von einem

Menschen in größerem Zusammenhang erkennen, was nicht im Test abverlangt wird. Man kann es so sagen: Gut ist am Test allenfalls das, was auch ohne den Test gut wäre. Die objektivierende Beurteilung des Menschen ist so schwierig und letzten Endes unmöglich wie das Herauslesen des Geistes aus dem Gesicht.

Sollen nun also doch wieder die gute alte Willkür und Vetternwirtschaft eingeführt werden? Natürlich nicht. Daß Tests mitunter brauchbare Aussagen über das Nervenkostüm, die Reaktionsgeschwindigket, das Fachwissen und ähnliche nützliche Eigenschaften liefern können, steht außer Zweifel. Aber letzten Endes muß doch die Erkenntnis gelten, daß die Entscheidung für oder gegen einen Menschen, eine menschlich subjektive Angelegenheit bleiben wird. An solchen Entscheidungen erweisen sich Stärke und Schwäche einer Persönlichkeit oder einer Gruppe.

Über Wissensmengen und Wissenshunger.

Brauchen wir noch Allgemeinbildung?

Als ich einmal einigen jungen Beamten empfahl, sie sollten doch gelegentlich ein Buch lesen, ins Theater oder ins Konzert gehen, sagte anschließend ein Kollege, ein Diplomsoziologe, zu mir, ich hätte doch wohl ein etwas antiquiertes Bildungsideal. Recht hatte er! Forscht man nämlich nach den eigentlichen Bildungszielen, dann zeigt sich, daß es den meisten anscheinend hauptsächlich um Vermögensbildung geht, und ihnen alles andere, was nichts dazu beiträgt, altmodisch erscheint. Sind wir wirklich ein Volk von eingefleischten Erfolgsmessern, Rationalitätsfetischisten und Effizienzneurotikern, denen alles, was darüber hinausgeht, ein Greuel ist? Wozu brauchen wir »Bildung«? Diese Frage ist berechtigt, denn es lebt sich doch zunächst auch ohne sie ganz komfortabel.

Wenn man Statistiken glauben darf, dann waren »wir« noch nie so gebildet wie heutzutage. Fast ein Drittel der Schüler eines Geburtsjahrgangs beendet in Deutschland die Schulzeit mit dem Abitur oder hat auf andere Weise die Hochschulreife erlangt. Zwei Drittel von ihnen äußern die Absicht zu studieren. Es herrscht also, so gesehen, ein Bildungseifer wie noch nie. Es gibt z. B. wesentlich mehr Studenten der Architektur und des Bauingenieurwesens als insgesamt Auszubildende für die Berufe Maurer, Betonbauer, Zimmerer, Dachdecker und Gerüstbauer. Auch wenn die handwerkliche Ausbildung nicht so lange dauert wie ein Studium, so bleibt doch als Ergebnis, daß allmählich auf jeden ausgebildeten Bauhandwerker ein Architekt fällt. Dazu muß man wissen, daß sich der Staat die Ausbildung eines Architekten viel Geld kosten läßt, während er die eines Maurers fast umsonst erhält. Wenn dann interessante Großbauten an ausländische Architekten vergeben werden, dann mag dies zwar einer alten deutschen Tradition entsprechen und möglicherweise in Einzelfällen auch zu einem höheren ästhetischen Niveau beitragen, es fragt sich aber, ob es dann nicht gleich besser wäre, die Ausbildung zum Betonierer auf die Universität zu verlegen. Das hohe Ansehen, das deutsches Handwerk einst genoß und zum Teil auch heute noch genießt, rührt daher, daß früher in angeblich »einfachen« Berufen hochintelligente, kreative und gebildete Menschen arbeiteten, und zwar fast ausschließlich ohne höhere Schulbildung. Offensichtlich ist es so: Bildung hat mit Ausbildung nicht viel zu tun. Das Streben gilt also zunehmend nicht dem Wissen selbst, sondern dem Geld, das man mit ihm verdienen kann.

Und doch, es ist viel Bildung auf dem Markt, mehr denn je. Werktäglich erscheinen im Schnitt 260 neue Bücher, einschließlich Neuauflagen; im Jahr sind es über 70 000 Titel. Es gibt über 10 000 verschiedene Zeitungen und Zeitschriften. In 120 Städten gibt es öffentliche Theater, außerdem rund 130 professionelle Kultur- und Theaterorchester, wofür wir von der ganzen Welt beneidet werden (Statistisches Jahrbuch 1995). Dazu kommen noch öffentliche Bibliotheken, Museen, Volkshochschulen, Musikschulen und vieles mehr. Wir dürfen uns auf unsere Bildung viel einbilden. Und das ist gut so, denn in einer Zeit, in der das Niveau der Rundfunk- und Fernsehanstalten zunehmend den Einschaltquoten geopfert wird, brauchen wir ein Gegengewicht. Allerdings im statistischen Mittel sieht dieses Bildungsstreben nicht mehr gar so gewaltig aus. Jeder Deutsche (Säuglinge inklusive) geht im Schnitt einmal jährlich in ein Museum, entleiht drei Bücher aus öffentlichen Büchereien und geht alle vier Jahre einmal in die Oper. Trotz der Vielzahl von Angeboten in der Erwachsenenbildung im weitesten Sinne muß man sich immer wieder fragen: Wohin fließt dieser gewaltige Bildungsstrom, wo mündet er in welche Köpfe, oder wie versickert er? Oder kommt es vielleicht nur darauf an, mit welchem Bildungshunger etwas verzehrt wird? Genügt uns der Überfluß an Angeboten nicht? Löffeln wir einfach nur lieblos etwas aus, wonach unsere Großeltern noch gegiert haben? Vermutlich liegt hier das Hauptproblem. Das ständige Überangebot, die Übersättigung mit Informationsmassen macht uns geistig fett und träge. Und mit der geistigen Verdauung klappt es auch nicht mehr so recht. Wir werden alle miteinander wissensmüde. Unsere Bildung führt zu geistigem Speck, wo eigentlich Muskeln gefragt wären.

Ein Beispiel aus eigener Erfahrung soll dies veranschaulichen. Mein Großvater hatte vor rund hundert Jahren damit begonnen, sich vom mittellosen Lehrling zum wohlsituierten Bankdirektor hochzuhangeln. Sein verglaster Mahagoni-Bücherschrank war voll edler Klassikerausgaben: meterweise mit goldgeprägtem Rücken standen sie da in Reih und Glied wie neu und unberührt. Als ich einmal einige Bände Schiller herausnahm, machte ich eine großartige Entdeckung. Ich stellte nämlich fest, daß hinter den Klassikern in der zweiten Reihe noch ganz andere Bücher standen: insbesondere Karl May, Edgar Wallace, Hans Dominik, Ludwig Ganghofer - und alles in zerlesenem Zustand mit eindeutig großväterlichem Zigarrengeruch. Natürlich las er auch höherstehende Sachen, unter anderem englische und französische Romane in der Originalsprache. Aber schon die Tatsache, daß die etwas billigere Literatur in der zweiten Reihe verborgen war, verriet doch sein Bildungsideal, auch wenn er ihm selbst vielleicht nicht ganz entsprach. Ich habe also bei und mit ihm viel auch aus den Büchern gelernt, die wir beide damals nie gelesen hatten, allein dadurch, daß wir wußten, daß es sie gibt und daß es gebildet ist, sie zu besitzen. Eigenartigerweise konnte mein Großvater auch über die Bücher aus der Bildungs-Schaufensterfront reden. Weiß der Himmel, wie er das fertiggebracht hat.

Wer ein dickes Konversationslexikon in seinem Bücherschrank hat, und es dazu noch öfters benutzt, der hat schon eine wichtige Hürde auf dem Weg der Allgemeinbildung genommen. Der zwanzigbändige, in schwarzes Leder gebundene »Meyer« meines anderen Großvaters ist heute noch eine Zierde unseres Wohnzimmers. Wichtig ist der schlechte Zustand des Einbands, er belegt, daß das Lexikon nicht einfach unbenutzt im Pfarrhaus herumgestanden hat. Die Bände sind gespickt mit Zeitungsausschnitten aus der damaligen Zeit. Damit hielt er das Lexikon lange Jahre auf dem neuesten Stand. Aus einem, allerdings etwas neueren, »Brockhaus« entnehme ich einige Sätze, die ebenfalls ein wenig »antiquiert« klingen, obwohl sie dieses Prädikat wohl gar nicht verdient hätten: »Gebildetsein bedeutet eine Steigerung des Erzogenseins, ein eigenständiges Verhältnis zu den kulturellen Inhalten. Gebildet ist nicht, wer nur Kenntnisse besitzt und Praktiken beherrscht, sondern wer durch sein Wissen und Können teilhat am geistigen Leben, wer das Wertvolle erfaßt (...) Der Gebildete strebt nach Weisheit.«

Bildung ist das, was Zusammenhänge und Zusammenklänge auch dort herstellt, wo sie unsichtbar und unhörbar sind. Dadurch entstehen Brücken über den Sumpf der Alltagsinformationen. Wenn solche Brükken überhaupt fehlen, dann ergeht es einem so wie Professor S. Es war an einem kühlen Junimorgen in Tübingen. Wir saßen in der Vorlesung über Völkerrecht. S. stand vorne am Pult und hatte sein Manuskript vor sich aufgebaut. Neben ihm war ein Fenster nur angelehnt, und ein plötzlicher Windstoß sorgte nicht nur für frische Luft, sondern auch dafür, daß einige Blätter des Manuskripts in einer Öffnung des hochgeschraubten Pults verschwanden. Für S., der sich nach Kräften bemühte, seine Papiere wieder einzusammeln, erwies sich das Problem als unlösbar. Sendepause. Er bat einen von uns, den Hausmeister zu holen. Dieser kam nach einigen Minuten und förderte die Blätter zutage.

Normalerweise hätte ich diese Geschichte vergessen können. Was mir aber einen so gewaltigen Eindruck machte, war folgendes: Während der Wartezeit und der anschließenden Handwerksarbeit, blieb der Professor freundlich und hilflos lächelnd am Katheder stehen und redete kein Wort. Was ich damals dachte, weiß ich heute noch. Wie kann ein Professor sich das Recht nehmen, vor die Studenten hinzustehen, um nichts anderes zu tun, als seinen Zettelsalat, den er aus anderen Büchern abgekupfert haben mußte, vorzulesen? Die Vorlesung war so kompliziert, so vollgetränkt mit anderweitig vergossenem Professorenschweiß, und der Rechtsgelehrte so in Fahrt, daß er bei dieser Panne nicht einfach aussteigen und zu Fuß weitergehen konnte. Und hätte er das versucht, dann wäre ihm vermutlich, als die Panne behoben war, der Einstieg nicht mehr geglückt.

Was hätte S. während dieser Wartezeit statt dessen tun können? Wiederholen, zusammenfassen, Fragen stellen, über seine »Forschungen« berichten, über seine Vergangenheit plaudern. Nichts dergleichen geschah. Man kann es so zusammenfassen: Eine solche Vorlesung ließ nicht nur keine Allgemeinbildung erkennen, sie hat auch keine vermittelt, trotz des scheinbar hohen Niveaus. Da vorne stand nicht ein Fackelträger seiner Wissenschaft, sondern ein Kerzenhalter. Der Windstoß hat einfach die Funzel ausgeblasen, und jetzt wartete er, bis einer mit der Streichholzschachtel kam.

Hinter dieser Episode steht ein Problem, das weit über diese Geschichte hinausragt. In jedem Beruf gibt es Fackelträger und Kerzenhalter. Woran kann man sie unterscheiden? Der Fackelträger ist überzeugt von seiner Sache und kann bei Problemen immer eine Lösung finden, die seiner Persönlichkeit angemessen ist. Er ist vom Geist der Sache, die er vertritt, beseelt. Er kann weiterhelfen, wo die gelernten Rezepte versagen, weil ihm seine Bildung und seine Phantasie neue Wege und Auswege zeigen. Er steht über der Sache.

Der Kerzenhalter (früher gab es dafür auch den Begriff

Armleuchter) hat vielleicht ein gutes Examen geschafft, aber im Grunde konzentriert sich sein Interesse einzig und allein darauf, nicht negativ aufzufallen. Er weiß, daß jemand, der auf neue Wege hinweist, unbequem ist und Schwierigkeiten mit der Karriere haben kann. Der Kerzenhalter sucht bei jedem Problem immer gleich nach dem Spezialisten, der helfen kann, bevor er selber nachdenken müßte.

Bildung, das sind also nicht in erster Linie bestimmte Bildungsinhalte und schon gar nicht Bildungsmengen, sondern es ist die Neugier, die dazu befähigt, die Teile auch aus scheinbar weit auseinanderliegenden Wissensgebieten in große Gesamtheiten einzuordnen, um sie so zu nutzen. So gesehen sind viele Menschen ohne hochqualifizierte Ausbildung gebildeter als manche Professoren, von denen wir einen, zugegeben ein Extremfall, schon kennengelernt haben.

Und hier haben wir vermutlich unser größtes Problem. Wo nur noch das fachbezogene Spezialwissen bewertet wird, greift der Fachidiotismus immer weiter um sich. Muß man Platon gelesen haben, um Kernforschung betreiben zu können? Normalerweise würde man dies verneinen. Immerhin leitete aber Werner Heisenberg wichtige Erkenntnisse über die Grundstruktur der Materie indirekt von Platons Dialog »Timaios« ab. Große Erfindungen und Entdeckungen sind das Ergebnis ungewöhnlicher Kombinationen von Gedanken, die zunächst nicht in das System paßten. Der Geist steckt nicht nur im Inneren der Dinge, sondern in dem, was sie verbindet. Und diese Bindungen halten sich nicht an Fachdisziplinen. Ohne die Bildung, die weit aus dem Fachlichen hinausragt und zeitlebens gepflegt wird, kann man es allenfalls zum angepaßten Nützling bringen. Bildung ist das Grundwasser unseres Wissens und unserer Phantasie, aus ihm werden die Quellen auch dann noch gespeist, wenn der Informationsregen ausbleibt. Sie befähigt uns, weiterzudenken und zu handeln, wenn wir mit unseren Programmen am Ende sind. Sie ist die Grundlage der Phantasie und aller Denkabenteuer. Mit ihr können wir uns auch dort verständigen, wo der Verstand nicht hinreicht.

In diesem Zusammenhang muß ich über etwas berichten, was ich nicht in der Schule gelernt habe. Nach dem Krieg wohnten wir in einer kleinen, etwas abgelegenen Gemeinde im Schwarzwald. Zur nächsten Kreisstadt mit der Schule fuhr nur gelegentlich das Milchauto. Ein Teilstück des Weges konnte man zu oft unpassenden Zeiten mit dem Zug fahren. Ein Fahrrad hatte ich nicht. Es blieb mir also nichts anderes übrig, als immer wieder den ganzen, mir endlos erscheinenden Weg zu Fuß durch einsame Wälder zurückzulegen. Oft begegnete ich auf dem Heimweg von der Schule, der mich fast zwei Stunden kostete, keiner einzigen Menschenseele. Ich beneidete damals meine Klassenkameraden, die nach der Schule die Staffeln in das Städtchen hinuntergehen konnten und fünf Minuten später am Mittagstisch saßen, während ich hungrig mit dem Schulranzen auf dem Rücken kilometerweit gehen mußte. Heute weiß ich, daß mir diese erzwungenen Wanderungen mehr gebracht haben als irgendeine Informationsaufnahme von außen. Man kann es vielleicht so sehen: Ich bildete mich dadurch, daß ich keine Bildung, aber auch sonst keine Informationen aufnahm. Es geht also um das seelische Gleichgewicht zwischen Bildungs*er-*

arbeitung und Bildungs*ver*arbeitung. Wenn dieses nicht stimmt, dann nützen auch bildungspolitische Milliarden nichts.

Und wer entspricht dem »richtigen« Bildungsideal? Die Antwort ist einfacher als die des Konversationslexikons. Es ist der Mensch, der sich nicht mit unverkraftbarem Wissen vollstopft, sondern Sinne und Seele für die vielseitigen Wunder des Selbstverständlichen offenhält.

Mit einem Tageslichtprojektor kann auch der reden, der nicht reden kann und es deshalb bleiben lassen sollte.

Wie man sein Licht durch Folien leuchten lässt

Professoren, die nicht weiterwissen, wenn ihnen ihre Zettel verloren gehen, hat es wohl schon immer gegeben, denn wer etwas vorträgt, muß normalerweise die Kausalkette Denken-Schreiben-Vortragen beherrschen. Da gibt es aber zunehmend Probleme. Man weiß von manchen Führungskräften, daß, wenn sie etwas schreiben, es nur ihr Name ist, und zwar unter Texte, die ein Sachbearbeiter formulieren durfte. Wie kommt es, daß ausgerechnet die Kunst des Schreibens, die doch jeder in der Schule lernt, sich zunehmend den Köpfen verweigert? Ist etwas Wahres an dem Spruch, den einige selbstkritische Abiturienten an ihre Autos klebten: »Abi rum – trotzdem dumm?« Wirken sich die Probleme, die wir im Zusammenhang mit dem Medienkonsum und der Allgemeinbildung erörtert haben, hier aus?

Durch eine Umfrage bei den fünfhundert größten Unternehmen in Deutschland kam es heraus: Über achtzig Prozent räumten ein, daß die Manager beim Formulieren geschäftlicher Texte Schwierigkeiten hatten. Hauptprobleme waren die Darstellung des Sachverhalts und die Gliederung des Textes. Dabei ist Schreiben für die Führungskräfte keineswegs Nebensache, sie umfaßt rund zwanzig Prozent ihrer Arbeitszeit. (Umfrage der Alice-Salomon-Fachhochschule für Sozialarbeit in Berlin, WW 26/95.) Aber vielleicht ist es ganz einfach so: Wer außer der Speisekarte und der Tageszeitung nichts liest, wer nie Briefe oder in ein Tagebuch geschrieben und im Studium nie in Vorlesungen mitgeschrieben hat, der wird zum AGNA »akademisch gebildeter Neo-Analphabet«. Eine Stufe höher als der schon erwähnte Sekundäranalphabet. Dieses Problem gilt für alle Ebenen und Berufe.

Am besten läßt sich der Geisteszustand von Führungskräften an Gebrauchsanleitungen ablesen, die ja eine Visitenkarte eines Unternehmens sind. Wenn so ein Text aus dem Japanischen ins Englische und aus dem Englischen ins Deutsche übersetzt ist, dann hat man ja noch Verständnis für den Schwachsinn, der dabei herauskommt. Aber wenn original auf deutsch verfaßte Texte genauso jämmerlich sind, dann müßte zumindest in der Geschäftsleitung ein rotes Licht aufleuchten. Aber wie soll das funktionieren, wenn dort ein AGNA sitzt?

Solche Probleme entstanden früher auch dann, wenn jemand einen Vortrag halten mußte. Im Altertum gab es die hohe Kunst der Rhetorik. Das war ein Handwerk, bzw. Mundwerk, das man in Schulen und Akademien lernen konnte und mußte, wenn man etwas gelten wollte. Heute ist dies zumindest für Vorträge, Seminare und Besprechungen unter Führungskräften überflüssig. Man hat den Tageslicht- oder Overheadprojektor, ein Gerät, das, wie sein Name dezent andeutet, etwas über den Kopf hinauswirft, was zuvor nicht in ihm war. Er ist, so betrachtet, auch eine Hirnprothese. Dort, wo dann eigentlich die hohe Kunst der Rede beginnen müßte, wird zunächst einmal abgedunkelt oder zumindest ein für die Zuhörer bzw. Zuschauer angenehmes

Dämmergefühl hergestellt. Dies hat den großen Vorteil, daß es nicht auffällt, wenn das Publikum einnickt. Der Vortragende legt eine Folie (vornehmer: Chart) nach der anderen auf und liest das herunter, was darauf steht. Das Vorlesen ist vor allem dann notwendig, wenn auf die Folie so viel in kleiner Schrift daraufgepackt ist, daß man ab der dritten Reihe sowieso ohne Fernglas nichts mehr entziffern kann. Am besten eignen sich Statistiken, die mehrere Tausend Ziffern umfassen und die Übersichtlichkeit einer Stromrechnung haben. Wer viel zu sagen hat, legt viele Folien auf, so an die dreißig pro Minute, damit jeder weiß, wie hoch erhaben der Vortragende über seinen Opfern steht.

Die Projektion erübrigt völlig die eigene Wortwahl, und die Ausstrahlung eines Menschen wird durch die einer Halogenlampe ersetzt. Ein auf diese Weise gut vorbereiteter Vortrag erwächst dann zu einer Art Multimediashow, die jedem Zuschauer, soweit er noch wacht, das Gefühl gibt, jetzt endlich alles zu wissen, was es zu sagen gegeben hätte. Dies alles ist noch komfortabler, wenn man sich den Umweg über die Folien sparen kann und gleich den Inhalt der Computerdiskette an die Wand strahlen kann.

Wenn dann die Jalousien und die Dimmer wieder hochgefahren werden, und alles geblendet wegen der optischen Ruhestörung nach vorne blinzelt, dann zeigt ein Blick auf die Uhr, daß die Zeit, die notwendig gewesen wäre, um den Redner etwas zu fragen, längst vorüber ist. Das ist auch besser so, denn was will der schon antworten, der es auf diese Weise aus sich herausreden läßt? Es bleibt dann nur noch Zeit für »handouts«, nämlich die Zettel, die den Teilnehmern ausgehändigt und von diesen eifrig eingeheimst, aber nie gelesen werden, weil auf ihnen die gleichen Banalitäten stehen, die man schon über sich ergehen lassen mußte. Immerhin, man hat das Gefühl, etwas Schwarz auf Weiß zu besitzen, das man getrost nach Hause tragen kann. Eigenartig ist, daß Goethe dies schon wußte, obwohl er noch keinen Overhead- oder Computerprojektor kannte.

Wie hat man früher solche Vorträge zuwege gebracht, als es noch kein so schönes technisches Klimbim gab? Ganz einfach, man mußte, falls vorhanden, sein eigenes Licht leuchten lassen und mit eigenen Worten reden. Projektionsfläche waren die Köpfe der Zuhörer, denn in ihnen mußte gegebenenfalls ein Licht aufgehen. Überzeugung kann nur von Mensch zu Mensch, nicht von Folie auf Papier stattfinden. Sollen wir deshalb auf solche technischen Hilfsmittel verzichten? Warum denn? Sofern sie als Unterstützung für eine Darstellung gebraucht werden, die optisch besser aufgenommen werden kann als nur akustisch, sind sie nach wie vor zwischendurch nützlich. Aber wenn sie den Geist ersetzen sollen, den der Vortragende selbst nicht hat, dann sind solche Geräte überfordert. Wer etwas sagen will, was sein Publikum noch nicht weiß, muß sein eigenes Licht leuchten lassen, sofern er eines ist und eines hat. Hier liegt das Problem. Wer nicht mit eigenen Worten redet, kann gleich ein Video vorführen lassen und selbst zu Hause oder in seinem Büro vor sich hindösen.

Aber die Geschichte geht noch weiter. Wozu setzt man sich noch in einen Saal, um das alles gemeinschaftlich anzuschauen? Das ist doch viel zu lästig bei der allgemein grassierenden Single-Mentalität. Bleiben wir doch gleich zu Hause hinter unseren PCs! Wenn die Leute

z. B. nicht mehr in die Kirche kommen, kann man sie auch am Bildschirm erreichen. Eine Schlagzeile macht dies deutlich: »Pastorin reist ihren Schäfchen auf der Datenautobahn hinterher« (BNN, 3. 11. 95). Wir sind mitten in der Entwicklung: die Online-Pfarrerin in der multimedialen Landeskirche. »Per Mausklick erscheinen die Zehn Gebote«, ist da zu lesen. Wenn das gegenüber Moses mit seinen lästigen Steintafeln kein Fortschritt ist. Es fragt sich eigentlich nur noch, wo sich der Heilige Geist herumtreibt, wenn die kirchlichen Informationen nicht in menschlichen Seelen, sondern auf Disketten landen und verenden. Wer auf die elektronische Auferstehung hofft, der sollte sich gleich auf seine »Festplatte« (Speichermedium im Computer, hat nichts mit auf Platten gereichten Süßigkeiten bei Jubiläen zu tun) bannen lassen. Die einzige Gefahr für das ewige Leben wäre dann nur, daß die dermaleinstigen Computer nicht mehr mit unseren gegenwärtigen kompatibel sind.

Über die Zertrümmerung des Ego-Klumpens dachte ein Physiker nach.

Die Entsorgung des Denkmülls

Denkabfälle sind ein wirkliches Umweltproblem. Während aber materieller Müll, wenn auch zunehmend schwieriger, gelagert, vernichtet und manchmal sogar wiederverwendet werden kann, bleibt geistiger Müll als schwerentsorgbarer Rückstand in den Gehirnen. Obwohl er nicht raucht, stinkt, rußt und keinen meßbaren Platz wegnimmt, wird er doch zum Umweltproblem.
Ausgangspunkt ist der Mensch. Er nimmt zweierlei zu sich:
– Materielles: Luft, Nahrung
– Nichtmaterielles: Informationen im weitesten Sinne.
Hier zeigen sich wesentliche Unterschiede. Wenn die Suppe ausgelöffelt ist, dann ist der Teller leer. Ein »aus«-gelesenes Buch bleibt in vollem Umfang zurück, selbst wenn man es verschlungen hat. Die Beseitigung des Altpapiers ist zwar ein Problem, aber während man eine Zeitung verbrennen oder einstampfen kann, bleibt das, was gelesen wurde, irgendwie im Kopf zurück. Die Frage, wie der so aufgenommene Informationsgehalt, der ja nicht dauerhafter zu sein braucht als das Papier, wieder einem nützlichen Zweck in anderer Form zugeführt werden kann, ist ungelöst.
Beim Menschen muß man in bezug auf die Entsorgung unterscheiden:

– Atemluft und Nahrung werden nach Gebrauch in verändertem Zustand vom Körper wieder ausgeschieden, und zwar innerhalb kurzer Zeit.
– Informationen werden gespeichert und gelagert, auch wenn sie vordergründig vergessen werden.
Es fehlt also an einem geistigen Stoffwechsel. Wer versehentlich verdorbene Speisen zu sich genommen hat, kann sie unverdaut und kurzfristig auf dem gleichen Weg wieder von sich geben, auf dem sie eingedrungen sind. Aber Informationen, die das gleiche Schicksal verdient hätten, werden ungefiltert einverleibt. Sie mögen zum Kotzen sein, aber gerade dies funktioniert nicht mit ihnen.
Für die Ablage von Stoffwechselprodukten des menschlichen Körpers haben Ingenieurkunst und Zivilisation im Lauf der Entwicklung immer komfortablere Räumlichkeiten mit Sitzgelegenheiten und Wasserspülung geschaffen. Aber was hat die Menschheit auf dem Gebiet geistiger Verdauungsrückstände geleistet? Die Antwort auf diese zentrale Frage kann nur kurz und lapidar sein: Nichts! Wer antworten wollte: Bibliotheken und Datenbanken, verkennt, daß es sich dabei um nicht entsorgte Rückstände handelt. Hier stehen noch Felder für geniale Erfindungen zur Verfügung. Was uns fehlt, ist zweierlei:
– Ein dem Darm entsprechendes Organ für die Verarbeitung, bzw. Verdauung von Informationen und
– eine Einrichtung, die den unverdaulichen Rest entsprechend einer Wasserspülung in entfernte geistige Kläranlagen leitet.
Zunächst ist zu fragen: Was ist Denkmüll? Hier bietet sich eine Kurzdefinition an: Denkmüll ist das, was wir wahrnehmen, aber zur Wahrheit nicht brauchen. Mit

dieser Definition ist natürlich zunächst nicht allzuviel anzufangen, denn es stellt sich sofort die weitere Frage: Was brauchen wir zur Wahrheit und, vor allem, was nicht? Wenn wir das immer wüßten, dann wäre das Problem relativ leicht im Vorfeld durch entsprechende Denkmüllvermeidungsstrategien zu lösen. Manche Informationen, die wir zunächst für belanglos und überflüssig gehalten hatten, haben uns später zu wichtigen Einsichten verholfen oder sogar das Leben gerettet. Wir haben es schon erfahren: Allgemeinbildung grenzt kein Wissen als unnütz von vornherein aus. Wichtig zu wissen ist nur, daß es Wahrnehmungen gibt, die für uns weder sofort noch irgendwann später irgendeine Bedeutung haben. Sie von den wichtigen zu unterscheiden, das ist ein Weisheitsproblem. Weisheit und Wissen sind zwar sprachlich miteinander verwandt, früher hatten sie sogar den gleichen Sinn. Heute aber sind es ganz verschiedene Begriffe. Oft schließen sie sich sogar gegenseitig aus. Wissen soll Macht sein. Es kann auch Ohnmacht bedeuten, wenn es so groß ist, daß man keinen Weg hindurchfindet. Und Lichtenberg meinte: »Was der große Dummkopf in einem Buch sagt, würde erträglich, wenn er es in drei Worten sagen könnte.« (Sudelbücher E, 130) Aber – das muß man hinzufügen: Wenn er es in drei Worten sagen kann, dann ist er kein Dummkopf mehr.

Für die Denkmüllvermeidung gilt wie bei Flaschen das Prinzip der Mehrwegverwendung. Ein erster Schritt zur Lösung des Denkmüllproblems wäre also die Erkenntnis geistiger Mehrwegbehältnisse. Und die gibt es in der Tat. Es kommt darauf an, sich mit mehrfach verwertbaren Informationen anzureichern. Dies ist, richtig verstanden, die Hauptaufgabe alles Lernens, in der Schule

und im Leben. Wir müssen uns eine geistige Grundausrüstung zulegen. Hier gibt es dann nichts auszuscheiden. Es geht darum, Muster aufzubauen, die uns nachher dazu dienen, Informationen an der richtigen Stelle einzuordnen. Wenn dies nicht gelingt, so gilt das Wort von Erwin Chargaff: »In leeren Köpfen hat nichts Platz.« Was wir zur Wahrheit brauchen, das sind aber nicht nur vordergründig nützlich erscheinende Informationen, sondern es gibt Mehrweginformationen aus allen Bereichen. Die Eindrücke einer Reise können uns so bereichern, daß wir Menschen, Städte und Landschaften mit anderen, »geschulteren« Augen erkennen und uns in und bei ihnen besser zurechtfinden. Das gilt auch für Bücher, Filme, Theater und Musik, für Gartenarbeit und Briefmarkensammeln, Basteln usw. Wir haben uns darüber ja schon im Zusammenhang mit der angeblich antiquierten Allgemeinbildung unterhalten. Überall lassen sich durch Aktivitäten informationsarme Eindrücke und Erfahrungen sammeln, die nachher kein Entrümpelungsproblem schaffen, uns aber Zusammenhänge aus weit entfernten Denkbereichen ahnen lassen. Die größte Vermüllungsgefahr droht, wo wir Informationen auf uns herunterfließen lassen, die in uns keine Impulse für irgendeine Aktivität auslösen können. Wer es seinen Kindern durchgehen läßt, daß sie statt Erfahrungen überwiegend Informationen sammeln, braucht sich nicht zu wundern, wenn in ihren Köpfen nichts mehr Platz hat.
Es gibt aber noch weitere Vermeidungsstrategien. Werfen Sie eine Zeitschrift, die von Leuten gemacht ist, denen Sie es nicht gestatten würden, Sie zu belehren, rechtzeitig fort, bevor Sie sie versehentlich durchgeblättert haben. Am besten Sie sparen sich gleich das Geld.

Und was Ihr Friseur für Sie ausgesucht hat, braucht ja nicht unbedingt Ihr eigener Geschmack zu sein. Schalten Sie den Fernseher aus, bevor die Sendung anfängt, die Sie angeblich nicht interessiert. Dabei kommt es zwar auf eine hundertstel Sekunde an, aber die dazu nötige Treffsicherheit kann trainiert werden. Verweigern Sie sich dem Denkmüll, bevor Sie ihn entsorgen müssen. Hören Sie statt dessen auf Ihr eigenes Schweigen, auf die Stille, auf den Klang, der schließlich sogar von den Sternen ausgehen könnte. Solche »Informationen« wandern nicht auf die Halde.

Und wenn es geschehen ist? Wenn Sie die Blödelshow nicht rechtzeitig abgeschaltet, die überflüssige Zeitschrift versehentlich ganz durchgeblättert haben, was bleibt zurück? Altöl beseitigt man ja auch nicht dadurch, daß man es einfach ins Erdreich kippt. Weghören und Wegsehen nützen auch nicht viel.

Trotzdem: Es gibt Lösungen. Zwar kann man Vergessen nicht trainieren, denn wer dies versucht, wird erleben, daß er das Gegenteil erreicht. Wer jedoch seinen Weg kennt, der wird immun gegen die Informationsflut. Dieser Weg entspricht zwar mehr einem steinigen Fußweg als einer Rennfahrt auf der Datenautobahn. Dort allerdings ist die Entsorgung von ursprünglichen Denkinhalten ein lösbares Problem. Wenn man einmal von den trotzdem schon existierenden Diskettenfriedhöfen absieht, wäre es doch ein leichtes, ihre Informationen durch Knopfdruck zu löschen, vorausgesetzt, man hat den Mut dazu. Aber hier liegt nicht unser Problem. Die Datenautobahn mag beliebig viele Spuren haben, der Stau ereignet sich nicht auf ihr, sondern in unseren Köpfen. Dort sind die Engstellen.

Der Einblick in geistige Zusammenhänge gelingt nur, wenn das richtige Denken in den Köpfen ist. Die Informations-Überflußgesellschaft verführt uns dazu, unser Präsenzwissen zu vernachlässigen. Mit einem Berg Disketten, den sie ihr eigen nennen, halten sich die ärmlichsten Köpfe für reich. Der Durch- und Überblick bleibt eine Privatsache, den gibt es nicht als Zehnerpack im Info-Supermarkt zu kaufen. Wer aber den Weg zu einer geistigen Übersicht schafft, der kann viel mehr einordnen und verarbeiten. Die lächerlichste Information kann für ihn ein Beitrag zu einer wichtigen Erkenntnis sein. Wenn alle Dinge miteinander verknüpft sind, dann haben auch die scheinbar unwichtigen ihren Platz. Hier kann die Freude an geistigen Zusammenhängen entstehen.

Hegel hat diese Freude einmal in einer ziemlich mysteriösen Textstelle seiner »Phänomenologie« (S. 506) ausgedrückt. Das mit dem Geist erfüllte Sein sei das »reine, alles enthaltende und erfüllende Lichtwesen des Anfangs«. Seine Schöpfungen seien »Lichtgüsse« und »Feuerströme«. Hegel spricht von der bestandlosen und unverständigen Einfachheit des Denkens, von der zur »Pracht gesteigerten Schönheit in ihrer Erhabenheit«, von »Herrlichkeit und Stimmen des Preises ...« Vermutlich sind solche Worte der unvollkommene Versuch, ein mystisches Erlebnis zu beschreiben. Es wurde ihm möglich, nachdem er viele Jahre den steinigen Weg durch die damals schon existierenden Denkhalden gewandert war. Trotz allem Fortschritt unserer Zeit, zu solchen Zielen führt keine Schnellstraße.

Die hegelsche Eruption, der gewaltige Ausbruch von Freude und die aus ihr folgende Denkvitalität sind etwas, was sich in heutiger naturwissenschaftlicher Sprache vielleicht auch erfassen läßt. Ein solcher Weg führt uns in Denkdimensionen, die noch kaum erschlossen sind und von der etablierten Wissenschaft nicht oder nur widerwillig zur Kenntnis genommen werden. In dem von Ken Wilber herausgegebenen Buch »Das holographische Weltbild« stellt Renée Weber auch das Denken des amerikanischen Physikers und Vordenkers David Bohm dar. Bohm, der langjähriger Mitarbeiter von Einstein und Oppenheimer war, versuchte, philosophische Weisheit mit den Erkenntnissen moderner Physik in Verbindung zu bringen. Von ihm stammt der Begriff der »psychischen Atomzertrümmerung«. Haben wir statt der hier geforderten geistigen Wasserspülung demnächst sogar Kernkraftwerke, die geistige Energien verarbeiten und freisetzen? Gelingt es dann sogar »Denkenergien« in Liebe zu verwandeln? Solche Grenzüberschreitungen der Physik können uns Hoffnung machen, daß mit ihrer Hilfe auch anderes entdeckt werden kann, als nur die Perfektionierung einer menschlich nicht mehr verkraftbaren Technik.

Auch wer den folgenden Satz nicht nachvollziehen kann, wird aus ihm herausahnen können, daß unser Vordringen in geistige Bereiche noch viele Abenteuer bereithält: »Eine psychische Atomzertrümmerung reinigt wieder, was zahllose illusorische Ego-Klumpen (...) verunreinigt und damit zu universalem Leid geführt haben. Der psychische Atomzertrümmerer entspricht also dem Heiligen, der von sich aus nichts mehr zum allgemeinen Leid der Menschheit hinzufügt und statt dessen zum Übermittler der grenzenlosen Energie der Barmherzigkeit wird.« (S. 42)

Hatten Mystiker seit Menschengedenken ein persönliches »Rezept« gegen den Denkmüll? Gelang Hegel eine spontane Vernichtung eines »Ego-Klumpens«? Solche Denkanstöße können zeigen, wie sehr das Thema Denkmüll uns auf neue Klettersteige zu aussichtsreichen Höhen hinweisen kann.

Der binäre Mensch

Eine wichtige Station auf dem Weg vom Tier zum Computer ist der »binäre Mensch«, nicht der Mensch, der »aus zwei Einheiten zusammengesetzt« ist (binär), sondern der nur zwei Antworten kennt wie die mathematische Grundstruktur der EDV. Es gibt so viele Fragen auf der Welt, auf die man nur mit einem klaren Ja oder Nein antworten kann. Schon Jesus hat bekanntlich gesagt: »Eure Rede sei ja, ja; nein, nein. Was darüber ist, das ist vom Übel.« Ihm ging es damals aber nur um das Schwören, nicht um die Erkenntnis der Welt mit ihren schillernden Zwischentönen und ins System eingebauten Widersprüchlichkeiten. Auf dem Standesamt gibt es auch nur eine Antwort: Ja. Wer nein sagen will, sollte sich das schon vorher überlegen. Wo es um die Sicherheit der Aussage geht, ist schon das Ja-aber vom Übel.

Unsere Sucht zum Eindeutigen ist unter anderem eine Folge der Logik, die uns schon als Kind klar wird. Der Satz vom ausgeschlossenen Dritten sagt: A ist im Zimmer, oder A ist nicht im Zimmer, es gibt keine dritte Antwort; es gilt hier nur ja oder nein. Wer aber sagt: »Ich glaube schon, daß er im Zimmer ist. Ich habe ihn nicht herauskommen sehen, vermutlich ist er noch drin«, der gibt keine Antwort, sondern er bekundet nur sein Nichtwissen, verbunden mit einer Vermutung.

Der am Eindeutigen programmierte Mensch ist ein binärer Typ. Ja oder nein, eins oder Null, Strom oder Nichtstrom, plus oder minus, schwarz oder weiß, gut oder böse, erlöst oder verdammt... entweder-oder. Wie einfach das alles ist, bekommt jeder mit, der einmal eine Bundestagsdebatte miterlebt hat. Spricht einer, bekommt er Beifall aus den eigenen Reihen, und zwar auch von denen, die ihn zuvor in der Fraktionssitzung noch angegriffen hatten. Redet einer von der Gegenseite, dann liest man in der Zeitung oder versucht, allenfalls höhnisch zu lachen, selbst wenn die reinste Vernunft gepredigt würde. Zum Glück sind unsere Parlamentarier in der überwiegenden Mehrheit nicht so gnadenlos dumm wie der Eindruck, den sie bei der Bevölkerung bei solchen Debatten hinterlassen.

Das sitzt tief im Menschen seit der Steinzeit: Unser Stamm gut, fremder Stamm schlecht. Man braucht nur in die Zeitung zu schauen, um den Beweis zu erhalten, daß manche Völker über diese Mentalität nicht hinausgekommen sind. Einst hatte das ja noch seinen Sinn, denn die Leute vom fremden Stamm wollten einem nur die Jagdgründe streitig machen oder die Mädchen rauben. Da mußte man böse reagieren, wenn man nicht verhungern oder ohne Sex und Nachkommen bleiben wollte. Manches hat sich in der menschlichen Gesellschaft seither ein wenig weiterentwickelt, aber anscheinend nicht die binäre Grundstruktur unseres Denkens.

Den Charakter eines solchen binären Menschen hat Friedrich Sieburg in seinem Buch »Robespierre« glänzend geschildert: »Der gefährlichste Mensch ist derjenige, der nur eine einzige Idee hat. Robespierre ist ein solcher Mensch. Die Einfachheit seines Weltbildes, die Ausschließlichkeit seines Wollens und die Abwesenheit störender Leidenschaften geben ihm jene unwiderstehliche Stoßkraft, die ihn zum ersten Mann der Französischen Revolution macht. Er tötet seine Mitmenschen um dieser Lehre willen, aber er stirbt auch selbst für sie. Er versucht, die Philosophie in die Politik zu übersetzen und macht sie dadurch tödlich (...) Die Wirklichkeit wird ihm somit zu einer verbrecherischen Einrichtung, da sie seiner Unternehmung widersteht. Ohne sich darüber klarzuwerden, nimmt er den Kampf gegen alles Lebendige, ja gegen das Leben selbst auf.« (S. 121)

Der gefährliche Fanatismus und der immer wieder aufkommende Fundamentalismus auf vielen Gebieten hat einen tiefen Hintergrund im menschlichen Denken. Wir dürfen nicht dem Fehler verfallen, Fundamentalismus nur bei anderen oder sogar nur bei anderen Völkern zu suchen. Es gibt nicht nur den religiösen und den antireligiösen Fundamentalismus, sondern z. B. auch den materialistisch-naturwissenschaftlichen. Diese Sorte ist bei uns weit verbreitet. Allerdings wird jeder, der ihm huldigt, dies weit von sich weisen, denn bekanntlich neigen wir zur Blindheit gegenüber eigenen Fehlern.

Kann man diesem Richtig-Falsch-Denken entgegenwirken?

Sören Kierkegaard veröffentlichte, wenn auch nicht unter seinem eigenen Namen, im Jahr 1843 sein wohl bekanntestes Buch unter dem Titel »Entweder – Oder«. In diesem Werk rechnet er mit der Neigung der Menschen zum Eindeutigen und Fertigen auf rund tausend Seiten gnadenlos ab. Wo es um die Grundfragen der menschlichen Existenz geht, helfen uns Ja-Nein-Antworten nicht weiter. »Trau einem Mädchen, du wirst es bereuen; traue ihr nicht, du wirst es auch bereuen; trau einem Mädchen oder traue ihr nicht, du wirst beides bereuen (...) Ich gehe nicht von meinem Grundsatz aus; denn ginge ich von ihm aus, würde ich es bereuen, ginge ich nicht von ihm aus, würde ich es auch bereuen.« (S. 49)

Dies also ist das entgegengesetzte Extrem zum binären Menschen. Wer dieses Weder-Noch-Denken konsequent fortsetzen wollte, könnte sich nie für irgend etwas entscheiden und müßte daran zugrunde gehen (wie Kierkegaard). Irgendwo zwischen den Extremen müssen wir nach dem Durchlebbaren suchen, täglich neu und ohne Programm. Denn hätten wir ein Programm, dann würde uns genau dieses wieder zum Fundamentalismus verführen.

Natürlich, die Robespierres und die Kierkegaards hat es, wenn auch meist nicht so extrem ausgeprägt, schon immer gegeben, und sie gibt es auch heute und in Zukunft. Aber was tun wir, um die Extremisten zu isolieren? Wenn es stimmt, daß ein Studium nur so gut sein kann wie die Prüfung, die es abschließt, dann ist es interessant zu wissen, daß Teile des Medizinstudiums in Deutschland noch immer durch ein »Fragebogen-Kreuzchen-Verfahren« abgetestet werden, durch die sogenannte »Multiple-choice-Methode«. Solche Fragebogen können vom Computer ausgewertet werden, wodurch die Professoren mehr Zeit für ihre Patienten haben. Wer zu viele Kreuzchen an die falsche Stelle setzt, hat keine Chance, jemals Arzt zu werden. Was bei der Führerscheinprüfung noch angehen mag, ist bei Akademikern ein Schritt in eine Primitivität, über die Hippokrates schon den Kopf geschüttelt hätte. Was der Vergleichbarkeit und Rationalität in der Prüfung dienen soll, führt zugleich zu einer Reduzierung des Denkens in Ja-Nein-Kategorien, die dem akademischen Streben nach Einsicht in größere Zusammenhänge widerspricht. Selbst wenn auf diese Weise das eindeutig speicherbare und nützliche Faktenwissen getestet werden kann, müßte man doch eigentlich wissen, daß eine solche Methode auf das Lernen, Denken und Handeln derer ausstrahlt, die so geprüft werden. Wenn wir nach wie vor viele gute Ärzte haben, dann nicht wegen, sondern trotz dieser geisttötenden Methode. Daß diese Methode schon seit Jahren beibehalten wird, könnte als Indiz dafür verstanden werden, daß Universitäten aufgehört haben, Universitäten zu sein. Denn universus heißt im Lateinischen wörtlich ineinsgewendet, zusammengefaßt, alles zusammen, und universitas ist die Gesamtheit aller Dinge. Der Geist kommt aus dem All und nicht aus dem Programm. Zum Glück gibt es auch andere Aspekte des Studiums, so daß damit zu rechnen ist, daß auch viele als gute Mediziner die Universitäten verlassen, trotz technokratischer Versuche, den Geist der Medizin auszutreiben. Ob sich das Ansehen deutscher »Universitäten«, die solche Methoden anwenden, im internationalen Vergleich wahren oder wieder heben läßt, bleibt abzuwarten.

Viele Menschen meinen immer noch, die Wirklichkeit lasse sich in eindeutige Ja-Nein-Entscheidungen aufteilen, die sich schließlich zu Programmen verarbeiten lassen. Leider tut sie uns meist nicht diesen Gefallen. Die Wirklichkeit ist ein zähes, verworrenes und undurchdringliches Gebilde, voller Widersprüche und Abgründe. Meist zeigt sie sich nur dialektisch, im unauflösbaren Spannungsfeld der Gegensätze. Erwin Chargaff erkannte dies treffend, wenn er schreibt: »Nichts ist so wahr, wie man es sagt.« Und an anderer Stelle: »2 + 2 ist für zwei verschiedene Menschen nicht die gleiche 4.« (Bemerkungen, S. 136) Was wir von der Wahrheit in eindeutige Programme fassen können, ist allenfalls ihre zurechtpolierte Oberfläche. C. G. Jung hat diese Erkenntnis in den Satz gelegt: »An den Grenzen der Logik hört zwar die Wissenschaft auf, nicht aber die Natur.« (Mensch und Seele, S. 211) Es ist entsetzlich unbequem, sich vorzustellen, daß von zweien, die sich streiten, jeder oder keiner von beiden recht haben könnte. Die vielleicht wichtigste und zentralste Aussage im Werk des Wissenschaftstheoretikers Karl Popper (1902–1994) enthält sein Satz: »Das Streben nach Wahrheitsähnlichkeit ist ein klareres und wirklichkeitsnäheres Ziel als das Streben nach Wahrheit.« (Objektive Erkenntnis, S. 75) Mit Poppers Credo im Kopf läßt sich kein Kreuzchen an der richtigen Stelle anbringen. Menschen, die die Welt jenseits des Eindeutigen erkennen, müssen sich oft mit Aussagen wie »Ich hoffe, ich fühle, ich glaube« begnügen. Für die Geradeausdenker sind solche Bekundungen meist wertlos.

Die nützlichen Ja-Nein-Denker kennen nur einen Weg, den richtigen, den ihrigen. Jenseits ihres Sparhorizonts gibt es nur Feinde oder Verrückte. Schuld an dieser Haltung ist unser unverarbeitetes biologisches Erbe, das einst ganz anderen Zwecken gedient hat. Wie so etwas im Menschen beginnt, konnte ich vor einiger Zeit erleben, als eine fünfjährige kleine Nachbarin mit ihrer Freundin hinter unseren Reihenhausgärten entlangspazierte. Ich hörte, wie sie sagte: »Dies ist ein liebes Haus, das auch. Da drüben ist ein böses Haus, auch dieses da. Dann kommt wieder ein liebes Haus.« Da die Häuser sich äußerlich gleichen wie ein Ei dem anderen, bezog sich das Werturteil nur auf die Bewohner, je nachdem, ob sie das Mädchen kannte oder nicht. Das Fremde ist böse, das Bekannte ist gut. Wer diese Gesinnung durchschaut, wird sicher bald einige interessante Entdeckungen machen. Bei andern und vor allem bei sich selbst.

Was die Evolution begonnen hat, kann das der Computer im gleichen Sinne vollenden? Bleiben wir auch dann binäre Menschen, wenn wir, wie Descartes es vorgeschlagen hat, Probleme in Teilprobleme zerlegen, wodurch eine technische Revolution nach der anderen ausbrach? Durch die Analyse von Problemen wurde ein Denken ermöglicht, das letzten Endes alles auf einen Nenner bringen läßt: Ja oder nein. Sein oder Nichtsein, Strom oder Nichtstrom, das ist die einzige Frage, die noch bleibt. Läßt sich schließlich die ganze Welt in binären Codes einfangen? Die EDV und die in ihrem Gefolge entstandenen Technologien machen fast alles möglich, was wir uns in dieser Beziehung vorstellen können. Ob es sich dann auch verkaufen läßt, ist eine andere Frage. Wenn aber jede »Information« vom Geräusch bis zum bewegten Bild beliebig gespeichert, transportiert, reproduziert und verarbeitet werden kann, was bleibt dem Menschen? Werden wir sein Originalhirn dermaleinst im Museum bestaunen können, falls wir dann überhaupt noch staunen können? Hat der technisch unvereinnahmte Mensch in der Welt der elektronischen Medien noch eine geschützte Ecke, oder fallen diese nun tatsächlich über ihn her, wie manche schon in den sechziger Jahren vorausgesagt haben?

Trotz aller Bedrohungen und Gefahren: Es gibt nicht nur die geschützte Ecke, es gibt eine ganze Welt, die dem Menschen niemand streitig machen kann, er muß sie nur aufsuchen. Es ist die Welt der geistigen Zusammenhänge, die Welt des Unprogrammierbaren, des Unspeicherbaren, die Welt des Fühlens, Glaubens, Hoffens. Die Welt, die sich in einer Richtung entwickelt, die wir ihr nicht vorgeben können. Was wirklich geschieht, das steht weit über aller Technik. Der Ja-Nein-Mensch hat schon bald ausgedient. Ihn müssen wir überflüssig machen. Und wer uns nach Kreuzchen auf dem Testbogen beurteilen will, den sollten wir besser gleich durch einen Computer ersetzen.

Wenn ein Mensch nur die Wahl unter falschen Möglichkeiten hat.

Der Antigone-Komplex

Wer heute Psycho-, Polit- und Wirtschaftskrimis zur Kenntnis nimmt, die sich in unseren Landen, mit unserem Geld und vor unserer Haustüre abspielen, muß ein schales Gefühl bekommen. Es passiert zwar allerhand, aber wo bleiben die echten Helden und Bösewichte? Zwar gibt es hin und wieder Bankräuber, Unternehmenssanierer, Terroristen, Lebensretter und Millionenschieber, aber das sind, bei Licht betrachtet, oft recht ärmliche Typen und schon gar keine wirklichen Rebellen, die den ihnen aufgezwungenen Geist in eine andere Richtung zwingen können. Und wer wagt es schon, einen Menschen einen »Bösewicht« zu nennen, der zuvor von seriösen Großbanken Millionenkredite ohne jede Sicherheit erhalten hat? Wer biegt den Geist der anderen zurecht und wer verbiegt ihn?

Eines hat sich gezeigt: Es ist viel leichter, Menschen umzulegen als umzustimmen, aber es bewirkt auch weniger. Wenn dies alle wüßten, wären seit Menschengedenken einige Schüsse weniger gefallen. Was wird uns ansonsten geboten? Menschen, von denen man meint, sie hätten das Sagen, sagen uns oft wenig. Da gibt es viele blasse Gestalten, die nur an den richtigen und wichtigen Knöpfen sitzen. Gewiß, solche Menschen haben auch ihre Neurosen und Psychosen. Psychische Anomalien sind oft ein starker Motor für den Aufstieg, aber die ganz

großen menschlichen Konflikte dringen kaum in die Öffentlichkeit. Dort erfährt man einiges über Streitereien, Beziehungsprobleme und Pleiten, aber so gut wie nichts über das, was aus dem Inneren eines Menschen zwanghaft zu Sieg oder Untergang führen mußte.
Wenn wir wissen wollen, wie solche inneren Konflikte sich den Weg in die Weltgeschichte bahnen, dann müssen wir literarische Vorbilder befragen. In seinem Roman »Kiebitz« (1988) kennzeichnet André Kaminski diese Gegebenheit treffend: »Das Theater ist keine Lüge. Es ist wahrer als die Wahrheit und wirklicher als die Wirklichkeit. Es ist komprimierter Alltag. Eine Quintessenz des Lebens.« – Es ist nur schade, daß gutes Theater wegen der Einschaltquoten so gut wie gänzlich aus dem Fernsehen verbannt ist und jetzt als »Bildungsinstitution«, bezogen auf die Gesamtbevölkerung, ein Schattendasein führt. Seine »Klassiker« wie z. B. Sophokles, Shakespeare oder Schiller wurden als scharfe Beobachter menschlicher Grundkonflikte noch nicht übertroffen, auch wenn sie längst nicht die einzigen waren, die sich dieses Themas angenommen haben. Dabei können wir zweieinhalb und mehr Jahrtausende zurückblicken. Zugleich dürfen wir beruhigt feststellen, daß sich die geistigen Waffen weniger entwickelt haben als die eisernen. Auf lange Sicht waren die geistigen Waffen die schärferen und dauerhafteren. Das große, ungelöste und unlösbare weltgeschichtliche Problem besteht nur darin, daß man zu den geistigen Waffen den Geist braucht; zu den eisernen, vom Stilett an aufwärts, genügt schon der Ungeist und der ist leider weit verbreitet.
Der Blick in eine mythische Vergangenheit sagt uns vielleicht mehr über unsere Gegenwart als der ausführlich-

ste Konsum der Tages- und Wochenpresse, vom Fernsehen ganz zu schweigen. Der Blick zurück lohnt sich. Wir wollen uns zwei Beispiele herausgreifen und dabei auch einiges über die Psyche der Frauen erfahren.
Die Zeiten, in denen es keine Psychologie in unserem heutigen Sinne gab, liegen noch nicht lange zurück. Da wir aber wissen, daß man die entsprechenden Probleme schon hatte, als mit ihnen noch kein lukratives Geschäft zu machen war, mußte dafür schon eine Sprache vorhanden gewesen sein. Es ist nicht nur die der Religion, sondern, teilweise mit ihr identisch, die der Mythen. So kannten die alten Griechen zwar noch keinen Ödipuskomplex, wohl hatten sie aber einst dessen großes »Vorbild« unter sich. Wir sollten uns aber nicht nur mit Ödipus befassen, sondern zum Beispiel auch mit seiner Tochter Antigone. Wäre ein richtiger »Antigone-Komplex« nicht auch eine Diagnose für chefgeschädigte Andersdenker?
Antigone wollte ihren geliebten Bruder Polineikes begraben, der einer Messerstecherei mit seinem eigenen und Antigones Bruder zum Opfer gefallen war. Die Heißsporne hatten jeweils so geschickt zugestochen, daß am Ende beide tot liegenblieben. Aber Kreon, der eifersüchtige und machtbesessene Herrscher von Theben, hatte nur einen der Brüder begraben lassen. Polineikes, der vorher gegen Theben rebelliert hatte, sollte sogar als Toter noch bestraft werden. Kreon verlangte, daß er, auf dem Feld verwesend, den Vögeln zum Fraß dargeboten werde.
Antigone war nun im Konflikt: Läßt sie den geliebten Bruder unbeerdigt, dann verstößt sie gegen ein göttliches Gebot und vor allem gegen das Versprechen, das sie

dem Sterbenden gegeben hatte. Beerdigt sie ihn aber, dann widersetzt sie sich einem königlichen Befehl, was sie mit dem Tode büßen müßte. Sie hat also zwei Alternativen, und beide sind verboten. Sie kann, wie sie auch handeln mag, alles nur falsch machen. Paßt sie sich der irdischen Gewalt an, muß sie die Strafe der Götter fürchten. Gehorcht sie ihrem Gewissen und den Göttern, dann droht ihr die Todesstrafe durch Kreon. Man versucht ihn zwar umzustimmen, aber er bleibt stur.
In der berühmten Tragödie von Sophokles (496–406 v. Chr., übersetzt von Viktor Pfannschmidt) hört sich das (zusammengefaßt) so an:

> ANTIGONE: Ich werde ihn bestatten, sei gewiß,
> Bei solchem Werk zu sterben, ist mir Ehre.
> Muß länger doch den Toten ich gefallen
> Dort drunten als den Lebenden dahier:
> Denn dort bei ihnen soll ich ewig ruhen.
>
> KREON: So steige denn hinab ins Totenreich
> Und liebe dort sie, wenn du lieben mußt!
> So lang ich lebe, soll kein Weib gebieten.

Verglichen mit solchen erhabenen Tönen, spielen sich unsere beruflichen Tragödien in einer banalen, scheinbar oberflächlichen Welt ab, in der der Zwist zwischen Anpassung und ethischer Verantwortung, wenn überhaupt, dann in einer sprachlich und psychisch unterkühlten Vordergründigkeit erscheint. Aber die Oberfläche täuscht. Die alten Tragödien wühlen in unserem Inneren. Freud war nicht der erste, der dies erkannte. Manchen geht es auch heute noch so wie der armen Antigone. Tun sie das, was von ihnen erwartet wird, dann nützen sie zunächst ihrem Unternehmen und ihrer Karriere. Sie unterstützen aber vielleicht eine Entwicklung, die mittel- oder langfristig der Wirtschaft, der Natur, der allgemeinen Gesundheit, vielleicht sogar der ganzen Menschheit schaden kann. Vielleicht schaden sie aber auch ihrer eigenen Gesundheit und der Familie.

Der britisch-amerikanische Anthropologe Gregory Bateson (1904–1980) hat Situationen als »double bind« (Doppelbindung) bezeichnet, wenn ein Mensch von einer Person oder zwei verschiedenen Seiten widersprüchlich programmiert ist und es dennoch allen recht machen will. Musterfall: der strebsame Schüler, der Angst hat, für einen Streber gehalten zu werden. Was soll er tun? »Strebt« er, dann verachten ihn seine Kameraden, bei denen er etwas gelten will. Paßt er sich ihnen an, dann verstößt er gegen seinen Leistungswillen. Diese Situation ist aber mit der Schule nicht vorüber. Im Beruf geht sie erst richtig los. Das Dilemma besteht darin, entweder »falsch zu reagieren oder aus den falschen Gründen oder auf eine falsche Weise richtig zu handeln.« (Bateson, Ökologie des Geistes, S. 322) Wer im Beruf ständig in einem solchen Konflikt steckt, der braucht damit nicht unmittelbar die Todesstrafe zu fürchten oder in den Selbstmord getrieben zu werden wie Antigone, aber es drohen psychische Krisen oder zumindest psychosomatische Krankheiten. Über das Innenleben erfolgreicher Zeitgenossen wissen wir wenig. Wir wissen nur, daß es dort anders aussieht als auf den meist überfreundlichen Grimassen, die sie den Kameras schneiden.

Ein Mensch, der im Theater oder in der Erzählung die tragische Situation einer Antigone mitfühlt, braucht dazu eigentlich keine abstrahierende Erklärung. Solche mythischen Berichte kommen aus dem Inneren menschlicher Erfahrung. Längst vor Erfindung der modernen Psychologie sagte der Philosoph F. W. J. Schelling (1775–1854): »Der mythologische Prozeß hat also nicht bloß religiöse, er hat allgemeine Bedeutung (...) der Prozeß, durch den sie [die Mythologie] entsteht, ist selbst eine wahre Geschichte, ein wirklicher Vorgang.« (Bd. 5, S. 226) An anderer Stelle sagt Schelling: »Die sogenannten Götter der Heiden haben nur zufällig religiöse Bedeutung erhalten, und sind an sich nicht Götter, sondern z. B. bloße personifizierte Naturkräfte.« (Bd. 6, S. 35) Was wir heute in abstrakten Begriffen ausdrücken können, dafür genügten früher mythische Gestalten. Inzwischen wird aber zunehmend erkannt, daß Menschen nach wie vor auf »Mythen« reagieren können. Ihre Symbolwelt ist selbst im Zeitalter der Abstraktion weniger verlorengegangen als viele meinen. Das Lebenswerk des Schweizer Psychiaters C. G. Jung (1875–1961) baut ganz auf dieser Erkenntnis auf. »Das Unbewußte ist die ungeschriebene Geschichte des Menschen seit unvordenklichen Zeiten.« (Mensch und Seele, S. 52) Wir tragen also seit Urzeiten überkommene Bilder (Archetypen) in uns herum, von denen wir zwar nichts wissen, die sich aber gelegentlich in unseren Träumen oder in unwillkürlichen Einsichten schüchtern an die Oberfläche unseres Bewußtseins wagen.

Die moderne Deutung zeitloser menschlicher Grunderlebnisse in Träumen, Mythen, Märchen, ja selbst anhand der Bibel, wie in jüngster Zeit durch Eugen Drewermann bewiesen, zeigt, daß unsere zu immer weiterer Abstraktion neigende Wissenschaft nur einen Teil der eigentlichen Wirklichkeit zu erfassen vermag. Solche in symbolischer Form vermittelten Erfahrungen können uns Wege weisen und weiterhelfen, sie können uns unsere eigene Situation in vielen Fällen erkennen lassen. Vielleicht begegnen uns selbst eigene Träume, die uns zeigen, wo wir stehen und was unser Inneres, unser Selbst, unsere »Anima« oder Gott uns sagen wollen.

Warum mußte Antigone sterben, bevor sie erfuhr, daß der sture Kreon doch noch einlenkte? Gibt es Auswege? Muß eine Rebellion immer mit Messerstechereien oder psychisch verletzenden Tiefschlägen enden? Auf solche Fragen gibt es keine Patentlösungen als Antwort. Eines läßt sich aber wohl erfahren. Die eigentliche Auflehnung, Rebellion oder Revolte ist unblutig. Sie ist kein einmaliger, spektakulärer Akt. Albert Camus hat sich in seinen Werken dieser scheinbar absurden Revolte immer wieder gewidmet, sie wurde sein eigentliches Lebensthema. »Die Auflehnung gibt dem Leben seinen Wert. Erstreckt sie sich über die ganze Dauer seiner Existenz, so verleiht sie ihr ihre Größe. Für einen Menschen ohne Scheuklappen gibt es kein schöneres Schauspiel als die Intelligenz im Widerstreit mit einer ihm überlegenen Wirklichkeit. Das Schauspiel des menschlichen Stolzes ist unvergleichlich. Alle Entwertungen können ihm nichts anhaben.« (Der Mythos von Sisyphos, S. 71)

Es ist schon eine Auflehnung, seine innere Unabhängigkeit, und wenn es sein muß, auch die Unangepaßtheit zu bewahren und erkennen zu lassen. Es geht heute nicht mehr darum, durch Auflehnung ein System zu zerstören, sondern den eigentlich menschlichen Geist, den Geist, der der Gesamtheit der Welt verbunden ist, nicht verdrängen zu lassen. Wo dieser Geist erhalten bleibt, und sei es in wenigen Menschen, kann er sich fortentwickeln und gute Ordnungen, seien sie alt oder neu, begünstigen. Manche Flammen sind nicht erloschen, weil ein glimmender Docht bewahrt geblieben ist, durch Menschen, die ihn geschützt haben, obwohl sie alleingelassen waren.

Was bei der Beschäftigung mit griechischer Mythologie auffallen muß, und was auch in anderer Beziehung ein Beitrag zu aktuellen Fragen ist, das ist die Rolle der Frauen. In vielen dieser alten Geschichten erscheinen die Männer als Raufbolde, Schürzenjäger und Messerstecher. Falls sie diese »heldenhafte« Phase je überlebt haben, werden sie im Alter stur wie der schon erwähnte Kreon. Die eigentlichen Helden, die für ethische Grundwerte kämpfen und ihr Leben aufs Spiel setzen, sind Frauen wie Antigone, Iphigenie, Elektra. Das Heldentum einer Penelope wird ebenfalls zu selten gewürdigt. Während sich ihr Gemahl Odysseus für die Heimreise von Troja viele Jahre Zeit läßt und dabei gelegentlich recht zwielichtige Abenteuer übersteht, sorgt die treu wartende Penelope dafür, daß das heimische Unternehmen nicht vor die Hunde geht, und sie wehrt sich erfolgreich gegen zudringliche Erbschleicher und Heiratsschwindler. Auch wenn es viele nicht wahrhaben wollen: Der Kampf der Frauen sieht meist anders aus als der der Männer. Es mag sein, daß bei den Griechen das archaische Bild der Frau, die das Feuer hüten muß, solange der Mann auf der Jagd ist, Denken und Handeln geprägt hat.

Wenn wir einen Blick auf die Gegenwart werfen, dann dürfen wir uns fragen: Wo sind solche Frauen heute, wie sehen sie aus, was tun sie? Natürlich gibt es sie in großer Zahl, aber hört man von ihnen das, worauf es ankommt? In den Medien wird über sie normalerweise nicht berichtet, weil ihr Heldentum nicht spektakulär ist. Wird es tatsächlich noch unterdrückt, wie manche behaupten? Welche Revolte wäre heute angesagt? Derartige Fragen lassen sich allenfalls eine Generation später beantworten. Jetzt kann nur eines gesagt werden: Das, was zählt, sind nicht die Zahlen. Es kommt nie auf die Masse an, sondern immer nur auf wenige. Wenn sich zum Beispiel die Fernseh-»kultur« an Einschaltquoten orientiert, dann hat sie keinerlei Orientierung. So wurden im Dritten Reich der Widerstand und die »Bekennende Kirche« von einer winzigen Minderheit getragen. Es waren Persönlichkeiten, die ihre Orientierung auch dort hatten, als ihnen die Wege verbaut wurden und alle Wegweiser in die falsche Richtung wiesen. Der Geist wiegt und zählt nicht, aber er wirkt.

Wogegen müßten wir heute rebellieren? Vorschläge und Vermutungen gibt es viele. Die wenigen, die die Antwort schon heute wissen, hört man nicht. Möglicherweise ist es so, wie Erwin Chargaff es einmal formulierte: »Vormals war da eine riesige Wüste und ein vereinzelter Rufer; die Stimmen waren klar hörbar; sie weckten die Schlafenden. Jetzt aber gibt es keine Wüste mehr oder vielleicht ist alles eine Wüste geworden, die man vor lauter Rufern nicht mehr sehen kann. Es herrscht ein enormes Geschrei, und man vernimmt keine Stimmen.« (Unbegreifliches Geheimnis, S. 74) Ob Chargaff damit recht hat, darüber darf man nachdenken. Der biblische Rufer in der Wüste war Johannes der Täufer. Daß sein Ruf echt war, kann man daraus ersehen, daß Herodes sein Haupt auf einem Tablett servieren ließ. Die wirklichen Rufer kann man allenfalls daran erkennen, daß man sie entweder tötet oder totschweigt.

Genügt das Rufen in einer Welt voller Gewalt? Das Dilemma ist so alt wie das menschliche Zusammenleben. Wenn aber die Gegenmacht in den Köpfen ist, wirkt sie auch ohne äußere Formen der Gewalt. Leider war es schon immer leichter, zum Messer zu greifen, als einen Propheten zu verstehen. Und doch waren die eigentlichen Revolutionen immer unblutig. Sie haben längst vor denen stattgefunden, über die man in den Geschichtsbüchern nachlesen kann. Jean Jacques Rousseau starb 1778, elf Jahre vor dem spektakulären Sturm auf die Bastille 1789. Der Satz: »Der Mensch ist frei geboren, und überall liegt er in Ketten«, mit dem seine berühmte Schrift »Vom Gesellschaftsvertrag« (1762) beginnt, war eine der wesentlichen Voraussetzungen für den Ausbruch der Revolution. Er stammte von einem bescheidenen, zurückgezogen lebenden und im Umgang mit anderen ungeschickten Menschen, der sich nie zu Gewalt wohl aber zum Geist bekannte.

Der erste Techniker fürchtete sich vor einer Nymphe.

Pan und sein Rebell

Pan war ein bocksbeiniger Hirt. Seine Stimme hallte weit über die Fluren, denn von ihr ging eine Zauberkraft aus. Seine Tiere lauschten auf seine unermeßlich langen Lieder, mit denen er immer wieder von der Nymphe erzählte, die seine Mutter war, und von Hermes, seinem Erzeuger. Die Tiere verstanden seine Gesänge und blieben bei ihm.

Eines Tages kam er mit seiner Herde in ein einsames Tal, durch dessen Grund ein von Schilfgras umstandener Bach floß. Als er bei einer Rast schlummerte, spürte er plötzlich, wie ein großes Schilfrohr sich über ihn beugte und der Wind im Rohr mit einer Stimme zu singen begann, die ihm neuartig und himmlisch erschien. Pan träumte von einer singenden Nymphe. Da fragte der Träumende: Wer bist du, schönes Mädchen. Die Stimme antwortete: Ich bin Syrinx. Pan spürte, wie sein Blut aufwallte. Ich will diese Stimme beherrschen, sagte er zu sich, ich möchte mit ihr neues Leben zeugen. Als der Traum entschwand, erwachte Pan. Er schaute sich nach Syrinx um, aber er sah kein Mädchen, und das Schilfrohr rauschte nur leise im Wind. Er stand auf, umfaßte das Rohr, um es ganz zu besitzen. Da ritzte er sich am scharfen Gras und seine Hand begann zu bluten. Dies steigerte seine Erregung. Er brach einige ungleich lange Stücke vom Rohr und begann mit blutüberstömten Händen zu schnitzen. Dann führte er das, was er ge-

schaffen hatte, an die Lippen, um so die Nymphe zu küssen. Er blies in das Rohr, und plötzlich war die berauschende Stimme wieder da. Jetzt konnte er singen wie Syrinx. Er flötete für sich, für die Nymphe und für seine Herde. Seine Tiere lauschten begierig. Pan hatte sein Instrument. Seine eigene Stimme brauchte er von nun an nicht mehr, denn die Ziegen waren mit der von ihm bereiteten Nymphenstimme zufrieden und wurden fruchtbarer als zuvor.
Pan zog weiter mit seiner wachsenden Herde. Sie wurde so groß, daß er die Tiere nicht mehr zählen konnte und manche ihn auf unsichtbaren Wegen verließen. Da rief er einige junge Burschen herbei und zeigte ihnen, wie sie Töne aus dem Schilfrohr hervorzaubern konnten. So wurden es bald immer mehr Hirten, die in Pans Diensten standen und flöteten wie er. Pan selbst gab seine Herde auf, denn er hatte genug damit zu tun, die vielen Menschen, die für ihn arbeiteten, zu überwachen.
Eines Tages kam er wieder zu dem einsamen Tal mit dem schilfigen Grund. In der heißen Mittagssonne legte er sich zur Ruhe und fing an zu träumen. Wieder beugte sich ein Schilfrohr über ihn, aber er hörte keine einschmeichelnde, himmlische Stimme. Statt dessen vernahm er schluchzende und klagende Töne. Er sah Syrinx mit Tränen in den Augen. »Pan«, sagte sie, »was hast du mir angetan? Du hast mich nicht geliebt, sondern geschändet. Statt auf meine Stimme zu hören, wolltest du sie selbst besitzen. Hättest du doch wenigstens das Geheimnis meiner Stimme für dich behalten, aber jetzt sind es Tausende, die mich täglich nachahmen und quälen, und es werden immer mehr. Pan, gib dein Treiben auf, sonst wirst du es eines Tages bereuen.«

Als Pan erwachte, war die Sonne aus dem Schatten herausgetreten und brannte heiß auf ihn hernieder. Er war in Schweiß gebadet und sein Kopf schmerzte. Die Angst, die er sonst verbreitete, wenn er einsame Wanderer überraschte, erfaßte ihn jetzt selbst. Er spürte, daß Gefahr aus dem Schilfrohr auf ihn lauerte. Da rief er alle seine Hirten zusammen und befahl ihnen, sämtliche Schilfpflanzen im Tal auszureißen und keine einzige stehenzulassen. Als keine Pflanze mehr zu sehen war, sagte er zu seinen Hirten: »Die Gefahr ist gebannt, laßt uns alle miteinander freudig auf unseren Flöten blasen. Wir haben die Nymphe getötet, sie wird keine Rache an uns nehmen können.«
Es gab einen jungen Hirten, der auch in Pans Diensten war, der hatte aber keine Flöte geschnitzt, weil er seinen Tieren mit seiner eigenen, menschlichen Stimme singen wollte wie einst Pan vor seiner Begegnung mit Syrinx. Dieser Bursche war bei allen seinen Kameraden unbeliebt, weil er sich ihrem Treiben nicht anschloß, auch mußte er manchen Spott erdulden, denn er verzichtete auf die fruchtbarkeitsbringende Zauberkraft von Pans Flöte, und so war seine Herde klein geblieben. Er hatte nur so viele Ziegen um sich, wie seiner Stimme lauschen konnten, denn auch sie verstanden, was er ihnen vorsang.
Dieser junge Hirt hatte bei Pans ängstlichem Krieg eine einzige Pflanze an verborgener Stelle beschützt. »Ich habe keine Angst vor dir«, sagte er zu der noch kleinen Pflanze. »Wachse du und vermehre dich, eines Tages werden alle froh sein, daß ich dich vor den Blicken derer verborgen hatte, die in panischer Angst deine Schwestern ausgerottet haben, um Syrinx zu töten.« Als er dies gesagt hatte, vernahm er einen Gesang, der ihm schöner erschien als das Geblase all derer, die ihn verachteten.

III. Teil

Geist und Ordnung

*Wir Menschen können tun
und lassen, was wir wollen oder nicht
wollen, wir sind doch nur Teile
einer in und über uns stehenden höheren
Ordnung, die wir zwar nicht durch-
schauen, die wir aber überall
spüren können, wenn wir dazu bereit
sind. Mit ihr müssen wir immer
rechnen, auch wenn sie sich nie berechnen
läßt. Wenn wir uns ihr anvertrauen
können, werden manche Rechnungen nicht
nur falsch, sondern überflüssig.*

Das Chaos kämpft gegen das Leben, um es zu ermöglichen.

Ordnung, Tochter des Chaos

Hinter und über dem Geist stecken Ordnung und Chaos zugleich. Wir sehen und empfinden hier Gegensätze und bewerten normalerweise die Ordnung als gut und das Chaos als schlecht. Wenn wir aber bereit sind, diese Gegensätze zu überwinden, dann schwinden Freude an der Ordnung und Angst vor dem Chaos. Statt dessen entdecken wir in und um uns herum ein Spannungsfeld, aus dem Leben hervorgeht. Unser Leben wird dann zum Erleben dieses Gegensatzes und aus der Auf-regung kann An-regung entstehen, die Anregung, Neues aus dieser Spannung heraus zu entdecken und zu schaffen.

Ordnung ist, wenn alle Dinge an ihrem zugewiesenen Platz sind und sich so verhalten, wie wir es von ihnen erwarten. Zugegeben, es gibt wissenschaftlicher klingende, vielleicht intelligentere Definitionen, aber sie taugen alle miteinander auch nichts, weil die Erfahrung der Ordnung zu umfassend ist und es ein höchst unordentliches Unterfangen wäre, einen solchen Begriff allgemein zu definieren, zumal jede Wissenschaft ihre eigene Vorstellung von Ordnung hat. Dazu ist es ein Unterschied, ob von Natur aus Teile sinnvoll auf das Ganze ausgerichtet sind, oder ob Menschen versuchen, ihren Mitmenschen ein System vorzuschreiben, das sie für »Ordnung« halten.

Mit dieser Art von Ordnung hat sich sogar schon Martin Luther befaßt: »In Summa ist aller Ordnungen so zu gebrauchen, daß man sie flugs abtue und eine andere mache, wenn ein Mißbrauch daraus wird (...) Ordnung ist ein äußerlich Ding, sie sei so gut sie will, so kann sie doch in Mißbrauch geraten. Dann aber ist's nicht mehr eine Ordnung, sondern eine Unordnung. Darum besteht und gilt keine Ordnung um ihrer selbst willen.« (S. 187) Eine so verstandene, durch Menschen organisierte und bewachte Ordnung, die man auch wieder beseitigen kann, wenn man will, ist aber nur ein Teil des Problems. Es gibt Ordnungen, die entstehen und vergehen wie lebendige Wesen, die uns nicht gehorchen. Und das Gegenteil der Ordnung? Ist es die »Unordnung«, die Unstrukturiertheit oder das Chaos?

Das Chaos zu definieren, ist ebenso unmöglich. Gerade in jüngster Zeit hat man mit Hilfe der Mathematik soviel über das »Chaos« herausgefunden, daß schon fast zu befürchten ist, es gebe gar keines, oder es sei allenfalls nur eine Art Ordnung mit anderem Vorzeichen oder in höherer Potenz. Gibt es eine Ordnung, die so kompliziert oder weitmaschig ist, daß wir sie irrtümlich für ein Chaos halten müssen? Unterliegt alles einem umfassenden Gesetz, das wir für eine Ordnung halten, solange wir es durchschauen können, nicht aber dort, wo seine Bestandteile so weit zeitlich und räumlich auseinander liegen, daß wir die Zusammenhänge nicht mehr ermessen können? Dafür ein Beispiel: Sind die Sterne am Himmel geordnet oder chaotisch? Sie wirken wie ohne jede Ordnung am Himmel, wenn wir von den »Sternbildern« absehen, die wir aus unserer menschlichen Vorstellungswelt an den Himmel projizieren. Und doch, auch »unsere« Milchstraße erscheint von fernen Galaxien aus als Spiralnebel, ein Gebilde, das in diesem weiten Maßstab sehr wohl eine Ordnung darstellt. Ob eine Ordnung erkennbar ist, das hängt also auch vom zeitlichen und räumlichen Blickwinkel ab.

Wie relativ uns das Verhältnis zwischen Chaos und Ordnung erscheinen kann, dafür gibt es sogar einen musikalischen Beleg. Joseph Haydns 1798 vollendetes Oratorium »Die Schöpfung« beginnt mit einem Vorspiel unter der Überschrift »Die Vorstellung des Chaos«. Dieses Orchesterstück ist im Gegensatz zu den damals üblichen Ouvertüren, die meist ein strenggefügter Sonatensatz waren, eine Fantasie. Es hat kein eigentliches Motiv und führt immer wieder zu frei einsetzenden Dissonanzen. Was aber um das Jahr 1800 in Instrumentierung und Harmonie als völlig neu und »chaotisch« gelten durfte, klingt den heutigen Ohren fast wie die Vorstellung eines himmlischen Friedens, in den von Ferne Wagners Tristan hineinklingt. Darf man diese Feststellung verallgemeinern? Dort, wo wir neue Strukturen schaffen und erkennen, weicht das Chaos immer weiter zurück, nicht aber um zu verschwinden, sondern es »flieht« in andere Bereiche, teilweise mitten in festgefügte Ordnungen hinein. Es gibt wohl keinen Lebens- und Denkbereich, in dem dies keine Rolle spielt, ob wir es nun wahrnehmen oder nicht. Es mag sogar sein, daß unser eigenes Leben im Spannungsverhältnis zwischen Ordnung und Chaos sich nicht immer dort abspielt, wo wir selbst oder andere es gerne hätten. »Ich bin in Ordnung« ist vermutlich etwas anderes als das modische

Pendant »Ich bin okay«. Aber uns soll es hier weniger um den einzelnen Menschen gehen als um sein soziales Umfeld.
Wenn wir die Entwicklung von Staaten, Gesellschaften, Vereinen, Unternehmen, Familien usw. betrachten, dann fällt uns auf, daß sie, solange sie innerlich leben und einigermaßen gesund sind, in einer ständigen Entwicklung begriffen sind, die sich in einer Richtung im Kreislauf dreht. Darin könnte man bei menschlichen Gemeinschaften, stark vereinfacht, folgende Stufen erkennen:

1. Chaos
Der Zustand der Strukturlosigkeit. Hier findet sich zunächst keiner zurecht. Alles tappt im dunklen. Es herrschen, je nachdem, Gewalt, Angst, Orientierungslosigkeit und Aggressivität aller gegen alle. Aber, soweit nicht Lethargie, sondern »generative Ordnung« (Bohm/Peat, S. 162 ff.) herrscht, beginnt die Hoffnung, und es gelingt allmählich, einfache Strukturen aufzubauen.

2. Primitive Ordnung
Die wesentlichen Dinge erhalten ihren Platz. Der Aufbau weiterer Strukturen wird zum Streß-, aber auch Motivationsfaktor. Jetzt gibt es die ersten Verbindungen, auf die man sich verlassen kann.

3. Fortgeschrittene Ordnung
Die Unvollkommenheit dieses Stadiums der Ordnung, läßt sich durch menschliches Miteinander überbrücken. Man ist aufeinander angewiesen. Gemeinsam wird an der Verbesserung der Ordnung gearbeitet.

4. Komplette Ordnung

Für sie gilt der Grundsatz: Wo alles geordnet ist, sind auch die unwesentlichen Dinge geordnet. Und wo Unwesentliches geordnet ist, verliert man den Überblick. Wo es nichts mehr zu ordnen gibt, läßt auch die Kraft der Ordnung nach.

5. Erstarrung

Die Ordnung besteht äußerlich noch weiter, ist aber innerlich erstarrt und abgestorben. Es herrscht die berechtigte Angst, die gewohnte Ordnung würde zusammenbrechen, wenn man etwas an ihr änderte. Die Menschen in einem solchen System reagieren nur noch mechanisch. Es regiert die Intoleranz. An die Stelle der Menschlichkeit tritt allenfalls die Regeltreue. Unter der Oberfläche gärt es. Die Ordnung geht zugrunde, ohne daß es großer Revolutionen bedürfte. Diese Ordnung ist eine Schauergestalt wie Eduard Mörikes Feuerreiter, der lange nach seinem Brand in der alten Mühle noch unberührt dastand und plötzlich in Asche zerfiel.

6. Chaos = Nr. 1

Der Kreislauf kann von vorne beginnen. Das Chaos ist der Humus, aus dem etwas Neues wachsen kann, wenn sich generative Kräfte regen. Fehlt eine solche Energie, kann das Chaos ein lethargischer Dauerzustand werden. So mancher hatte in den letzten Jahren gehofft, aus dem Zerfall eines erstarrten kommunistischen Systems werde gleich anschließend eine neue, blühende Ordnung hervorgehen. Wer die hier dargestellte Entwicklung kennt, der weiß, wie naiv diese Hoffnung war. Ordnung muß leben. Sie wächst, blüht, trägt Früchte und stirbt ab, um sich in Humus zu verwandeln.

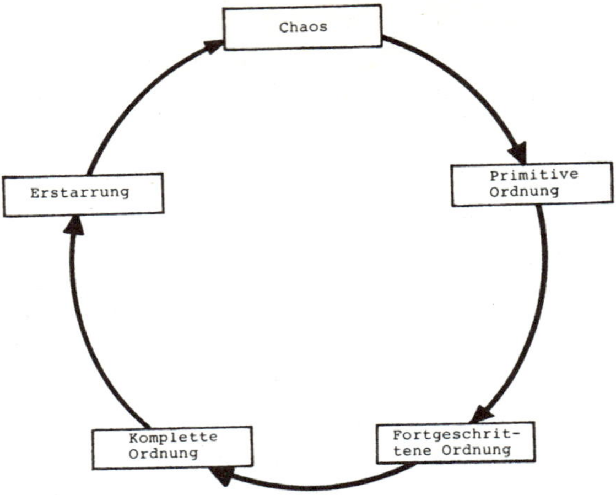

DER KREISLAUF DER ORDNUNG

Warum dreht sich das Rad der Ordnung nur in einer Richtung? Hier verbirgt sich ein interessantes, aber bis jetzt nur in Teilbereichen gelöstes naturwissenschaftliches und philosophisches Problem. Es gibt zwei Kräfte, die sich gegenseitig bekämpfen, obwohl sie verschiedenen geistigen Dimensionen angehören: Entropie und Leben.

Im zweiten Hauptsatz der Thermodynamik (Wärmelehre) ist die Erfahrung niedergelegt, daß in geschlossenen Systemen die Wahrscheinlichkeit für einen Zustand um so größer ist, je größer seine Unordnung ist. Das Maß für diese Unordnung, Unstrukturiertheit oder Unterschiedslosigkeit ist die Entropie. Dies klingt relativ schwerverständlich. Einfacher: Ordnung ist die Ausnahme, Strukturlosigkeit der Zustand, dem alles zustrebt, wenn nicht aufbauende, Leben schaffende, »generative« Kräfte wirken. Ordnung ist, wenn warmes Wasser und kaltes Wasser getrennt sind. Schüttet man sie zusammen, entsteht lauwarmes Wasser. Die Entropie nimmt so lange zu, bis die Wassermenge gleichmäßig temperiert ist, also ein thermisches Gleichgewicht erreicht hat. Dies erscheint uns als banale Selbstverständlichkeit, denn schon als Kind erfährt man dieses Phänomen in der Badewanne. Immerhin, wenn es nur nach dem Gesetz von der Erhaltung der Energie ginge, könnte ja auch der Fall eintreten, daß das warme Wasser noch wärmer und das kalte, das seine Restwärme abgibt, noch kälter wird. In diesem Fall würde sich die »Ordnung«, die hier in der Trennung von warm und kalt besteht, sogar noch verstärken. So etwas geschieht aber nicht von selbst, denn jeder weiß, daß der Kühlschrank, der diese Leistung vollbringt, viel Energie verbraucht.

Der Grundsatz vom Zerfall der Ordnung ist weltumfassend, er gilt nicht nur in der Thermodynamik. Alles Strukturierte neigt dazu, sich aufzulösen. Wir können dies überall beobachten. Ein Beispiel dafür ist die Geschichte von Sprachen. Sie beginnen mit einfachen Strukturen und entwickeln sich zu immer komplizierter werdenden Hochsprachen. Dies geht so lange, bis aufgrund innerer oder äußerer Ereignisse die Kraft nachläßt, sich abzugrenzen und weiterzugedeihen. Dann beginnt die Auflösung und die Mischung. Dialektgrenzen und Sprachgrenzen verwischen sich. Ganze Sprachen verkümmern und sterben schließlich aus zugunsten einer »entropischen« Allgemeinsprache, die sich aus Sprechrelikten anderer Sprachen zusammensetzt wie zum Beispiel das Englische. Möglicherweise verdankt es seine Fähigkeit zu dominieren der Tatsache, daß es selbst das Ergebnis einer Mischung ist. Wenn die Entwicklung so weitergeht, dann kann es so weit kommen, wie der spanische Schriftsteller und Nobelpreisträger Camilo José Cela sagte, daß in einigen Jahrhunderten in der Welt nur noch vier Sprachen gesprochen werden: die arabische, die englische, die chinesische und die spanische. Alle anderen Sprachen existieren dann, nach seiner Meinung, nur noch mehr oder weniger als Folklore oder in »heiligen« Schriften (Le Figaro, 30. 3. 95). Ob Cela damit recht hat, können wir heute noch nicht beurteilen, immerhin zeigt sich schon deutlich in fast allen Bereichen das zunehmende Verschwinden einer nationalen Kultur. Eine fast über die ganze Erde verbreitete Konformität in vielen Zivilisationsbereichen und Ansprüchen breitet sich aus. Es gibt weltweit einheitliche Hosen, Kaugummis, Getränke, Computerspiele, musikähnliche Elektronikgeräusche und Menschen, die ihr Selbstwertgefühl danach beurteilen, wie weit es ihnen gelingt, sich diesem Abschleifungsprozeß über alle Grenzen hinweg anzupassen. Völker, die sich dieser Entwicklung widersetzen wollen, werden in einen radikalen Nationalismus oder religiösen Fundamentalismus hineingetrieben, vermutlich ohne die Entwicklung dauerhaft aufhalten können. Wo die innere Kraft abgestorben ist, helfen keine Wiederbelebungsversuche mehr. Was nützt es da noch, wenn in alpinen Bereichen gegen Bargeld gejodelt wird, wo man doch die besten Jodler in Japan einkaufen kann, die von dort sogar ihre eigenen Lederhosen und Maßkrüge mitbringen.

Es gibt im biologischen, menschlichen, kulturellen Bereich eine Gegenkraft, die nicht in einem naturwissenschaftlichen Gesetz eingefangen werden kann. Es ist die schöpferische, die Lebenskraft, die »generative Energie«. Sie ist ein geistiges Phänomen. Sie hat zur Entstehung der Welt und in ihr zur Entstehung immer höherer Arten geführt. Sie wirkt zwar in der Materie, ist selbst aber geistig und daher nicht meßbar. In der Evolution bewegt sie sich ebenfalls nur in einer Richtung, sie zeugt immer höhere Arten und komplizierter werdende Strukturen. Noch nie wurde in der Evolution beobachtet, daß ein niedereres Wesen aus einem höheren entstanden ist. Höhere Wesen können selten werden oder ganz aussterben, nicht aber sich evolutionär zurückentwickeln. Sobald die kreative Kraft oder die schon erwähnte »generative Ordnung« nachläßt oder abstirbt, greift die Entropie zu und löscht die Strukturen aus. Aus diesem Kräftegegensatz entstand die Welt und das Leben auf ihr, traten Völker in die Geschichte ein und verschwanden wieder. Das Kommen und Gehen von Wirtschaftsunternehmen läßt sich ebenfalls unter diesem Gesichtspunkt betrachten. Wie direkt jeder von uns diesen Gegensätzen ausgeliefert ist, das hat sogar schon Wilhelm Busch erkannt, der eine etwas populärere Ausdrucksweise hatte als Hegel und hier deshalb statt ihm zitiert werden soll. Busch läßt sein Gedichtchen »Leider!« so enden:

Aufsteigend mußt du dich bemühen,
Doch ohne Mühe sinkest du.
Der liebe Gott muß immer ziehen,
Dem Teufel fällt's von selber zu.

Busch hat hier ganz locker das Gegensatzpaar benannt: Gott und Teufel. Es gibt zwar keine einfacheren Begriffe, doch es sind nicht die einzigen. Andere Denkansätze, die den unnennbaren und in sich verschlungenen Gegensatz weiträumig umschreiben: Leben und Tod, Schöpfung und Zerfall, Generative Energie und Entropie, Geist und Materie… Diese Gegensätze »arbeiten« auf verschiedene Weise und auf verschiedenen Feldern. Man kann sie nicht auf einen Nenner bringen und vor allem, geben sie keine meßbaren Fakten von sich, sie sind daher für die Naturwissenschaft nicht relevant.

Wenn wir nun erkennen, daß alles, was wir aufgebaut haben, was wir besitzen, woran wir uns gewöhnt haben, worauf wir stolz sind, zerfallen kann und wird, was sollen oder wollen wir dagegen tun? Geht es darum, ein Unternehmen am Wachsen und Gedeihen zu halten, dann müssen die Ordnung schaffenden Kräfte und geistigen Felder vorhanden sein und wirken können. Das ist leicht gesagt und schwer getan. Die innere, geistige Kraft kann zwar auch von Traditionen ausgehen, dies funktioniert aber nur, solange solche Traditionen erkannt und geliebt werden. Von einer leeren Hülse kann keine Kraft ausgehen. Im übrigen kommt es auf Menschen an, deren generative Energie wirksam werden kann. Von ihnen muß ein geistiger (nicht gewalttätiger) Einfluß auf andere ausgehen. Unternehmen, die ihrer eigenen geistigen Kraft nicht mehr über den Weg trauen, bestellen sich manchmal für viel Geld eine flott zusammengezimmerte »Unternehmensphilosophie«, reden von C.I. (corporate identity) und lassen dann solch ein Machwerk in teuren Hochglanzbroschüren an die Mitarbeiter verteilen. Jedoch: Für den Geist gibt es kein Surrogat. Wenn er zu erlöschen droht, dann hilft kein leerer Konservatismus, kein Fundamentalismus, keine Nostalgie. Es hilft nur eines, ein frischer lebendiger

Geist, unabhängig davon, ob er ganz neu oder an einer lebendigen Tradition orientiert ist. Aber gerade den gibt es nicht im Supermarkt zu kaufen. Er ist da oder er ist nicht da, man kann ihn erkennen, lieben, pflegen, aber auch verkennen und unterdrücken. Eine Kultur, ein Unternehmen, eine Familie kann man letzten Endes danach beurteilen, wie sie mit diesem »Geist« umgegangen ist. Das Geheimnis großer Traditionen und Familien liegt vermutlich weniger in der Intelligenz oder Gesundheit derer, die in ihnen gelebt haben, als in der Art und Weise, wie sie mit ihrer Identität, mit dem umgegangen sind, was sie geistig auszeichnete. Ob man sich dessen bewußt ist oder nicht, ist unerheblich.

Entweder man pflegt Mitarbeiter, die einen inneren Antrieb zum kreativen Wirken verspüren, oder man setzt auf Schnellbefriediger. Wer nur nach Menschen Ausschau hält, deren »Erfolg« sofort sichtbar wird, programmiert den großen Flop. Die besten Vor-, Mit- und Weiterdenker finden keinen Weg aus dem Chaos und schaffen keine neue Ordnung, wenn man ihnen nicht ein Forum für den Dialog bereitet und ihnen nicht die Möglichkeit gibt, neue Wege voranzugehen, auch wenn sie gelegentlich Holzwege sein müssen. Die geistige Kraft braucht Menschen, die sie verspüren, und solche, die sie anerkennen und sich ihr anvertrauen. Solange das Feuer nicht erloschen ist, kann es neu angefacht werden. Aber woran erkennt man, ob »Liebesflammen lodern« (N. von Zinzendorf), ob der Docht noch glimmt oder ob nur noch der erkaltete Boden auf das Chaos wartet? Es gibt viele Indizien, aber sie können nur gespürt, nicht definiert werden.

Neben der abendländischen Sicht auf Entstehen und

Vergehen, gibt es u.a. auch eine indische »Theorie«. Schiwa, ein hinduistischer Hauptgott, verkörpert das Prinzip der Zerstörung. Mit ihm hat sich schon Schelling in einer Vorlesung aus dem Jahr 1842 befaßt. Was er damals schrieb ist noch aktuell: »Über Schiwa herrscht großes Mißverständnis. Es liegt in dem Urteil, daß das indische Bewußtsein eine zerstörende Urkraft, das Prinzip des Bösen, den Gott des Todes in die Gottheit selbst aufgenommen habe. Nicht alles Zerstörende ist darum auch gleich ein Böses Prinzip. Es rühmt sich wohl mancher, ein Konservativer zu sein. Es fragt sich aber, was konserviert werden soll. Wenn ein Prinzip das der menschlichen Freiheit Widerstrebende verzehrt, so ist es ja selbst eine wohltätige Kraft, eine Art von gutem Prinzip.« (Bd. 6, S. 457)

Vielleicht hilft uns dieser indische Denkansatz ein Stück aus unserer angestammten Denkweise, alles immer nur in Gegensatzpaaren wie gut und böse zu betrachten. So gesehen könnte man sagen: Das Chaos kämpft gegen das Leben, um es zu ermöglichen.

Wenn alle Dörfer gleichzeitig Kirchweih feiern, verblöden sie.

Sexualität und das rettende Chaos

Ordnung in und um uns herum droht zu zerfallen. Müssen wir das einfach so hinnehmen? Aus dem Chaos die Ordnung zu schaffen ist eine Aufgabe, der sich Gott in der Schöpfung unterzogen hat, wobei sie ihm aber anscheinend nicht ganz gelungen ist. Er hat vieles übriggelassen, was in unseren Augen nach wie vor chaotisch erscheint. Trotz erheblicher Versuche der Menschheit, die angefangene Ordnung zu vollenden, sind wir auf diesem Weg nicht weitergekommen. Gott sei Dank. Warum? Wenn Gott nämlich eine vollkommene Ordnung gewollt hätte, eine Ordnung, die unseren Vorstellungen entspricht, dann wäre er auch in der Lage gewesen, sie zu schaffen. Das vorweltliche Chaos, das auf hebräisch Tohuwabohu heißt und das Haydn so vollendet unvollkommen dargestellt hat, ist durch die Schöpfung nur teilweise beseitigt worden und selbst dort, wo wir Ordnung herzustellen versuchen, bricht das Tohuwabohu wie ein Naturgesetz immer wieder über uns herein. Ein abendlicher Blick in ein Kinderzimmer erklärt uns, wie sehr das Chaos mit dem Leben verbunden ist. Wir dürfen und müssen mit diesem Faktum leben. Doch vielen Menschen fällt es schwer, sich damit abzufinden, sie ordnen ständig und kämpfen für eine Ordnung, die nicht die Neigung hat, sich auch nur einigermaßen ordentlich zu verhalten. Ordnung läßt sich nicht ein für al-

lemal herstellen, sie hält sich nicht einmal an ihre eigenen Gesetze. Sie ist eine Idee und selbst diese bleibt nicht stehen.
Ordnung ist gut, denn durch sie werden Dinge vorhersehbar und vor allem beherrschbar. Wer die Ordnung regelt, der beherrscht auch alles, was sie umfaßt. Ordnung schafft Sicherheit und Ruhe. Ordnung ist, das haben wir schon gesehen, wenn uns die Dinge gehorchen. Das meinen wir wenigstens. Aber, wenn wir ehrlich sind, müssen wir zugeben, daß in jedem System das Chaos lauert. Das Rad der Ordnung, auch wenn es sich äußerlich nur in einer Richtung dreht, hat innerliche Gegenkräfte. Von der Ordnung gibt es nur Blitzlichtaufnahmen. Was stehenbleibt, ist nur ihr Bild, denn die Kräfte, die an ihr arbeiten, erkennen wir nur im Vergleich der Zustände. Für ihn brauchen wir, je nach der Geschwindigkeit der Änderung eine millionstel Mikrosekunde oder ein paar Milliarden Jahre. Eine ewige Ordnung mag es zwar geben, aber sie kann nicht in unserer zeitlichen Welt gedeihen, sie stammt aus dem Jenseits.
Wenn Chaos die »andauernde zeitliche Veränderung der Systemvariablen« ist (Großmann in: Gerok, »Ordnung und Chaos«, S. 103) und wir davon ausgehen, daß »alles fließt«, dann ist Ordnung wohl nur etwas, dessen »Systemvariablen« sich langsam ändern, während sie sich beim Chaos etwas mehr beeilen. Unser Urteil hängt dann nur noch vom Blickwinkel und vom Zeitgefühl ab. So gesehen haben zwar Planetenbahnen etwas länger Bestand als die jeweilige mexikanische Wirtschaftspolitik, aber die Unterschiede sind relativ, quantitativ.
Die in den letzten Jahren aufgekommene neue Sicht auf das Chaos ist ein Ansatz für eine Revolution der Natur-

wissenschaft. Diese lebt teilweise immer noch mit dem Axiom, daß gleiche Ursachen gleiche Wirkungen haben müssen. Wo sich aber zeigt, daß fast gleiche Ursachen nicht fast gleiche, sondern manchmal völlig andere Wirkungen haben, wird dieses Axiom für die Praxis mehr als fragwürdig. Der auf gleiche Weise geworfene Würfel hat immer wieder ein anderes Ergebnis. Indirekt führte dies seinerzeit zu der von Albert Einstein immer wieder aufgeworfenen Frage, ob Gott würfle. So schrieb er noch am 7. September 1944 an seinen Freund und Kollegen, den später ebenfalls mit dem Nobelpreis dekorierten Max Born: »Du glaubst an den würfelnden Gott und ich an die volle Gesetzlichkeit in einer Welt von etwas objectiv Seiendem, das ich auf wild spekulativen Wegen zu erhaschen suche.« Aber sind denn chaotisch fallende Würfel und die Gesetze der Wahrscheinlichkeit nicht beides gemeinsame Bestandteile einer umfassenden Ordnung wie der geordnete Spiralnebel, der bei »näherer« Betrachtung eine chaotische Milchstraße ist? So gesehen hatten doch beide recht, Einstein und Born! Wenn alle Würfe zusammen nach dem Gesetz der Wahrscheinlichkeit eine Ordnung bilden, dann muß jeder einzelne Wurf ein Bestandteil dieser Ordnung sein, auch wenn er uns chaotisch erscheint. Ist es nicht eine tröstliche Einsicht, daß selbst der würfelnde Gott eine Ordnung schafft, auch wenn wir sie zunächst nicht erkennen?

Steigen wir wieder hinab in unseren Alltag. Sicherheit und Ordnung als Schlagworte sind bei vielen in Mißkredit geraten, auch bei denen, die selbst nach einer beherrschbaren Ordnung streben. Warum? Der Begriff Ordnung ist schillernd. Es kommt darauf an, ob die Ordnung aus einem inneren Gleichgewicht stammt oder ob sie nur die Zwangsjacke ist, die ein Chaos verbergen soll. Wer Macht über die Ordnung hat, will aber nicht nur dafür sorgen, daß sie erhalten bleibt, er versucht auch ständig, sie zu vervollkommnen. Der Chef einer großen Verwaltung hat einmal gesagt: »Wenn die Dinge nicht funktionieren, dann ist das für mich ein Grund dafür, daß die Regelungen noch genauer gefaßt werden müssen.« Dieser ahnungslose Mensch! Was er erreicht hat, war kein besseres Funktionieren, sondern nur ein Fortschreiten im verhängnisvollen Kreislauf der Ordnung.

Nicht nur das Individuum, sondern auch jede soziale Organisation hat die Chance der Selbst- und Arterhaltung. Ein Unternehmen, das überleben will, muß immer wieder neue Menschen in sich aufnehmen, denen dann nichts anderes übrigbleibt, als sich anzupassen und all die ordnenden Regeln nachzuvollziehen, die von den Vor- und Vorvorgängern erarbeitet worden sind. Ob es sich nun um ein Lebkuchenrezept handelt oder um die Art, wie man die »Verordnung zur Änderung von Verordnungen zur Durchführung des Feststellungsgesetzes und des Beweissicherungs- und Feststellungsgesetzes« (echtes Beispiel) auslegt, immer erlebt der Mitarbeiter, daß in weiten Bereichen nicht er selbst gefragt ist, daß es nicht um seine Erfahrungen geht, sondern um die der Vorwelt. Seine Aufgabe ist es, diese Ordnung herstellenden Erfahrungen und Traditionen möglichst unversehrt zu übernehmen und auf seine Nachfolger zu übertragen, die das dann auch ihrerseits wieder tun müssen. Besonders gut funktioniert dieses System dann, wenn der Nachwuchs von Personen ausgewählt und ausgebildet wird, die selbst im Unternehmen oder in der Verwaltung groß geworden sind. So soll Ordnung tradiert werden.

Eine Organisation, die sich ihren Nachwuchs nur nach eigenen Prinzipien aussucht, heranzieht und anpaßt, handelt – biologisch gesehen – widernatürlich, sie betreibt Inzucht. Hubert Markl (in: Gerok, »Ordnung und Chaos«, S. 379) widmet sich diesem Thema. Seine These: Auch eine soziale Organisation kann sich nur dadurch am Leben erhalten, daß sie durch die Hereinnahme fremder Gene ein begrenztes Chaos zuläßt, das sie für Angreifer unberechenbar macht. Durch die Sexualität bindet die Natur das Chaos in die Fortpflanzung ein. Der Abkömmling ist daher, im Gegensatz zur Idealvorstellung der öffentlichen Verwaltung und privater Traditionsunternehmen nie der Abguß eines Erzeugers, sondern er ist das Ergebnis einer weitgehend zufallsgesteuerten Genverbindung. Markl: »Wer meint, daß er sich sexuell vermehrt hat, wenn er voll Stolz auf seine Kinder blickt, der sollte sich gelegentlich bewußtmachen, daß er dabei zwar durchaus etwas vermehrt hat – nämlich eine Zufallsauswahl seiner Gene –, daß diese Kinder aber etwas ganz anderes, eigenständiges sind. (Wenn er dies nicht selbst erkennt, werden sie übrigens nicht zögern, es ihm klarzumachen!)«

Das neue Lebewesen muß sich also anders verhalten als seine Erzeuger, es muß die alte Ordnung zumindest einschränken. Auch dies begünstigt die Natur. Sex ist nämlich in dieser Hinsicht auch eine »Antiparasitenstrategie«, worauf Markl hinweist. Nur sexuelle Vermehrung macht die Nachkommen ausreichend stark und unvorhersehbar von ihren Eltern verschieden, um zu verhindern, daß sich Mikroparasiten allzu gefährdend auf bestimmte Typen spezialisieren und dadurch ganze Stammlinien auf einmal ausrotten können. Dies bedeutet, ganz allgemein gesagt: Eine Organisation, die nicht manchmal auch unvorhersehbar, also chaotisch reagieren kann, weil sie an ihre starren Regeln gebunden ist, kann sich gegen »Parasiten« nicht wehren, die sich diese für ihre eigene Strategie zunutze machen. Wer überleben will, ob als Individuum, Sippe oder Unternehmen, muß sich daher um eine »genetisch variable Nachkommenschaft« bemühen. Wir haben es schon betrachtet: Caesars Unschlagbarkeit beruhte auf seiner Unberechenbarkeit. Hätte er sich an die Gesetze des römischen Senats gehalten, wüßte heute kein Mensch mehr etwas von ihm. Wir erleben in unseren Jahren, daß die öffentliche Verwaltung, sofern sie selbst an der Wirtschaft teilnahm, sich überlebt hat. Ein Unternehmen, dessen bindende Regeln jeder im Gesetz- oder Amtsblatt nachlesen kann, wird berechenbar für die Konkurrenz. Die kostet es dann nicht viel geistigen Aufwand, ein solches Unternehmen auszutricksen. Es ist deshalb kein Wunder, wenn zum Beispiel die Post- und Bahnunternehmen in fast allen Ländern privatisiert wurden oder werden. Ordnung als ein Weg des Untergangs: Dies zu erkennen fällt nicht leicht.

Das Herbeiholen fremder Gene als Voraussetzung des Überlebens außerhalb des Einzelwesens zeigt sich auch in einer ganz anderen Beobachtung. Es gab ländliche Gebiete, in denen die Inzucht auf den Dörfern dazu führte, daß nicht nur Erbkrankheiten ein erschreckendes Ausmaß annahmen, sondern daß die Einwohner bei Infektionskrankheiten wenig Widerstandskräfte und eine hohe Sterblichkeitsrate hatten. Der Grund: Es gab einen landesweit einheitlichen Kirchweihsonntag. Die Burschen hatten fast nie die Gelegenheit, ein Mädchen aus einem anderen Dorf nach Hause zu bringen. Die Verhältnisse besserten sich erst, als die Kirchweih in verschiedenen Wochen gefeiert werden durfte und es fast jeden Sonntag irgendwo etwas zu tanzen gab etc.

Sexualität dient also nicht nur der reinen Arterhaltung, sie ist zugleich auch eine Strategie, die Nachkommenschaft dadurch fit zu halten, daß sie sich in mehr oder weniger chaotischer Weise von den Erzeugern unterscheidet. Traditionsunternehmen, die von den Enkeln getreu nach den Prinzipien des Großvaters geleitet werden, haben in unserer Zeit wenig Chancen. Eine Organisation, die überleben will, muß in Kauf nehmen, daß die neue Generation eigene Wege sucht.

Was muß ein Unternehmen im Überlebenskampf tun? Daß man die besten Manager und Fußballspieler von der Konkurrenz abwirbt, ist ja längst bekannt. »Firmenehen« werden in unserer Zeit zahlreich geschlossen. Eigenartigerweise kommt bei den Betroffenen hierbei oft nicht die rechte Hochzeitslust auf. Liegt das an den Kupplern oder sind manche Firmenehen in Wirklichkeit nur eine Art Kannibalismus? Dies führt zur Frage nach dem Maß an Chaos, das man durch Vermischung mit dem Partner hereinlassen soll. Hunde paaren sich nicht nur im Zwinger, sie tun's auch gerne auch auf der Promenade, aber sie paaren sich nie mit Katzen. Hier zeigt uns die Natur also einen Weg: Es geht nie um das totale, sondern um das eingrenzbare Chaos, eines, das Traditionen nicht vernichtet, sondern ihnen eine andere Strategie ermöglicht. Traditionen können nur erhalten werden,

wenn sie tradiert, anvertraut und übergeben, und nicht nur kopiert werden.
Und wo bleibt die Lust an dieser Art von Sex? Ein Unternehmen, das sich mit einem anderen verbindet oder eine neue Strategie von außen einführt, müßte eigentlich einen Motivationsschub bei seinen Mitarbeitern erfahren. Aber bei einer richtigen Fürstenhochzeit gab es einst mehr zu hören, zu sehen (und zu essen) als bei einer modernen Unternehmensfusion vor dem Notar. Wenn aber neue Kräfte ausbleiben, dann wurde vermutlich falsch gefreit. Stil, Geschick und Gespür braucht man auch bei der Hereinnahme fremder Gene. Mit einer Mesalliance schafft man zwar Chaos, aber keines, das mit Lust überwunden werden kann.
Wer den fremden Geist ausgrenzt und sich vor jedem kleinen Chaos fürchtet, der verbaut sich den Weg in die Zukunft und schadet so der Ordnung. Er nimmt ihr die Kraft, sich immer wieder zu regenerieren. Und wer sich völlig dem fremden Geist ausliefert, verliert seine Identität. Die Ordnung, die er bewahren wollte, gibt es dann nicht mehr. Das rechte Maß an Ordnung und Chaos zu finden, ist eine unprogrammierbare Aufgabe. Sie wird uns in allen Lebens- und Denkbereichen täglich gestellt. Um sie zu lösen, müssen wir umfassend aus dem Ganzen heraus denken. Wenn uns dies gelingt, brauchen wir uns vor dem Chaos nicht zu fürchten.

Der Geist lebt länger als die Menschen, die ihn verkörpern, deshalb wird er oft bekämpft.

Wie man den alten Geist beseitigt

Das Rezept ist jetzt verständlich: Blutauffrischung macht unberechenbar. An die Stelle der alten Ordnung tritt die optimale Dosis Chaos. Aber ein Problem bleibt: Was geschieht mit dem alten Geist in einer so umgemodelten Organisation, die in einem alten Haus residiert? Die folgenden Ausführungen zeigen ganz »einfache« Vorschläge, die allerdings nicht so eng zu verstehen sind. Sie stehen für mehr, sie sind eine bildhafte Darstellung des Kampfes zwischen alt und neu, eines Kampfes, der gelegentlich sogar in unserem Kleiderschrank ausgefochten werden muß.

Neben der Hereinnahme fremder »Gene« nach dem Prinzip »recht gemischt ist aufgefrischt«, kommt es oft vor, daß ein Unternehmen von einem anderen übernommen wird, daß es völlig umstrukturiert werden muß, daß die alte Geschäftsleitung en bloc gefeuert wird, daß neue Produkte an die Stelle der alten treten oder daß eine Verwaltung privatisiert wird. Dieses Problem ist natürlich uralt. Revolutionäre Denkumschwünge in Staaten und Wirtschaftsunternehmen hat es schon immer gegeben, aber noch nie folgten sie so schnell und häufig aufeinander wie heute. Das Problem besteht aber nicht nur darin, daß »alte« Menschen mit neuartigen und ihnen völlig ungeläufigen Denkstrukturen konfrontiert werden, sondern auch darin, daß sie in gewohnten Mauern von einem Tag auf den anderen ganz anders denken und handeln müssen. Wenn man nichts dagegen tut, bleibt der alte Geist in Decken und Wänden sitzen. Man sieht ihn natürlich nicht, das hindert ihn aber nicht daran, dem neuen Geist in die Suppe zu spu(c)ken.

Wenn der Geist nur in den Köpfen stecken würde, dann ließe sich mit dem Auswechseln der Köpfe das Problem lösen. Aber so einfach geht das mit ihm nicht, denn der führt ein Eigenleben. Es gibt nicht nur Hegels weitverzweigten und ewig undefinierbaren Weltgeist, es gibt auch Bezirks-, Vereins-, Firmen- und Hausgeister, große und kleine, starke und schwache. Sie wohnen und wirken anscheinend nicht in, sondern über den Köpfen. Ihnen ist gar nicht so leicht beizukommen. Sie nisten in Räumen und Mauern, ja überall, wo man sie nicht vermutet. Sind es Felder, Resonanzen, Synchronizitäten oder ähnliche materiell nicht faßbare Phänomene? Es ist ihnen nur eines gemeinsam: Sie lassen sich weder im Mikroskop noch im Fernrohr blicken.

Als Bruno Walter, der 1938 Wien verlassen mußte, nach vielen Jahren erfolgreicher Arbeit in Amerika zum ersten Mal wieder die Wiener Philharmoniker dirigierte, erkannte er sofort den einmaligen, unverwechselbaren Klang dieses Orchesters, der nur ihm zu eigen ist, und spürte die alte Atmosphäre, obwohl nach so vielen Jahren kein einziger Musiker aus der Zeit vor 1938 noch mitspielte. Es gibt eine ganze Menge von oft nicht bewußt erfahrbaren Gewohnheiten, Urteilen und Vorurteilen, von denen wir nicht wissen, wo, wann und wie

wir ihnen anheimgefallen sind. Sie reagieren nicht auf Kommando und Reglement, sie sind einfach da oder auch plötzlich verschwunden.
Viele Firmen berufen sich auf Erfahrung und Tradition aus vielen Generationen, obwohl auch bei ihnen längst keiner aus der Gründerzeit mehr mitarbeitet. Der Geist eines Unternehmens hängt nicht an den einzelnen Menschen, deshalb kommt man ihm nicht einfach dadurch bei, daß man sie austauscht. Mit Traditionen erwarb man Prestige und Anerkennung, auf sie konnte man vertrauen. Ein traditionsreiches Unternehmen der Elektrobranche warb vor mehreren Jahren mit dem Slogan: »Aus Erfahrung gut«. Aber heute? Heute geht es darum, mit einem jungen Team alles neu zu machen. Der jungdynamische Eifer nimmt teilweise Formen an, die ihn zur Ideologie werden lassen. Wer weiß, vielleicht wird es in einigen Jahren eine Art Denkmalschutz für traditionelle Formen der Organisation geben. Ob man mit solchen Organisationen allerdings im immer härter werdenden Konkurrenzkampf überleben kann, das ist die andere Frage. Was nützt ein guter alter Geist, wenn er einen in die Pleite treibt?
Die Angst vor dem Geist, der der Zeit nicht angepaßt ist, hat immer wieder zu Reaktionen der Menschen geführt. Im Lauf der Jahrhunderte wurden bei solchen Problemen Grundstrategien entwickelt, die auch heute noch bemerkenswert sind. Diese Strategien und Methoden sollen hier dargestellt werden.

1. Die Dschingis-Khan-Methode

Sie ist die brutalste, wirkungsvollste und vor allem die schnellste. Man bringt die Fürsten des eroberten Terrains, deren Familien und die wehrtüchtigen Männer einfach um, brennt die noch vorhandenen Baulichkeiten nieder und schwängert die überlebenden Frauen. Auf diese Weise stellt sich das Problem des »alten Geistes« schon nach kürzester Zeit nicht mehr. Stalin hat Ähnliches versucht, wenn auch, wie sich zeigte, nicht mit zeitlosem Erfolg. Aber wer weiß, noch ist die Geschichte nicht zu Ende. Die Dschingis-Khan-Methode wird auch in der Gegenwart »politisch« wieder angewandt, z. B. auf dem Balkan oder in Afrika. Auch in der Wirtschaft gibt es immer wieder etwas humanere aufgeklärtere Versuche mit ihr.

2. Die »christliche« Methode

Von Inquisition, Scheiterhaufen und Bartholomäusnächten wollen wir hier rücksichtsvollerweise lieber nicht reden. Auch nicht von Bilderstürmern, zumal man einen Heiligen nach seinem Tod nicht dadurch nochmals töten kann, daß man sein Standbild köpft. Es gab schon immer humanere Methoden im Kampf gegen gewohnte Denkstrukturen. Man besprengt die Räume, in denen heidnischer, ketzerischer oder satanischer Geist herrscht, mit Weihwasser. Die Wirksamkeit dieses Vorgehens steht außer Frage, nicht aber seine Haltbarkeit. Ein böser Geist, der nur ein bißchen naßgespritzt wird, kommt bald wieder wie eine Katze, die es auch nicht gern hat, wenn man sie anspritzt, und die doch wieder in ihr angestammtes Haus zurückkehrt.
Im modernen Management ist dieses Verfahren daher weniger zu empfehlen. Versuche, alte Denkstrukturen auf ähnliche, in weltlicher Form abgewandelte Weise zu unterdrücken, haben ebenfalls keine Dauerwirkung.

Chefreden mit dem Tenor »Wir brauchen eine neue Denke!« sind ähnlich wirksam wie Weihwasser.

3. Die britische Methode
Die Briten haben sehr viel Erfahrung im Umgang mit alten Geistern. Ihre Methode ist deshalb auch einfach und rationell: Man läßt das Gemäuer mitsamt dem alten Geist stehen und nimmt gelassen zur Kenntnis, daß er in regelmäßigen Abständen immer wieder spukt. Dies gilt aber nicht nur für alte Schlösser, sondern auch für städtische Bauten neueren Datums. Die stetige Gegenwart von alten Geistern hat die Briten schon vor vielen Irrwegen bewahrt, anscheinend aber auch manchmal vor neuen Wegen. Derzeit versucht man im UK einen anderen Weg. Man bemüht sich um die Ansiedelung neuer Geister, die mit den alten nach und nach fertig werden. Am leichtesten hat man es mit alten Geistern, die ihre Tagebücher der Klatschpresse überlassen. Denn mit einem Geist, über dessen Intim- und Bettsphäre man Bescheid weiß, kann man leichter umgehen. Für uns ist diese Methode wenig geeignet, weil unsere Geister meist nicht sichtbar spuken. Eine weitere Variante der britischen Methode ist die: Man macht sich die alten Geister zu Verbündeten und stellt fest, daß sie Tricks kannten, die ihren Nachfolgern unbekannt geblieben sind.

4. Die amerikanische Methode
Man verläßt die alten Räume und baut in einem 300 km entfernten Vorort alles ganz neu in die Prärie. Den Managern, an denen man noch interessiert ist, transportiert man ihren Bungalow in die Nähe der neuen Gebäude. Die andern suchen sich einen anderen Job. Nach sechs Wochen spätestens ist der alte Geist vergessen. Diese

Methode hat sehr viel für sich, sie ist wirksam, schnell und, vor allem, es fließt kein Blut. Für Europa ist sie weniger geeignet, weil es bei uns keine transportablen Bungalows gibt. Versuche in kleinerem Stil gibt es zwar, aber mangels Fläche fehlt es an Prärien, die noch nicht von Geistern zersiedelt sind. Unsere vielgerühmte »grüne Wiese« für Industrieneubauten ist ein beliebter Aufenthaltsort für alte Geister, und die stellen sich nicht so schnell um wie die verpflanzten Mitarbeiter.

5. Die japanische Methode
Sie ist für uns schwer zu verstehen und noch schwerer zu kopieren, obwohl sehr viel für sie spricht. Vielleicht sollten wir es auch in Europa mit ihr versuchen. Sie ist nämlich sehr preiswert. Sie funktioniert so: Die ganze Belegschaft versammelt sich in einem Raum, verneigt sich lächelnd mit gekreuzten Armen vor dem alten Geist, verläßt den Raum und tut so, als ob es diesen alten Geist noch nie gegeben hätte, dabei weiß jeder, daß er noch lebt.
Mit der japanischen Methode haben die Japaner Erfolg. In Europa versuchen daher jetzt einige auf andere Art, sich derartiger Erfolgsrezepte zu bedienen. Sie wollen die japanische Wirtschaftspotenz dadurch erlangen, daß auch sie anfangen, mit Stäbchen zu essen. Nach einiger Zeit wundern sie sich darüber, daß sie noch immer keine Schlitzaugen haben. Es wachsen ihnen allenfalls Schlitzohren, aber daran sind die Japaner ganz bestimmt nicht schuld.

Die Aufzählung dieser Methoden ist natürlich nicht vollständig. Es fehlt zum Beispiel die Eskimo-Methode, bei der ein Ofen in den Iglu gestellt wird. Aber es genügt zu erkennen, daß es viele Versuche gibt, den alten Geist loszuwerden, denn selbstverständlich existieren auch Mischsysteme und Varianten. Was können wir tun? Eines müssen wir wissen: Wer geistige Strukturen beseitigt, zerstört damit einen Teil der Kultur. Es mag sein, daß eine neue Unternehmenskultur nur im Neuland gedeihen kann und einem Unternehmen, das überleben will, gar keine andere Wahl bleibt, als Altes zu vernichten. Die Entscheidung für das Neue und gegen das Alte ist ein uraltes Dilemma, das übrigens auch schon Jesus kannte: »Man faßt auch nicht Most in alte Schläuche; sonst zerreißen die Schläuche und der Most wird verschüttet, und die Schläuche kommen um. Sondern man faßt Most in neue Schläuche, so werden sie beide miteinander erhalten.« (Matthäus 9,17)

Worin besteht der Hintergrund dieser Versuche? Er geht vielen Menschen schlecht ein, aber wir müssen es zur Kenntnis nehmen: Der Geist reagiert nicht auf den menschlichen Willen. Es gilt das genaue Gegenteil. Hegel ist zuzustimmen: »Diese unermeßliche Masse von Wollen, Interessen und Tätigkeiten sind die Werkzeuge und Mittel des Weltgeistes, seinen Zweck zu vollbringen – ihn zum Bewußtsein zu erheben und zu verwirklichen.« (Recht, Staat, Geschichte, S. 415) Ein Geist, der sich durch eine der hier vorgestellten Methoden töten läßt, der will vielleicht von sich aus nicht mehr leben. Eventuell handelt es sich auch nur um Bestattungsmaßnahmen.

Wie dem auch sei oder nicht sei, eines können wir annehmen: Wenn wir uns eines Geistes bewußt werden und ihn verwirklichen, dann wird er weiterleben. Wenn wir ihn nicht verwirklichen wollen, dann geschieht es deshalb, weil er nicht mehr lebt. Patentrezepte gibt es also keine. Und dennoch geht es hier um Entscheidungen, um die man sich nicht drücken kann. Die Entscheidungen treffen nicht nur die Mächtigen, die eine neue Struktur aufbauen, sondern vor allem die, die in ihr leben und arbeiten müssen. Sie müssen zwischen altem und neuem Geist abwägen und haben trotzdem nicht die Macht, etwas zu erzwingen.

Über fortschrittshemmende Weisheit und Erfahrung.

Die grauen Häupter und der Fortschritt

Wenn es mit fremden Genen und der Austreibung des alten Geistes nicht gelingt, das gewünschte Chaos herbeizuschaffen, dann muß man schließlich versuchen, die fortschrittshemmenden Köpfe auf humanere Weise unschädlich zu machen. Warum aber haben unsere Ur-Voreltern ihre zahnlosen, schwerhörigen und gichtbrüchigen Alten nicht zu Lebzeiten verbrannt? Sieht man das Problem biologisch, dann fragt man sich, welchen Nutzen die alten Leute damals noch haben konnten. Sie konnten doch nicht mehr jagen, sammeln und Bäume fällen! Sie aßen nur noch und jammerten, wenn das Essen anders schmeckte als in ihrer Jugend. Sie kannten zwar noch keine Pflegeversicherung, aber sie hielten es trotzdem für selbstverständlich, daß man ihnen die Suppe an die Liegestatt brachte, wenn sie nicht mehr gehen konnten. Hatte da nicht ein Volksstamm einen Überlebensvorteil, zu dessen Sitte es gehörte, unproduktive Stammesgenossen zu verbrennen? Anscheinend nicht. Die Erklärung ist ganz einfach: Die Alten sicherten das Überleben des Stammes, weil sie die längste und reichste Erfahrung hatten. Sie kannten am besten die Tricks, mit denen man selbst die boshaftesten Götter milde stimmen konnte, sie hüteten die Stammesgeheimnisse, sie verstanden die Kunst des Wettermachens, sie kannten die Rituale, sie wußten von den Heldentaten der Vorväter zu berichten (selbst Homer soll blind gewesen sein), sie kannten die Zauberformeln, sie verstanden das, was die Pflanzen über ihre Heilkraft aussagen konnten und vieles mehr. Solche Erfahrungen waren keineswegs an professionelle Medizinmänner gebunden, sie waren Volksweisheiten, die man sich im Laufe der Jahre erst aneignen konnte. Ein Stamm, der seine alten Menschen pflegte und ihren Erfahrungsschatz nutzte, konnte gegenüber den Nachbarn bestehen, die solche Weisheiten mißachteten.

Wie das allerdings beim Volk Israel war, ist biologisch noch nicht ganz geklärt. Wenn man der Bibel auch insoweit glauben darf, dann gilt folgendes: »Als Adam 130 Jahre alt war, zeugte er einen Sohn als sein Ebenbild und gab ihm den Namen Seth. Danach bekam er noch weitere Söhne und Töchter und starb im Alter von 930 Jahren.« Rekordalter-Halter ist immer noch Methusalem, der mit 187 Jahren den Lamech zeugte und erst mit 969 Jahren starb. Von einem Vorruhestand ist in der Bibel nicht die Rede. Im Gegensatz zu damals ist das Alter heute nicht mehr so gefragt. Der Chef einer privaten Fernsehgesellschaft sagte unlängst, auf Sendungen, die auch ältere Menschen ansprechen, wolle er verzichten und er überlasse die Kuki-Reklame gerne den anderen, denn ihm komme es für den Werbeumsatz auf die jungdynamischen Zuschauer an, weil es letzten Endes doch um deren Kaufkraft gehe.

Das ist ganz einfach zu erklären, wer fünfzig Jahre lang die gleiche Kosmetikmarke, das gleiche Waschmittel und die gleiche Fertigsuppe verwendet, probiert nicht so leicht mehr neue Produkte aus, an ihm rauschen die Werbespots lästig und nutzlos vorüber. Wer aber noch jung, flexibel und unverdorben ist, der läßt sich leichter etwas aufdrängen, und sei es auch nur einen neuen sechsfarbigen Kaugummi mit dem unverwechselbaren Tropen-Nordpol-Geschmack.

Und wie sieht es in der Wirtschaft aus? Unternehmen, die etwas auf Tradition hielten, gab es früher einmal, das haben wir ja schon im Zusammenhang mit der chaotischen Ordnung festgestellt. Obwohl solche Traditionsunternehmen Generationen lang erfolgreich waren, sind viele von ihnen an ihren eigenen Traditionen zugrunde gegangen, oder sie wurden rechtzeitig noch auf jungdynamische Weise umfrisiert, wobei die Traditionsanhänger, soweit sie sich nicht einem Facelifting oder einer Gehirnwäsche unterziehen wollten, beseitigt werden mußten. Bei der Übernahme oder Neustilisierung eines Unternehmens kommt es darauf an, alle davon zu überzeugen, daß Traditionen und Erfahrungen im Grunde nichts anderes sind, als Verkrustungen, lästige Vorurteile und Hindernisse auf dem Weg des Fortschritts. Wem in einer Sitzung ein Satz wie »Damit haben wir in der Vergangenheit gute Erfahrungen gemacht« herausrutscht, ist sofort isoliert, weil er zwei Worte verwendet, die in einem modern geführten Unternehmen tabu sind: Vergangenheit und Erfahrung. Zwar darf noch gedacht werden, nicht aber mehr bedacht, denn dieses führt zu Bedenken, und ein Bedenkenträger ist immer eine Negativgestalt, ebenso wie jemand, dessen Wissen gelegentlich zu Gewissen führt.

Da man mit sechzig nicht mehr ohne weiteres die Kosmetikmarke wechselt, kann man davon ausgehen, daß man auch nicht mehr so leicht neue Wege beschreitet, von denen man befürchtet, daß sie in eine kurzfristig

schwarzzahlige, langfristig aber rotzahlige Zukunft führen. Ein Unternehmen, das nach vorne schaut, muß also Mitarbeiter fördern, die auch noch als Erwachsene jederzeit bereit sind, den sechsfarbigen Kaugummi mit dem Tropen-Nordpol-Geschmack zu kaufen. Wer dagegen mit Erfahrungen und Lebensweisheit droht, sollte kostengünstig entsorgt werden. Solche Probleme wird es in Zukunft nicht mehr geben. Wenn genügend Menschen herangewachsen sind, die ausschließlich durch Fernsehen und Computer und ähnlich wirkende pädagogische Elektronik erzogen worden sind, kann man mit ihnen jeden unternehmerischen Programmwechsel schnell und reibungslos durchziehen. Statt den Menschen genügt es, die Disketten auszutauschen.
Welches ist nun das richtige Alter für die Beseitigung erfahrener und nachdenklicher, aber gelegentlich renitenter Mitarbeiter? Der Chef eines amerikanischen Zigarettenkonzerns hat einmal gesagt, für ihn kämen als Leiter von Niederlassungen nur noch Menschen bis vierzig in Betracht. Wer älter sei, könne den ständigen Wechsel von einer Unternehmensstrategie in eine andere, vor allem die Hektik seines jeweiligen Gesinnungswandels (er selbst ist 85) nicht mehr mitvollziehen. Recht hat er. Ab vierzig, so wird behauptet, fangen manche Menschen an, nachzudenken. Den Schwaben wird nachgesagt, sie würden mit vierzig überhaupt erst gescheit, worauf diese kontern, besser mit vierzig als nie. Wie dem auch sei: Das Nachdenken der anderen stört immer den, der das Sagen hat und sich deshalb selbst das Nachdenken sparen kann. »Nachdenkende müssen Vor-Denker sein.« (Hans Lenk, Prometheisches Philosophieren, S. 173)
Was hat sich seit der Steinzeit geändert? Gleich geblie-

ben ist das Bestreben, den »Nachbarstamm« auszulöschen, durch Waffengewalt, Aufkaufen, Konkurrenz etc. Geändert hat sich jedoch das Tempo des Wandels. Waren es einst Erfahrungen und Überlieferungen aus Hunderten von Jahren, die man zum Überleben brauchte, garantiert heute nur das in den letzten sechs Wochen neu auf den Markt gekommene Insiderwissen dafür, daß keine fortschrittshemmenden Intelligenzbestandteile am Reagieren hindern. Oder ist es doch anders? Gibt es einen eigenen Wert der Kontinuität? Über diese Frage sollte wieder nachgedacht werden. Ist die zunehmende Hektik des Denkens und Umdenkens eine zum Tode führende Krankheit oder ist sie heilbar? Gibt es heilsame Kräfte im menschlichen Denken, die mit den Jahren zunehmen können und auf die keine Gesellschaft verzichten kann? Gibt oder gab es so etwas Ähnliches, wie das, was man früher Altersweisheit nannte? Was tun wir, um diese Kräfte zu erkennen und zu fördern?

Ändern müßte sich vielleicht, daß sich *alles* ändern muß. Zwar ist (oder war) es modern, immer wieder von »postmodern« zu sprechen, als wäre dies eine Rückbesinnung auf »prämoderne« Zeiten. Aber das ist nur ein hohles Schlagwort. In Wirklichkeit will niemand auf Modernität und Fortschritt verzichten, was immer dies ihm auch bedeuten mag. Der Rückgriff z. B. in der Architektur auf Bauformen der Vergangenheit ist etwas, was es in der Geschichte immer wieder gegeben hat und die Renaissance war längst nicht die erste Kulturstufe, die diese Rückbesinnung auf ihre Weise in den Mittelpunkt erhob. So etwas gab es z. B. schon in der ägyptischen Kultur. Das Beseitigen und Restaurieren des Alten sind ewig wiederkehrende Erscheinungen im Ablauf

einer geschichtlichen Entwicklung, die trotzdem immer nur in einer Richtung fortschreiten kann.
Wenn wir gezwungen sind, Bewährtes und Bewahrenswertes nur deshalb zu vernichten, weil es uns im Wettlauf mit den anderen belastet und weil wir sonst Gefahr laufen würden, zurückzubleiben, dann müssen wir uns fragen, ob wir am richtigen Wettkampf teilnehmen, auch wenn wir – vordergründig gesehen – gar keine andere Wahl haben. Daß alles Alte irgendwann einmal überwunden werden muß, an dieser Tatsache kam noch keine lebendige Kultur vorbei. Die Frage bleibt, welches Tempo eine Kultur noch verkraften kann, ohne sich selbst davonzueilen. Wer zu schnell voranschreitet, kann schließlich den Anschluß an sich selbst verlieren. Die geistige Auseinandersetzung mit Herkommen und Geschichte könnte uns davor bewahren, unsere Identität aufzugeben. Denn: Wer sich selbst nicht im Griff hat, den stecken andere in die Tasche.

In Puerto Rico haben Sex und Intelligenz etwas miteinander zu tun. Gilt das auch anderswo?

Die überschätzte Kausalität

Schon als Kind erfährt man es: Wehe, man steckt einen Groschen in den Automaten, und es kommt unten kein Kaugummi raus! Dies kann zu einer heillosen Verärgerung führen, denn das Prinzip von Ursache und Wirkung ist uns durch tägliche Beobachtungen so in Fleisch und Blut übergegangen, daß es einfach immer funktionieren muß. Wer dieses Prinzip als solches bezweifeln wollte, müßte sofort als Spinner dastehen. Einige dieser »Spinner« wollen wir kennenlernen und dabei feststellen, daß es vermutlich doch keine waren und sind. Uns beschäftigt die Kausalität, weil sie die Grundlage unseres rationalen Denkens und Handeln ist. Wenn es aber Zweifel an ihr gibt, dann erscheint manches in einem anderen als dem gewohnten Licht, dann können wir anfangen, in einiger Hinsicht anders, umfassender und verantwortungsvoller zu denken. Kausal ist es, wenn alles mit »rechten Dingen« zugeht. Der Geist ist kein »rechtes Ding«. Wenn nun allerdings nur der Kaugummi im Kanal steckenbleibt, dann braucht da noch nicht unbedingt ein böser Geist dahinterzustecken. Aber wer weiß, schon mancher wichtige Zufall hatte eine äußerlich banale Ursache.

Wie einfach das Prinzip Kausalität in den Hirnen mancher Forscher funktioniert, das soll hier an drei harmlos erscheinenden Beispielen gezeigt werden, die aber, wenn man ihre Hintergründe betrachtet, doch nicht ganz so harmlos sind, zeigen sie doch, wie leicht es gelingt, auch dann noch zu überzeugen, wenn man Ursache und Wirkung miteinander verwechselt.

Eine besonders »intelligente« Forschung wurde vor einigen Jahren in Puerto Rico angestellt (BNN, 2. 9. 87). Dort zeigte sich als Ergebnis einer Befragung von Studenten, daß zwischen Sex und Intelligenz ein angeblich kausaler Zusammenhang bestehe. Dieses höchstwillkommene Forschungsprodukt ging als Schlagzeile um die Welt: »Sex macht klug.« Im Hintergrund konnte man erfahren, daß Studenten, die verheiratet waren oder regelmäßig mit ihrer Freundin schliefen, um zwanzig Prozent bessere Noten hatten als die übrigen.

Die Auswertung dieser Befragung muß, wenn man ihre Intelligenz nach ihrer eigenen Aussage beurteilt, von einem enthaltsamen Junggesellen stammen, denn sonst wäre er auf die kluge und naheliegende Idee gekommen zu fragen, ob es denn nicht auch so sein könnte, daß Mädchen sich lieber mit intelligenten Studenten einlassen, etwa nach der Erkenntnis: Zum Glück bei Frauen bedarf es auch etwas Intelligenz. Wie dem auch sei, die Frage, ob die Intelligenz die Ursache der Liebe oder die Liebe Ursache der Intelligenz ist, konnte mit dieser Erhebung nicht geklärt werden. Trotzdem wurde ein bestimmtes Ergebnis »verkauft«. Wenn man vor der Befragung darüber ein bißchen nachgedacht hätte, dann wäre der Weltpresse eine zwar Aufsehen erregende, aber völlig schwachsinnige Schlagzeile erspart geblieben.

Das nächste Beispiel ist etwas komplizierter, aber im Grunde genauso einfältig. Forscher der Universität

Ithaca wollen herausgefunden haben, daß Rauchen während der Schwangerschaft die Intelligenz der Kinder schädigt. Zehn oder mehr Zigaretten am Tag sollen an einem Intelligenzverlust von bis zu neun IQ-Punkten abzulesen sein. Weiter stellten sie fest, je höher der mütterliche Zigarettenkonsum, desto niedriger der IQ der Kleinen (BNN, 21. 2. 94). Schon wieder eine aufregende Schlagzeile. Aber hatten die Forscher auch überlegt, ob und inwieweit intelligente Frauen während der Schwangerschaft auf das Rauchen verzichten? Wenn es aber so wäre, dann würde die Forschung nur zutage fördern, daß gescheite Frauen im Durchschnitt die gescheiteren Kinder haben. Diese banale Weisheit ließe sich jedoch nicht so leicht in eine Schlagzeile bringen.

Ein drittes Beispiel. Seit Urzeiten gab es in Asien die heimtückische Beri-Beri-Krankheit. Im 19. Jahrhundert fand man heraus, daß diese Krankheit besonders oft auftrat, wenn Menschen polierten Reis aßen. Gab man den Menschen unpolierten Reis, dann blieben sie verschont oder gesundeten wieder. Man schloß daraus: Es muß sich um eine Mangelkrankheit handeln. Den Kranken fehlt der Stoff, der beim Polieren der Reiskörner abfällt. Man suchte, fand ihn und nannte ihn Vitamin B_1. Der Schluß »Ein Mangel an Vitamin B_1 führt zur Erkrankung an Beri Beri« liegt nahe, und er galt lange Zeit als unanfechtbar. Schließlich stellte sich aber heraus, daß sich auf poliertem Reis, wenn er zu feucht gelagert wird, ein gefährlicher Schimmelpilz ansiedelt. Dieser verursacht die Krankheit und nicht der Vitaminmangel. Wer richtig gelagerten polierten Reis ißt, erkrankt zumindest nicht an Beri Beri, vielleicht leidet er mit der Zeit an anderen Mangelerscheinungen (Udo Pollmer u. a.).

In den drei Beispielen wurde vorschnell von Kausalität gesprochen, wo objektiv nichts anderes als eine Wechselbeziehung, eine Korrelation bestanden hat. Wenn zwei Erscheinungen häufig oder regelmäßig gemeinsam auftreten, sind wir immer gleich dabei, die frühere für die Ursache der späteren zu halten. Die für uns leicht durchschaubare Dürftigkeit der hier vorgestellten »Forschungsergebnisse« ist aber wohl nur die Spitze eines Eis- bzw. Papierbergs. Überall blicken wir gebannt und voll naiven Vertrauens auf komplizierte und teure Expertisen, deren innere Zusammenhänge niemand durchschaut und deren geistige Substanz hinter einem Wust von halbverdautem Material und exklusiven Spezialistenjargon verborgen ist. Damit sollen nicht soziologische, wirtschaftliche oder sonstige Forschungen als solche in Frage gestellt werden, wohl aber das Vertrauen in Ergebnisse, deren geistiger Hintergrund nicht offengelegt und erkennbar ist. Was nützen uns teure Gutachten, wenn die, die sie bestellt und bezahlt haben, kein Wort davon verstehen und dann den geistigen Verkrustungen derer ausgeliefert sind, denen Zahlenmaterial wichtiger ist als Denkmaterial? Mit solchen Gutachten kann alles behauptet und alles widerlegt werden. Welche Waffensysteme, welche Energiepolitik, welches Steuerrecht, welche Sozialmaßnahmen, welche Subventionen, welche Umweltpolitik usw. brauchen wir? Im Grunde genommen weiß es keiner, aber wer außer Sokrates gibt schon sein Nichtwissen zu, solange er dafür bezahlt wird, daß er etwas zu wissen vorgibt? In einer Welt, in der unendlich viele Kausalitäten seit Urzeiten durcheinanderwirbeln, ist es nur selten möglich, die wesentlichen herauszufiltern.

Die Annahme, daß alle Dinge ihre Ursache haben, ist ein Grundbaustein unserer Logik. Auf ihr baut unser rationales und materialistisches Weltbild. Phänomene, die da nicht hineinpassen, werden von den offiziellen Vertretern der Wissenschaft und der Politik entweder nicht wahrgenommen oder allenfalls verdrängt. Wo es ums Geld und ums Geschäft geht, herrschen Effizienzstreben und Rationalität in besonderem Maße. Aber verdrängte Erscheinungen lassen sich nicht alles gefallen. Irgendwann einmal tauchen sie aus dem psychischen Untergrund wieder auf und überfallen die Verdränger. Die bekommen dann endlich ihre psychosomatischen Leiden oder sie flüchten sich womöglich in obskure und okkulte Bereiche. Aus computerbesessenen Börsianeren werden dann plötzlich Anhänger eines »spirituellen Geldbewußtseins«, oder sie beschäftigen sich mit »Geldalchimie«. Seminare über derartige Themen werden tatsächlich angeboten.
Wo die Dinge so kompliziert und unüberschaubar werden, daß uns die herkömmliche Logik nicht weiterhilft, müssen wir uns nach Alternativen zu ihr umschauen und die gibt es tatsächlich seit Urzeiten. Wir wollen einige Beispiele in einem kurzen, natürlich höchst unvollständigen Überblick betrachten. Sie werden in unserer Zeit unter der Herrschaft des alltäglichen Effizienzdenkens immer wichtiger.

Das Ergebnis unseres Nachdenkens steht schon fest, und trotzdem wird es keinem geschenkt.

Leibniz an der Haustür

Eine Frau kehrt mit ihrem Söhnchen vom Einkaufen zurück. Dabei kommt es zu folgender Unterhaltung:
SOHN: Mama, warum geht die Tür auf?
MUTTER: Weil ich sie aufschließe.
SOHN: Wie machst du das?
MUTTER: Das siehst du doch. Ich stecke den Schlüssel ins Schlüsselloch und drehe herum.
SOHN: Und dann geht die Tür immer auf?
MUTTER: Ja, natürlich nur, wenn der Schlüssel paßt.
SOHN: Und warum paßt der Schlüssel?
MUTTER: Weil ihn der Schlosser so gemacht hat.
SOHN: Und warum hat ihn der Schlosser so gemacht?
MUTTER: Weil das sein Beruf ist.
SOHN: Und warum hat er diesen Beruf?
MUTTER: Woher soll ich das wissen? Vielleicht hat ihm sein Vater den Rat gegeben.
SOHN: Warum hat er ihm den Rat gegeben?
MUTTER: Vielleicht hatte er einen Freund, der auch Schlosser war.
SOHN: Woher hatte er diesen Freund?
MUTTER: Der ist mit ihm in die gleiche Schule gegangen.
SOHN: Warum?
MUTTER: Weil er im gleichen Dorf gewohnt hat.
SOHN: Warum hat er im gleichen Dorf gewohnt?
MUTTER: Allmählich gehen mir deine Fragen auf die

Nerven. Wenn du so weiter fragst, dann landen wir noch bei Adam und Eva und die sind dann schließlich eine Ursache dafür, daß die Tür aufgeht.

In diesem Augenblick tritt ein Herr mit einer riesigen Lockenperücke, einem von oben bis unten mit Knöpfen versehenen Rock und Bundhosen zu den beiden und beteiligt sich am Gespräch.

DER HERR: Nicht doch, Madame, gehen Sie ruhig auf die Fragen des Knaben ein. Solche Fragen werden ihn dermaleinst zu einem weisen Manne machen. Sie sind ein treffliches Mittel, auf dem Pfade der Erkenntnis fortzuschreiten. Ihr Söhnchen mag ruhig mich fragen.

SOHN: Meine Mama hat gesagt, wenn ich immer weiterfrage, warum die Tür aufgeht, dann kommen wir bis zu Adam und Eva. Was meint sie damit?

DER HERR: Deine Mutter hat dir ein weise Antwort zuteil werden lassen.

SOHN: Meinen Sie? Aber warum sollen Adam und Eva schuld sein, daß die Tür aufgeht?

DER HERR: Nicht Adam und Eva waren die Ursache. Gott, der Herr der Welt, hat in seinem weisen Schöpfungsplan ein für allemal alle Ursachen gesetzt, denn für ihn gibt es keine Zeit und keinen zeitlichen Ablauf der Dinge, keine Vergangenheit und keine Zukunft.

MUTTER: Verzeihen Sie, mein Herr, aber ich selbst habe doch den Schlüssel ins Schloß gesteckt, dann bin doch ich die Ursache gewesen.

DER HERR: Ihr Sohn hat Ihnen doch schon zu der Einsicht verholfen, daß alles mit allem zusammenhängt. Und das, was Sie in diesem Moment tun wollen, ist nur eine Erscheinungsform einer weisen göttlichen Weltgesamtheit.

SOHN: Dann geht die Tür also nicht deshalb auf, weil meine Mutter sie aufschließen wollte?
DER HERR: Nein. Die Tür geht auf, weil es ihr seit Urzeiten vorgegeben war, in diesem Augenblick geöffnet zu werden.
MUTTER: Aber ich habe doch den Schlüssel hineingesteckt.
DER HERR: Ja, aber auch nur deshalb, weil dies im Weltenplan so vorgesehen ist.
MUTTER: Und was wäre, wenn ich den Schlüssel verloren oder vergessen hätte?
DER HERR: Dann wäre eben dieser Zustand seit Ewigkeit so vorgesehen gewesen. Stellen Sie sich vor, meine Dame, wir Menschen singen alle gemeinsam in einem großen Chore. Gott hat uns eine Notenstimme in die Hand gedrückt, aber wir können nur die Note lesen, die wir gerade zu singen haben. Und die anderen Mitsänger kennen unser Notenblatt auch nicht, auch sie singen nur die Noten des heutigen Tages. Und dieser Chor, diese gewaltige Komposition, die alle Menschen, ja selbst alle belebten und unbelebten Dinge miteinander singen, erklingt in einer vollendeten Harmonie. Alles ist vollkommen und weise seit Beginn der Schöpfung prästabiliert.
MUTTER: Wie bitte? Prästabiliert, das verstehe ich nicht.
DER HERR: Prästabilierte Harmonie, das ist der im voraus eingerichtete Zusammenklang aller Ereignisse auf der Welt.
MUTTER: Na ja. So ganz komme ich da nicht mit. Aber ich kann mir doch noch überlegen, was ich morgen tun soll.
DER HERR: Sie können und müssen es sich überlegen. Aber das Ergebnis Ihres Nachdenkens steht schon fest.

Ihre Seele hat eine verworrene und dunkle Vorstellung von allem, was mit Ihnen geschehen wird. Sie wissen es zwar noch nicht, aber es ist in Ihnen schon alles angelegt.

MUTTER: Jetzt weiß ich allmählich gar nichts mehr. Bin ich es, die jetzt die Tür aufschließen will, oder bin ich nur ein Werkzeug, das selbst nichts zu melden hat.

DER HERR: Freuen wir uns an der herrlichen Harmonie der Welt und des Lebens, die ihre Schönheit erst durch die Dissonanzen erhält. Auch das Unglück gehört zur Harmonie der Welt. So und jetzt muß ich wieder verschwinden.

SOHN: Wohin gehen Sie?

DER HERR: Ich gehe zurück in meine Vergangenheit, denn schließlich bin ich schon seit fast dreihundert Jahren tot.

SOHN: Wenn Sie schon so lange nicht mehr leben, warum laufen Sie dann jetzt noch bei uns herum und dazu noch mit so einer komischen Perücke?

DER HERR: Ich wollte einfach mal sehen, was aus meinem Denken geworden ist.

SOHN: Aus Ihrer Stallharmonie?

DER HERR: Prästabilierte Harmonie, bitte. Nicht nur dies. Ich wollte auch wissen, ob die Schüler auf den hohen Schulen noch meine Infinitesimalrechnung lernen.

MUTTER: Ach Gott ja, ich wurde mit ihr gequält, als man uns den Rauminhalt von sich drehenden Parabeln und ähnliches berechnen ließ.

DER HERR: Ich hatte noch eine andere Idee. Ich dachte, man könnte statt mit zehn Ziffern, genausogut oder noch besser nur mit zweien rechnen, nämlich mit Eins und Null oder Ja und Nein. Ich wollte mit dieser Idee eine Rechenmaschine bauen, aber das ist mir technisch nicht gelungen.

SOHN: Und gibt es diese Maschine wenigstens jetzt?

DER HERR: O ja, und ob. Überall bin ich ihr bei meinem Besuch in die heutige Zeit begegnet. Sie heißt Computer.

MUTTER: Dann sind Sie schuld an allem, was daraus geworden ist?

DER HERR: Manchmal denke ich, ob es nicht besser gewesen wäre, wenn ich das mit der Eins-und-Null-Rechnung, also das binäre Zahlensystem, für mich behalten hätte. Aber es mußte gesagt sein. Diese Erfindung war in der Welt und in mir seit der Schöpfung angelegt. Nicht ich bin die Ursache gewesen, sondern das, was Gott in mich gelegt hatte.

SOHN: Und wie heißen Sie mit Ihrer altmodischen Perücke?

DER HERR: Mein Name ist Gottfried Wilhelm Leibniz, braunschweigisch-lüneburgischer Geheimer Justizrat und Direktor der Bibliothek zu Hannover. Tot bin ich schon seit 1716; aber was heißt schon »tot«?

»Alle Dinge sind miteinander verflochten, und ihr Band ist heilig.«

MARK AUREL

DAS HAUS HINTER DER HECKE

Wir brauchen die Kausalität, aber die Zusammenhänge sind um einiges vertrackter als wir zu denken bereit sind. Als Kind hatte ich einmal einen Schulweg, der an einem großen Garten entlang führte, in dem eine alte Villa mit vielen Erkern und Türmchen stand. Das wußte ich zunächst noch nicht. Zwar blickte ich immer wieder an mehreren Stellen durch die Hecke, aber ich konnte kein zusammenhängendes Objekt hinter ihr wahrnehmen. Als ich eines Tages spät dran war und in die Schule rennen mußte, erschien plötzlich das märchenhafte Haus hinter der Hecke. Von da an wußte ich es: Je schneller ich an dem Garten entlangrannte, desto mehr konnte ich von meinem Märchenschloß erkennen. Kein einziger der kleinen Durchblicke durch das Blätterwerk erlaubte ein sinnvolles Bild, aber alle miteinander schufen den Blick auf das Haus.

Diese frühe Beobachtung fiel mir wieder ein, als ich darüber nachdachte, auf welche Weise wir eine Vielzahl von Beobachtungen in sinnvolle Zusammenhänge bringen können. Wenn nämlich unser Leben oder die Welt insgesamt einen Sinn haben soll, der über unsere Alltagsbanalitäten hinausgeht, dann müssen wir uns mit solchen unvollkommenen Durchblicken begnügen.

Die Frage, ob wir frei sind oder ob wir wie Marionetten

am Faden hängen, ob wir selbst Ursachen setzen oder nur Glied einer Ursachenkette sind, stellt sich uns im Alltag nur selten.

Weil wir nicht wissen, was morgen sein wird, müssen wir so tun, als ob wir frei wären. Dies ist eine uralte menschliche Erkenntnis, schon die griechische Tragödie lebte von ihr. Ödipus war seit Geburt dazu verdammt, seinen Vater zu töten und seine Mutter zu heiraten, obwohl er es nie gewollt hatte. Er wurde schuldig gegen seinen Willen. Mit dem Schicksal seiner Tochter Antigone haben wir uns ja schon befaßt. Schelling versuchte einen Kompromiß zwischen Freiheit und Unfreiheit zu finden. Er schrieb einmal: »Der Mensch findet sich im Beginn seines Daseins gleichsam in einen Strom geworfen, dessen Bewegung eine von ihm unabhängige ist, der er unmittelbar nicht widerstehen kann, und die er zunächst bloß leidet; dennoch ist er nicht bestimmt, sich von diesem Strom wie ein totes Objekt bloß fortziehen oder fortreißen zu lassen, er soll den Sinn dieser Bewegung verstehen lernen, um ihr selbst in diesem Sinn förderlich zu sein, und nicht etwa mit vergeblicher Anstrengung sich entgegenzustemmen.« (Schelling, Philosophie der Offenbarung, 9. Vorlesung) Man könnte diese Aussage auch so ergänzen: Freiheit ist, wenn ich meine Entscheidungen für meine Entscheidungen halten darf.

Wer sich selbst erkennt, der findet und versteht den Sinn, den gerade sein Leben hat und er kann ihn, in allem was er tut, unterstützen. Diese Erkenntnis gilt aber nicht nur für den einzelnen, sondern für alles, was geschieht. Dieser Sinn auf der Welt ist mehr als ein Zusammenwirken von zufälligen Ursachen. Es gilt geradezu als ein Axiom der materialistischen Evolutionslehre, daß schließlich sogar der Mensch das Ergebnis einer unendlich langen Kette von Zufällen ist. Wie kommen ernstzunehmende Forscher zu dieser im wahrsten Sinne des Wortes geistlosen Erkenntnis? Es ist ganz einfach: Sie suchen wie der Junge an der Haustür nach linearen Kausalitäten und können sich deshalb eine Ordnung, die über den einzelnen, beobachtbaren Ereignissen liegt, nicht vorstellen. Da zumindest ein Normalmensch die Zukunft nicht vorhersehen kann, deutet er sie nur nach den Ursachen, die er heute schon kennt. Er verlängert die Trends mit dem Lineal und berechnet daraus das, was kommen wird. Aus diesen Trends ergibt sich vielleicht das Morgen, aber schon nicht mehr das Übermorgen. Die Meteorologen wissen darüber Bescheid; ihre Versuche, das Wetter vorherzusagen, orientieren sich an Bewegungen, von denen sie normalerweise nicht wissen können, wie lange sie anhalten werden.

Es gibt und gab keinen im voraus objektiv erkennbaren Trend, mit dem sich der Mensch aus dem Pantoffeltierchen herausentwickeln konnte. Und doch gibt es einen Sinn, der sich mit unserer berechnenden Vernunft nicht nachvollziehen läßt. So verstanden dürfen wir davon ausgehen, daß das Erscheinen eines menschlichen Wesens in der Welt seit Beginn der Schöpfung anvisiert war. Alle »Zufälle« hatten und haben den Sinn, die Welt zu dem zu machen, was sie ist, auch wenn der Mensch eines »schönen« Tages aus ihr wieder verschwinden wird.

Ereignisse, deren Zusammenhang wir nicht deuten können, müssen uns deshalb als zufällig erscheinen, weil wir nur das wahrnehmen können, was schon geschehen ist. Wenn wir in die Zukunft blicken könnten, gäbe es keine Zufälle mehr. Die Zufälle der Vergangenheit waren not-

wendig, um die Gegenwart zu schaffen. Deren Sinn zu verstehen, ist unsere Lebensaufgabe. Wenn wir unsere Arbeit im Vertrauen auf diesen Sinn verrichten, dann brauchen wir nicht sämtliche Ängste der Gegenwart auf die Zukunft zu projizieren.
In einer alten Illustrierten aus dem letzten Jahrhundert sah ich einmal ein Bild über das Verkehrswesen der Zukunft. Der Himmel war zerfurcht durch ein Netz tollkühner schlanker Brücken, über die Bahnen in allen Richtungen rasten. Das Bild wurde zu einer Zeit gezeichnet, als in der Konstruktion von Stahlbrücken revolutionäre Fortschritte gemacht wurden. Der Zeichner dachte sich: Wenn das so weitergeht, dann wird bald ein Netz von Brücken über uns sein. Er hatte sich geirrt. Die späteren Pioniere der Luftfahrt lebten damals schon und arbeiteten an ihren Ideen, aber man kannte sie noch nicht. Die Ideen, die unsere Zukunft bestimmen werden, sind zumindest in Ansätzen schon vorhanden. Sie werden nicht aus den Labors der Großforschung kommen, sondern aus den Hinterhöfen der Wissenschaft. Dort denken und tüfteln Menschen, die nicht dafür bezahlt werden, die Superlative der Gegenwart zu übertreffen. In ihnen denken und lenken nicht die Ursachen von gestern, sondern der Geist von morgen.
Der römische Kaiser Mark Aurel lebte von 121 bis 180. Er war zwar politisch nicht allzu erfolgreich, dagegen sind seine spät-stoischen Selbstbetrachtungen auch heute noch mehr wert als Siege auf dem Schlachtfeld. Er schrieb: »Alle Dinge sind miteinander verflochten, und ihr Band ist heilig. Schwerlich ist eins dem anderen fremd. Denn sie bilden ja zusammen ein Ganzes und tragen zusammen zu ein und derselben Weltordnung

bei. Denn eine Welt wird aus allen Dingen, und eine göttliche Macht durchdringt alle Dinge.« (Mark Aurel, Selbstbetrachtungen, S. 86) Spätere Denker haben immer wieder auf ihre Weise versucht, sich diesen Grundgedanken zu eigen zu machen. Es ist ihnen nicht leichtgefallen, denn das, was sie erkannten, mußten sie immer gegen die verteidigen, die nur das anerkennen, was sie mit ihren Sinnen wahrnehmen können, und denen daher Zusammenhänge suspekt sind, die nicht in den Dingen selbst erscheinen, sondern nur über ihnen.

Mir ging es schon als kleiner Schulbub so. Meinen Freund wollte ich nämlich eines Tages auf das Märchenschlößchen hinter der Hecke aufmerksam machen. Da blieb er stehen und sagte nur: »Ich sehe nichts, das bildest du dir nur ein.« Er schaute von mehreren Stellen aus hindurch, konnte aber nirgends ein sinnvolles Bild des Hauses wahrnehmen. »Du mußt vorbeirennen, dann kannst du hindurchschauen«, sagte ich. Da blieb er wieder stehen und behauptete: »Rennen gilt nicht, entweder man sieht es im Stehen, oder dein Haus ist gar nicht da.« – Unsere Freundschaft war von diesem Tag an etwas getrübt. Zwar gingen wir noch manchmal miteinander, aber jedesmal, wenn wir an der Hecke vorbeikamen, verlangsamte er auf ziemlich provozierende Weise seinen Schritt.

Propheten verkünden weniger die Zukunft als eine andere Art des Menschseins.

Zukunft, was ist das?

Es gibt eine ganze Reihe von Methoden, in die Zukunft zu schauen. Nicht alle sind gleich zuverlässig. Mit den einen kann man Geld verdienen, mit den andern riskiert man sein Leben. Und dazwischen gibt es noch eine Reihe von Übergangs- und Mischformen. Wir wollen einige der bekanntesten hier aufzählen:

1. Kaffeesatz, Kartenlegen, Glaskugel, Handlesen usw.
2. Trendberechnung mit Computer
3. Astrologie
4. Hellsehen
5. Prophetie

Zu 1.: Die Zukunft nach dem Kaffeesatz und ähnlichem zu beurteilen ist eine nützliche Methode, zumindest für den, der kassiert. Sie kann auch nützlich für den Auftraggeber sein, zumindest dann, wenn er dabei selbst zu Wort kommt und etwas über sich erfährt, was er ohne Kaffeesatz und Tarotkarten nicht gesagt, gewußt und geglaubt hätte. Schon mancher hat seinen Weg gefunden, weil er ihm bei der Deutung zufälliger Symbole »eingefallen« ist.

Zu 2.: Die Trendberechnung mit Hilfe der EDV funktioniert, vereinfacht gesagt, so: Man mißt die Gegenwart und die jüngste Vergangenheit, destilliert daraus einige interessante Daten und verlängert die Entwicklungskurve des jeweiligen Trends. Dadurch konnte z. B. der amerikanische »Futurologe« Herman Kahn 1965 »voraussagen«, daß die »Sowjetunion« im Jahre 1993 den amerikanischen Lebensstandard erreicht haben wird. Indonesien muß damit bis zum Jahr 2558 warten. Immerhin wußte auch Kahn damals schon: »Bis zum Jahr 2558 könnte sich noch sehr viel ändern.« Allerdings. Dieser Satz ist zwar der einzig wahre des ganzen Buchs (»Ihr werdet es erleben«), aber vielleicht nur deshalb, weil diese Erkenntnis ohne Computer zustande gekommen ist.

Es gibt aber auch harmlosere Trendberechnungen, die nicht ganz so naiv sind. Die handelsüblichen Wirtschaftsprognostiker mischen in ihre Informationsverarbeitung noch eine mehr oder weniger große Prise Intuition und formulieren die Prognosen etwas unverbindlicher. Wenn solche Voraussagen etwas mit der wirklichen Zukunft zu tun hätten, dann könnte man mit ihrer Hilfe noch mehr Geld an der Börse verdienen. Aber tatsächlich verdienen fachlich informierte Spekulanten oft nicht mehr an der Börse als die, die einfach nur nach Gefühl kaufen und verkaufen.

Zu 3.: Astrologie. Das Horoskop im »Wochenblatt« hat mir bis jetzt noch immer gute Tips gegeben. Ich selbst bin zwar »Jungfrau«, aber die Tips für »Wassermann«, »Fische« und »Skorpion« sind für mich ebenfalls brauchbar. Seit man Astrologie auch mit Computerhilfe betreiben kann, ist sie etwas komplizierter und vielleicht gerade deshalb für manche glaubwürdiger geworden. Aber damit soll das Problem nicht abgetan sein. Die Astrologie ist eine Weisheitslehre, die schon seit Jahrtausenden immer wieder ernsthaft suchende Anhänger gefunden hat; um Beweise ist sie allerdings verlegen.

Daran, daß man Beweise verlangt, sind viele Astrologen selbst schuld, weil sie so detailgenau rechnen können. Soweit sie aber ihre Intuition mit einfließen lassen, können sie zumindest auf diese Weise etwas Bedeutsames erkennen.

Zu 4.: Hellsehen. Die Attentate, Ehescheidungen und sonstigen Katastrophen, die von pressefreudigen Hellsehern veröffentlicht werden, sind meist längst wieder vergessen, bevor sie zum verkündeten Zeitpunkt nicht stattfinden. Dafür passiert anderes, nicht minder Schlimmes, das keiner vorausgesagt hat. Daß es im privaten Bereich wirklich eintretende Vorhersagen gibt, wird immer wieder mit überzeugenden Beispielen behauptet. Persönlich würden mich im voraus vor allem die Lottozahlen interessieren, aber vielleicht steht dies auf einem anderen Blatt. Das Buch »Theorie der Geisterkunde« von Johann Heinrich Jung-Stilling (1740–1817), der seinerzeit ein ernstzunehmender, um Objektivität bemühter Wissenschaftler und später Seelsorger in großherzoglich badischen Diensten war, hat mir sehr zu denken gegeben. Natürlich gibt es auch zahlreiche neue Bücher zu diesem Thema, die teilweise ernstgenommen werden können. Man sollte auch neuere Bekundungen von übersinnlichen Erscheinungen, die ja immer wieder in ähnlicher Weise beobachtet werden, nicht von vornherein zurückweisen, weil sie nicht in ein materialistisches Weltbild passen. Jung-Stilling sammelte und ordnete alles, was er seinerzeit erfahren konnte. Mehr wollte er nicht. Normalerweise versucht man Berichte von übersinnlichen Wahrnehmungen als »innerpsychisches« Ereignis zu deuten, als eine Ein-Bildung im eigentlichen Sinne des Wortes. Das mag oft richtig sein.

Aber ist es denn ein wesentlicher Unterschied, ob der »Geist« *in* einem Menschen tätig und »sichtbar« wird oder ob er als *äußerliches* Phänomen erscheint? Wer bei solchen Themen schon im Vorfeld abwinkt, weil sie nicht in sein Weltbild passen, zeigt damit nur seine verengte Erkenntnisbereitschaft. Ich habe die Erfahrung gemacht, daß Menschen, die mir von solchen Ereignissen berichtet haben, keine Spinner, Lügner oder Wichtigtuer waren.

Zu 5.: Prophetie. Wenn wir diesen Begriff nicht zu eng fassen, dann ist es die Gabe, über die Tagesprobleme hinweg und durch sie hindurch einen zeitlosen Blick auf das Weltganze zu werfen, ohne daß dabei Einzelheiten erkennbar werden müßten. Im folgenden wollen wir uns nur mit dieser Art der Weltbetrachtung im weitesten Sinne auseinandersetzen.

Bücher mit Horrorszenarios über die Zukunft und Patentrezepten, wie man sie vermeiden kann, füllen die Bibliotheken. Aber selbst wenn wir die Rezepte alle befolgen könnten und würden, was käme dabei heraus? Sollen die im Verhältnis zur Weltbevölkerung zahlenmäßig immer weniger werdenden Abendländer beginnen, das zu tun, was auch sie noch nie getan haben, nämlich anfangen, vernünftig zu werden? Und welche Vernunft ist die vernünftigste? Genügt die »Zustimmung zu scharfen Verzichten in unseren ausschweifenden Konsumgewohnheiten«, wie sie z. B. Hans Jonas gefordert hat? (Philosophische Untersuchungen, S. 142) Und selbst dann, wenn die Abendländer rücksichtsvoll würden, womit nach bisherigen Erfahrungen keinesfalls zu rechnen ist, was könnten sie dann erreichen, gegenüber Menschenmassen, die außer ihrem Hunger und ihrem Fortpflanzungstrieb nichts beisteuern könnten? Haben wir das Recht, Hungrigen etwas über Enthaltsamkeit zu erzählen? Sollen wir ihnen empfehlen, auf den Hunger zu verzichten? Oder fehlen uns Propheten, die etwas anderes lehren könnten?

Wirkliche Propheten gibt es vielleicht; aber die, die man in ihrer Gegenwart dafür hält, sind es sicher nicht. Es wären die Menschen, die einen Umschwung verkünden, den niemand einsehen will und kann. Was Propheten in der Vergangenheit erleiden mußten, ist bekannt. Sokrates und Jesus wurden hingerichtet und viele andere vor und nach ihnen. Gerade von Jesus gäbe es mehr denn je zu lernen, wenn wir wieder bereit wären, ihn ohne intellektuelle Vorbehalte zu verstehen, denn auch hier versperren Denksysteme manchen Weg zu ihm. Verstehen hieße hier nicht einfach, etwas verstandesmäßig nachvollziehen, sondern sich in Liebe zu eigen machen. Propheten verkünden in erster Linie eine andere Art des Menschseins, denn nur damit, und sonst mit nichts, kann etwas Neues beginnen. Aber wer will schon aus seiner Haut fahren, wenn es ihm doch nur darum geht, gerade diese zu retten?

Es wird so viel von der Verantwortung geredet und geschrieben, die wir in bezug auf die Zukunft haben. Das ist richtig und gut. Aber da bleibt das ungelöste Problem: Was nützt uns das Vor-Denken bis die Köpfe rauchen, wenn sie nicht vom Geist beseelt sind? Wenn wir meinen, Intelligenz plus Wissen allein befähige uns zum Finden des richtigen Wegs in die Zukunft, dann irren wir. Dies hat auch Peter Sloterdijk eindrucksvoll formuliert: »Im Grund glaubt kein Mensch mehr, daß heutiges

Lernen Probleme von morgen löst; fast sicher ist vielmehr, daß es sie auslöst.« (Kritik der zynischen Vernunft, S. 13) Diesen um sich greifenden Zynismus bringt Sloterdijk auf die Formel: »In der Wurstigkeit gegen alle Probleme liegt die letzte Vorahnung davon, wie es wäre, ihnen gewachsen zu sein. Weil alles problematisch wurde, ist alles auch irgendwo egal.« (S. 17)

Gegenüber solchen Haltungen wären Visionen gefragt, aber sie wollen dort nicht gedeihen, wo man versucht, sie zu berechnen. Hoffnung kann nur kommen, wenn der Geist sich einer anderen Richtung zuwendet, wenn Neues aus dem Inneren der Menschen kommt. Um einen »Propheten« wirklich zu verstehen, müßte man eigentlich selbst einer sein. Propheten reden von einem Land, das die nachvollziehende Vernunft nicht nur noch nicht entdeckt hat, sondern dessen Entdeckung sie für unmöglich hält. Deshalb haben sie es so schwer.

Einsichten in unbekannte und von Zeitgenossen nicht nachvollziehbare Zusammenhänge gibt es ständig. Sie werden nur meist nicht dokumentiert, weil niemand dazu ermutigt. Ein Beispiel einer damals unverstandenen Vorhersage, wenn auch auf einem ganz anderen Gebiet als der Rettung der Menschheit, sei hier gezeigt. Im Jahre 1799 verfaßte in Jena der damals vierundzwanzigjährige F. W. J. Schelling ein Vorlesungsmanuskript über ein »System der Naturphilosophie«. Schelling hatte zuvor in Tübingen (zusammen mit Hegel und Hölderlin) Theologie studiert und sich mit empirischer Naturwissenschaft so gut wie nie befaßt. In diesem Manuskript entdeckt man einige interessante Behauptungen, für die es damals keine naturwissenschaftliche Grundlage gab. Dazu zwei Beispiele:

– »Es ist kein Bestehen eines Produktes denkbar, ohne ein ständiges Reproduziertwerden. Das Produkt muß gedacht werden als in jedem Moment vernichtet und in jedem Moment reproduziert. Wir sehen nicht eigentlich das Bestehen des Produkts, sondern nur das ständige Reproduziertwerden.« Schelling vergleicht dies mit einem Wirbel im Strom, der eine bestimmte Gestalt hat, obwohl er nie in dieser Gestalt besteht. »Die elektrischen Erscheinungen sind das Schema der zwischen Produktivität und Produkt schwebenden Natur (...) Dieser Wechsel ist nicht etwas in der Materie, sondern die Materie selbst.« (Bd. 1, S. 357 ff.)
– »Wir behaupten also, das Universum habe (...) vermittelst einer fortgehenden Explosion sich selbst hervorgebracht (...) und daß so das Universum, weil eine vollendete Unendlichkeit ein Widerspruch ist, in unendlichem Werden begriffen sei.« (Münchner Jubiläumsdruck, Bd. 2, S. 120)
Urknall, fortdauernde Ausdehnung des Welltalls, Materie als Wellenbewegung, aber auch die Umdeutbarkeit von Licht und Gravitation, die Schelling immer wieder behauptete, sind naturwissenschaftliche Entdeckungen des zwanzigsten Jahrhunderts. Zu der Zeit, als Schelling solche Hypothesen aufstellte, hingen sie völlig in der Luft, man konnte ihnen keinerlei naturwissenschaftliche Erkenntnis zuordnen. Am wenigsten war Schelling selbst dazu in der Lage. Er saß in seiner Studierstube, ließ den Geist einfließen und schrieb einfach drauflos. Was der Universalgeist Schelling eingeflüstert hat, war oft genug verworren. Karl Jaspers machte ihm gerade dies in seinem Buch »Schelling – Größe und Verhängnis« zum Vorwurf. Schelling habe sich um die damals

schon zugänglichen naturwissenschaftlichen Erkenntnisse kaum gekümmert. Was er geschrieben hat, »hat aber mit Wissenschaft nichts zu tun« (S. 249). Das mag stimmen. Aber, darf man damit solche Thesen, wie sie Schelling aufgestellt hat, einfach abtun? Was wäre gewesen, wenn er sich mit empirischer Naturwissenschaft befaßt hätte? Das ist ja gerade das Problem: Wer sich nur mit Fakten abgibt, verbaut dadurch unter Umständen der geistigen Sicht auf universelle Zusammenhänge den Weg. Natürlich hat Schelling auch vieles zu Papier gebracht, was entweder zeitloser Unsinn ist oder erst in einem der nächsten Jahrhunderte verstanden werden kann. Wir wissen es nicht. Denn Eingebungen sind nie objektiv reine Erkenntnis, sie sind immer vermischt mit den Unvollkommenheiten des Menschseins. Wenn solche aus dem Weltganzen empfangenen Einsichten durch die »reine Vernunft« gefiltert werden, dann kommt in der Regel nicht mehr viel an.

Der italienische Philosoph Massimo Scaligero (1906 bis 1980) hält daher das dialektisch-logische Denken für eine Denkkrankheit. »Wer an ihr leidet, wer sich ihr entsprechend ausdrückt, kennt sie nicht: Instinktiv muß er ihre Existenz leugnen.« (S. 61) Was dem Menschen fehlt, meint er, sei der unmittelbare, durch Denksysteme und Methoden unverbaute Zugang zum Wesen der Dinge. »Dem Denken fehlt es an Selbständigkeit, was heißt, daß es vom rational-assoziativen Mechanismus ergriffen wird, der es in seinen eigenen Willen zwingt.« (S. 24) Aber wie kommt man heraus aus den mechanistischen Denkblockaden, die uns die Sicht auf größere Zusammenhänge verbauen?

Der chinesische Philosoph Dschuang Dsi, der ein Anhänger der Lehre vom Tao war, lebte im dritten oder vierten Jahrhundert v. Chr. Immer wieder lehrte er, um eine Einsicht in die Gesamtheit der Welt zu erhalten, müsse man sich von seinem Körper, seinen Wünschen und Gedanken freimachen, man müsse alles Vordergründige vergessen, und erst dann habe man einen (mystischen) Zugang zum Wesen der Dinge, auch dann, wenn man ihn »nur« für ein handwerkliches Produkt nutze. Dazu erzählt er eine Geschichte.

Ein Handwerker sollte einmal einen Glockenständer für den Fürsten schnitzen. Es wurde ein Meisterwerk. Als ihn der Fürst fragte, wie er das zuwege gebracht habe, da sagte der Schnitzer, er habe kein Geheimnis. Aber: Zunächst habe er gefastet, dabei habe er nicht mehr gewagt, an Lob und Tadel zu denken. Nach sieben Tagen habe er seinen Leib und alle Glieder vergessen, schließlich seien alle Betörungen der Außenwelt verschwunden. Danach ging er in den Wald und sah plötzlich den richtigen Baum. Er mußte nur noch Hand anlegen und schon stand der Glockenständer fertig da. Dazu sagte er: »Hätte ich den Baum nicht gefunden, so hätte ich's aufgegeben. Weil ich so meine Natur mit der Natur des Materials zusammenwirken ließ, deshalb halten die Leute es für ein göttliches Werk.« (S. 203)

Die Flucht aus Denkzwängen und Systemen, die die Menschen um uns herum aufgebaut haben und als selbstverständlich hinnehmen, ist die eigentliche Grundlage jeder Kraft, Neues, Großes zu schaffen. Unser derzeitiges Problem ist, daß wir trotz dieser wirklich uralten Weisheiten immer neuere, größere, umfassendere und einengendere Denksysteme aufbauen, mit denen wir auf Abwege kommen müssen, weil jedes Denksy-

stem nur die Informationen zulassen kann, die zu ihm passen und die wir ihm bewußt eingeben. Alles, was uns die Welt in ihrer Gesamtheit sonst noch zu sagen hätte, bleibt unberücksichtigt.
Wenn wir nach System entscheiden, dann bilden wir uns ein, wir kämen zu objektiven und rationalen Ergebnissen. Dies ist der gefährlichste Irrtum, dem wir erliegen können. Selbst wenn wir alle Fakten, die das Ergebnis beeinflussen, kennen und erfassen würden und in die Entscheidung mit einbeziehen, bleibt immer noch das Problem der Bewertung. Wer die Natur im Raster abgreift, erhält ein Raster, aber nicht die Natur. Wir halten dann das Raster für die Natur, weil wir kein anderes Übertragungssystem haben, und bilden uns ein, wir könnten damit Probleme lösen, die über das rein Technische hinausgehen.
Im Bereich des menschlichen Zusammenlebens, der Politik, der Wirtschaft sind die Zusammenhänge so kompliziert, daß nur noch intuitive Entscheidungen erfolgreich sein können, was natürlich niemand davon entbinden kann, sein berufliches Einmaleins zu beherrschen. Wer geistig nur noch auf der Datenautobahn verkehrt, der übersieht die Natur rechts und links von seinen Scheuklappen.
Daß der Mensch ein Naturprodukt ist und (noch) keines der Technik, behaupten zwar alle zu wissen. Aber es käme darauf an, sich dementsprechend zu verhalten. Unser Unbewußtes hat einen, wenn auch höchst unvollkommenen, Zugang zur Gesamtheit aller vergangenen und künftigen Informationen. Solche Verbindungen haben die großen Weisen der Menschheit immer wieder behauptet. Das Rohr, durch das diese Erkenntnisse

fließen könnten, ist durch unseren wachen Verstand blockiert. Manchen gelingt es, ein dünnes Rinnsal für sich zu öffnen. Dann geschieht vielleicht das, was Hans Jonas (Philosophische Untersuchungen, S. 51, 78, 80) so schildert: »Aus dem Fundus des identischen Menschseins kann er [der Mensch] die Erfahrung der Vorzeit, selbst das Ungeheure imaginativ in sich selbst reproduzieren oder die gleichgestimmten Saiten seines Wesens darauf anklingen lassen. Der Grund für die Verstehbarkeit des Geschichtlichen wäre demnach das ein für allemal gegebene Menschenwesen (...) Der ungelesene Descartes bestimmt uns, ob wir wollen oder nicht.« Die ganze Geschichte der Menschheit lebt, so Jonas, als »mythische Erinnerung« in uns fort.

Können wir uns aber auch an die Zukunft erinnern? Wenn man in sich sucht und nicht vom Flugzeug aus nach Landebahnen entfernter »Götter«, übrigens eine durch und durch materialistische Denkkonstruktion des Erich von Däniken, dann kann so etwas möglich sein. Die Schatten der Zukunft zeigen sich in der Gegenwart. Jenseits einer übernatürlichen Erklärung muß man zumindest eines erkennen: Die künftigen Abenteuer der Menschheit beginnen in den Köpfen. Was geschehen wird, muß längst zuvor geträumt werden. Als vage Hoffnung oder Vision. Die Dinge entwickeln sich in einer bestimmten Richtung, die wir nicht kennen und deshalb für zufällig halten.

Nur wer ein System nicht braucht, kann es überwinden.

Auswege aus dem System

Es ist doch eigenartig, daß ausgerechnet Menschen, die sich selbst nicht beherrschen können, am ehesten dazu neigen, andere beherrschen zu wollen. Und wo Macht mit Hilfe technischer Möglichkeiten ausgeübt werden soll, stellt sich schnell heraus, wie schwierig es ist, die Technik zu beherrschen. Immerhin: In technischen Systemen, zu denen im weiteren Sinne auch dem Menschen übergestülpte Regeln, Verhaltensmuster und Sachzwänge gehören, laufen die Kausalitäten schön brav von hinten nach vorne. Wenn es trotzdem anders kommt, dann braucht man nur nach einem Schuldigen zu suchen, und das Weltbild ist wieder in Ordnung.

Zum Glück gab es schon immer wache Geister, die mit diesem Denken nicht einverstanden waren und sind. Hier könnte aus Vergangenheit und Gegenwart eine ganze Liste von Beispielen aufgeführt werden. Sie kommen in den letzten Jahren übrigens zum weit überwiegenden Teil aus dem englisch-amerikanischen Kulturraum. Viele deutsche Akademiker beschränken sich zur Zeit noch darauf, solche Erkenntnisse für unseriös zu halten, oder sie gleich gar nicht wahrzunehmen. In meinem Buch »Der philosophische Garten« halte ich es für denkbar, daß die Hypothesen von Sheldrake (s. u.) einige Dogmen der herkömmlichen materialistischen Biologie, insbesondere den »Neo-Darwinismus« widerlegen könnten. Darauf schrieb mir ein Naturwissenschaftler einen Brief, der in diesem Satz gipfelte: »Es ist müßig, sich darüber Gedanken zu machen, denn wir wissen ja nicht, welche neuen Erkenntnisse man gewinnen wird.« Hier tritt die typische Einstellung überdeutlich zutage. Man kann sie vereinfacht so darstellen: »Erst forschen, dann nachdenken!« Wenn immer alle so gedacht und gehandelt hätten, dann säßen wir heute noch in den Höhlen. Das inspirierte Denken ist der Motor, ohne ihn läuft nichts, wird nichts entdeckt. Die Forschung muß in den Köpfen beginnen, sie braucht Vorausdenker, für die die Machbarkeit und Beweisbarkeit dessen, was ihnen in den Kopf kommt, zunächst nur ein nebensächliches Problem ist. Darum können sich dann kleinere Geister kümmern. Ideen, Träume, Utopien und Visionen sind kein Produkt braver Regeltreue. Aber nur sie schaffen das Neue.

Aus der Vielzahl der Vorausdenker wollen wir uns einige Beispiele für ein nichtkausales Denken ansehen.

Schelling soll hier vorab nochmals zitiert werden: »Auf alle Handlungen der Tiere hat der allgemeine Zustand der Natur, und nicht nur der gegenwärtige, sondern auch der zukünftige den bestimmtesten Einfluß, ja sichtbar offenbart sich in manchen derselben der All-Organismus, von dem alle Tiere selbst nur die einzelnen Organe und Glieder sind, und der über allen schwebt.« (Würzburger Vorlesungen 1804, Bd. 3, S. 477)

Ohne Schelling zu zitieren, hat der britische Biochemiker Rupert Sheldrake (geb. 1942) seit 1981 derartige Gedanken wieder aufgenommen und weiterentwickelt. Das Zusammenwirken in der Natur setzt nach seinen Thesen das Vorhandensein von morphischen, formbildenden Feldern voraus, die durch Resonanz entstehen oder verstärkt werden. Mit der herkömmlichen Biologie allein können daher Gestalt und Verhalten der Lebewesen nicht erklärt werden, sondern man müßte darüber hinaus auch das Vorhandensein von materie-, raum- und zeitlosen »Feldern« vermuten, die im »Gedächtnis der Natur« (so der Titel eines seiner Bücher) gespeichert sind. Gehen wir davon aus, daß auch wir Menschen solchen »Feldern« ausgesetzt sind, dann brauchen wir uns auf unsere Freiheit nicht allzuviel einzubilden. Läßt uns Leibniz gar keine Wahl, so hätten wir, wenn wir den Sheldrakeschen Hypothesen folgen und sie weiterentwickeln, wenigstens die Wahl zwischen den Möglichkeiten, die ins Feld passen. Wenn an einem Wahlsonntag, zehn Minuten nach Schließung der Wahllokale uns die ersten Hochrechnungen aufgetischt werden, müssen wir feststellen, daß zwei Prozent der Wahlberechtigten oder sogar noch weniger schon zu 95 Prozent das Ergebnis bestimmen konnten. So gesehen gibt die Wahl keine freien Entscheidungen der Bürger wieder, sie ist lediglich die Messung eines umfassenden Denkfeldes. Daß die Demoskopie überhaupt einen Sinn hat, ist vermutlich einer Art »All-Organismus« zuzuschreiben, von dem wir natürlich nicht wissen, wie er »funktioniert«. Wir halten uns für frei, wo wir doch nur das tun und denken dürfen, was andere für uns mitdenken. Der Schellingsche »All-Organismus« beherrscht also nicht nur den Ameisenhaufen oder den Bienenstaat, sondern auch die menschliche Gesellschaft. Wenn wir aus ihr ausbrechen, fügt sich ein anderer ein. Der Zwang, sich im Denken anzupassen, hat schon Wilhelm Busch in seinem Gedicht »Der Knoten« zu dem resignierenden Schluß geführt:

Mein Stolz, der wurde kleiner.
Ich merkte mit Verdruß:
Es kann doch unsereiner
Nur denken, wie er muß.

Ein weiteres Beispiel einer nicht kausalen Weltbetrachtung wurde von dem britisch-kanadischen Physiker F. David Peat (geb. 1938) unter dem ursprünglich von C. G. Jung stammenden Schlagwort »Synchronizität« vorgestellt. Unter Synchronizität ist das gemeinsame Auftreten gleicher oder ähnlicher Phänomene zu verstehen. Im Volksmund spricht man gelegentlich auch von der »Duplizität der Fälle«, die meist dem Zufall zugeordnet werden, wo sie nach Peat nicht hingehören. In der Synchronizität sieht Peat eine verborgene Ordnung. Sie ist (nicht zufällig) verwandt mit Sheldrakes Gedächtnis der Natur. Peat rät, danach zu forschen, wie sich gleichartige Strukturen in Raum und Zeit immer wiederholen und einander anpassen. Von der Atombewegung bis zum Spiralnebel ist die Welt aus einem Guß. Zahlreiche nichtkausale Phänomene zeigen immer wieder, wie Körper, Bilder und Geschehnisse die Neigung haben, sich an Weltmuster anzupassen. »Solche Synchronizitäten sind abhängig davon, daß ein tieferer Sinn der Muster und Ereignisketten der Phänomene um uns herum wahrgenommen wird. Vielleicht beziehen sie den Prozeß, über den wir uns mit unserer Umwelt verbinden, in besonderer Weise mit ein, lassen uns Ereignisse vorausahnen oder eine Welt zugrundeliegender Muster erahnen.« (S. 39) In die Welt dieser Synchronizität gehören »Zufälle«, von denen wir sagen: »Das kann doch kein Zufall sein«, aber dennoch keine gemeinsame Ursache kennen.

Diese wenigen Beispiele zeigen, daß für hellsichtig und intuitiv denkende Naturwissenschaftler die Zeit des alleinseligmachenden Materialismus vorüber ist, der für große Physiker wie Max Born, Albert Einstein, Werner Heisenberg, Max Planck, Erwin Schrödinger und viele andere noch nie gegolten hat. Während noch Bertrand Russell, einer der Vorausdenker des modernen Materialismus, gesagt hatte, er habe »eine der großen Quellen metaphysischer Produktion trockengelegt« (Probleme der Philosophie, S. 130) forderte Hans Jonas in seinem Werk »Prinzip Verantwortung« genau das Gegenteil, wenn er anmerkt, man müsse die »Verdorrung des geheimen Zeugungsbodens verhindern« (S. 387); dieser Boden gründet für ihn auf der Metaphysik.
Und was können und sollen wir tun in einer Welt, die sich der Rationalität und der Effizienz verschrieben hat und einem Wirtschaftssystem, von dem wir jetzt schon wissen, daß es früher oder später zusammenbrechen wird? Eine neue ungarische »Weisheit« läßt vielleicht ein leider richtiges Gespür erkennen: »Was ist fortschrittlicher, der Kommunismus oder der Kapitalismus?« Antwort: »Der Kommunismus, der ist als erster zusammengebrochen.« Wir haben es schon erörtert. Ein starres System kann dem Chaos nur entgehen, wenn es rechtzeitig systemfremde Einflüsse hereinläßt. Es muß für die Gegner von innen und außen unberechenbar sein. Das westliche Wirtschaftssystem kann allenfalls dann überleben (und wir in ihm), wenn es seinen immer mehr zunehmenden Dogmatismus aufgibt. Wenn es beispielsweise davon abgeht, etwas als »Weltmarkt« zu bezeichnen und anzubeten, was in manchen Bereichen fünf große private Monopolisten weltweit unter sich alleine

ausmachen. Immer mehr Unternehmen wollen »global Players« werden oder sein, in Wirklichkeit werden es aber überhaupt immer weniger Unternehmen, weil die dezentralen Strukturen verschwinden. Das wußte geradezu prophetisch Joseph A. Schumpeter, der schon 1942 schrieb: »Selbst wenn die Riesenkonzerne alle so wären, daß sogar die Engel im Himmel Beifall spendeten, wären die politischen Folgen der Konzentration doch immer noch die, die sie sind. Die politische Struktur eines Volkes wird durch die Beseitigung einer Menge kleiner und mittelgroßer Firmen zutiefst erschüttert.« (Kapitalismus, Sozialismus und Demokratie, S. 228)
Inzwischen ist eingetreten, was Schumpeter vorausgesehen hat. Aber es liegt an uns, das starre System zu schwächen, ihm die Starrheit zu nehmen. Es braucht nicht militant bekämpft zu werden. Kampf war noch nie ein Mittel, etwas dauerhaft zu ändern, selbst der Klassenkampf aus Opas Denkmuseum hatte weltweit eher das Gegenteil bewirkt. Ein System kann geschwächt werden, durch helle, wagemutige Köpfe, die es nicht brauchen zum Erfolg, die über es hinauswachsen und neue Ideen nicht nur als Denkmodell, sondern als Grundlage einträglicher Arbeit verstehen. Jede Firmengründung, bei der die persönliche Ausstrahlung und das psychische, langjährige Durchhaltevermögen des Gründers mehr bewirken als die eingesetzten Mittel, widerlegt den Monopolanspruch eines erstarrten Wirtschaftssystems. Wird das System eines sogenannten Weltmarkts, der eigentlich keiner ist, sich weiter ausdehnen, wird es die Form einer starren Ordnung annehmen, dann wird es auch dem Kreislauf der Ordnung unterliegen und eines Tages in ein Chaos übergehen. Es kommt

also nicht darauf an, den Kapitalismus zu bekämpfen, sondern sein sicheres Ende auf erträgliche Weise zu überleben. Bei dieser Gelegenheit werden es die am besten haben, die systemunabhängig reagieren können, weil sie das System nicht brauchen. Auch das Wirtschaftssystem, das doch durch menschliches Verhalten geprägt wird, ist letzten Endes ein Teil der großen Natur. Es hat seine Evolution, deren Sinn zwar vorhanden, in der Gegenwart aber kaum erkennbar ist. An der Natur kommen wir nicht vorbei. Wir mögen sie quälen, wie wir wollen, sie wird zurückschlagen. Und je mehr wir sie daran hindern, desto weiter muß sie zu diesem Schlag ausholen.

Unsere rettende Auflehnung muß zunächst geistig sein. Sie muß aus dem Inneren des Menschen kommen, sie muß den uns aufgezwungenen Mechanismen widerstehen, weil auch die Welt kein Mechanismus ist, sondern ein lebendiger Organismus. Die Freiheit, Mensch zu bleiben, haben wir, wenn auch alle Freiheit im letzten Grunde fraglich ist. Karl Jaspers hat sie so geschildert: »Das Wesentliche ist, daß der Mensch als Existenz in seiner Freiheit sich geschenkt erfährt von der Transzendenz. Dann wird die Freiheit des Menschseins der Kern aller seiner Möglichkeiten in der Führung durch die Transzendenz, durch das eine zu seiner eigenen Freiheit. Diese Führung ist radikal anders als jede Führung in der Welt; denn sie wird nicht objektiv eindeutig; sie fällt zusammen mit dem völligen Freiwerden des Menschen. Denn sie geschieht nur in der Freiheit der Selbstvergewisserung. Gottes Stimme liegt in dem, was dem einzelnen, aufgeschlossen für Überlieferung und Umwelt, aufgeht als eigene Überzeugung (...) Wo der Mensch aus der Tiefe entschieden ist, glaubt er Gott zu gehorchen, ohne in objektiver Garantie zu wissen, was Gott will.« (Der philosophische Glaube, S. 57)

Im Vertrauen auf eine Geborgenheit im Weltganzen können wir unseren Weg gehen. Es wird nicht der bequemere Weg sein, aber es ist der bessere.

Wie unser Weg in die Zukunft nicht aussehen sollte, das zeigt die nachfolgende Zeichnung treffend. Sie bringt zugleich das Verhältnis zwischen Freiheit und angepaßtem Denken zum Ausdruck.

»Wenn nicht bald eine Weiche kommt, sind wir verloren.«

Wie eine Konzerntochter von sieben Kleinstunternehmern gerettet wird.

Die Schneewittchen-Strategie

Als in den Jahren 1812 und 1815 die Brüder Grimm ihre »Kinder- und Hausmärchen« herausgaben, da herrschten ganz andere wirtschaftliche Verhältnisse als heute. Das meint man jedenfalls zunächst. Aber gibt es nicht doch irgendwelche menschliche Spannungen, Abläufe und Konflikte, die immer mit gleichem Inhalt, aber in anderer Gestalt, sich wiederholen? Leben nicht alle Mythen von dieser Erfahrung? Nicht nur sie. Wenn man den Ort der Handlung und die Ausstattung der Szene auswechselt, dann paßt so vieles in unsere Gegenwart, was doch gar nicht aus ihr zu stammen scheint. Wenn z. B. Peter Sellers in einer modernen Inszenierung Mozarts Don Giovanni in die New Yorker Unterwelt verlegt, und ein anderer Regisseur Wagners Siegfried mit dem Motorrad über die Bühne brausen läßt, warum sollte man dann ausgerechnet Grimms Märchen in ihrer heilen Märchenwelt belassen? Aus manchem Märchen wird dann ein echter »Grimmi«, wenn auch die Brüder Grimm bei ihren Forschungen auf ein Märchen gestoßen sind, das in ähnlicher Weise schon Charles Perrault 1697 für die französischen Kinder erzählt hat. Schauen wir uns die Geschichte an!

Gehen wir davon aus, die Märchenerzähler hätten einen wirtschaftspolitischen Skandal aufdecken wollen, dessen wahre Personen sie nicht nennen durften, dann kann schon so etwas herauskommen wie das Märchen von »Schneewittchen«. Die Märchenkönige bleiben anonym, ihr Beitrag zum Verständnis der Zusammenhänge wird dadurch nur größer. Ist Schneewittchen nur der verschlüsselte Bericht über die Geschichte eines Unternehmens? Es sieht fast so aus. Zugleich erkennen wir daran, daß alles schon einmal dagewesen ist.

Ein Großkonzern hat die Aktienmehrheit eines jungen, dynamischen und erfolgreichen Unternehmens erworben. Die Konzernmutter erlitt aber einen Schock, als eines schönen Montags ein Nachrichtenmagazin, das damals noch »Spieglein, Spieglein an der Wand« hieß, berichtet hatte, die Tochter verspreche das tausendmal erfolgreichere Unternehmen zu werden, um demnächst der Mutter die Marktführerschaft abzunehmen. »Da erschrak die Königin und ward gelb und grün vor Neid.« Die Mutter mußte sich nun also bemühen, trotz ihrer Kapitalmehrheit an dem Unternehmen, diese Konkurrenz aus der Welt zu schaffen. Wie tut man das? Die eifersüchtige Mutter beschloß, die Tochter umzubringen und sich im wahrsten Sinne des Wortes einzuverleiben. Sie will die tüchtigsten Manager und die Produktion der erfolgreichsten Artikel zu sich herüberziehen, um dadurch die Tochter als eigenständiges Unternehmen zu vernichten. Bei den Grimms lautet dies ein wenig anders. Dort verlangt die Mutter von einem Jäger, daß er Schneewittchen umbringe, damit sie deren Lunge und Leber verspeisen kann. Warum ausgerechnet diese Innereien? Lunge und Leber sind die Symbole für Atem und Blut, und diese wiederum für Schönheit und Kraft. Die Mutter will also die Schönheit und die Vitalität der Stieftochter auf diese kannibalische Weise sich einverleiben.

Aus dem Märchen wissen wir, daß daraus nichts geworden ist. Der bösen Mutter wurde von dem mitleidigen Jäger nur (Wild-)Schweinernes vorgesetzt, so daß das schöne Schneewittchen überleben konnte. Sie flüchtete sich zu sieben Kleinstunternehmern der Bergwerks- und Edelsteinbranche im Siebengebirge. Grimm: »Als es ganz dunkel geworden war, kamen die Herren von dem Häuslein, das waren die sieben Zwerge, die in den Bergen nach Erz hackten und gruben.« Ob es wirklich das Siebengebirge war oder ob die Geschichte im Bergischen Land spielt, ist noch nicht ganz sicher geklärt.

Wie erging es der Konzerntochter, die sich mit den Kleinunternehmern verbündet hatte? Eines Tages berichtete der »Spiegel« wieder, daß es der Konzerntochter gut gehe. Die böse Stiefmutter versuchte es jetzt mit einer anderen Taktik: »Kind«, sprach die Alte, »wie du aussiehst, komm, ich will dich einmal ordentlich schnüren …« Aber die Alte schnürte so fest, daß dem Schneewittchen der Atem ausging und es für tot hinfiel. Dies bedeutet nichts anderes, als daß die Mutter den Geldhahn zugedreht hat. Es wurden alle Kredite gesperrt. Die Kleinstunternehmer konnten aber auch diesmal wieder helfen. Sie brachten die fast erdrosselte Tochter wieder auf die Beine.

Wer das Märchen kennt, weiß, wie es weitergeht. Die Mutter versuchte die List mit dem vergifteten Kamm. Was hat es mit dem Kamm auf sich? Wieder ist die Erklärung einfach. Der Kamm dient der Schönheit, denn Schneewittchens ebenholzfarbene Haare waren schließlich berühmt. Die Mutter versuchte also, das Ansehen und die Marktgeltung des Tochterunternehmens zu vernichten. Die beabsichtigte Ansehensschädigung ist wieder Dank des rettenden Eingreifens der Kleinunternehmer mißlungen. Endlich führte die List mit dem halbseitig vergifteten Apfel zum Scheintod der Tochter. Es wurde also jetzt versucht, das Tochterunternehmen innerlich zu vergiften. Dies ist das härteste und wirksamste Mittel. Es gibt zahlreiche Strategien, wie man das macht. Verunsicherung der Mitarbeiter, irreführende Informationen über die Absichten des Mutterunternehmens, Einstellung unfähiger Manager, Einführung ungeeigneter Produkte, falsche Werbestrategien usw.

Als Schneewittchen endlich tot dalag, konnten die Zwerge zunächst nichts mehr retten. Sie hatten nur noch eine Idee. Jetzt endlich gingen sie an die Öffentlichkeit und stellten die schöne Tote in einem gläsernen Sarg aus, erwirkten dadurch, modern gesprochen, einen Sozialplan mit staatlichen Zuschüssen. Und der Erfolg zeigte sich schon bald. Es kam ein dynamischer junger Unternehmer vom Typ Märchenprinz und übernahm von der Konzernmutter die Kapitalmehrheit, d. h. er brachte das Unternehmen Schneewittchen unter die Haube. Damit endete der Einfluß der bösen Mutter und das junge Unternehmen konnte wachsen, blühen und gedeihen.

Mit der Stiefmutter nahm es ein böses Ende. Sie erschien zu dem feierlichen Empfang anläßlich der Übernahme des Schneewittchen-Unternehmens in die neuen Hände. Dort mußte sie in glühenden Schuhen so lange tanzen, bis sie tot hinfiel. Der Tanz als Ausdruck von Vitalität und Erotik, den Haupteigenschaften der schönen und neidischen Mutter, wurde ihr zum Verhängnis. Sie ging an sich selbst zugrunde, weil sie nicht rechtzeitig eine

Neuausrichtung ihres eigenen Unternehmens angepackt hatte.
Die wirtschaftliche Moral dieser Geschichte ist leicht zu durchschauen. Die Strategie der Übernahme und anschließenden Vernichtung des Konkurrenzunternehmens hat zwar manchmal vorübergehenden Erfolg, führt aber auf lange Sicht zum Tod dessen, der sie durchsetzt. Die Rechnung der Mutter konnte nicht aufgehen, weil sie ihren Blick einseitig auf die Konkurrenz gerichtet hatte, anstatt zunächst einmal im eigenen Hause aufzuräumen. Dabei hatte sie das wirtschaftliche Umfeld nicht genügend beachtet. Sie hat vor allem den rettenden Einfluß der traditionsreichen Kleinunternehmen (sieben Zwerge) nicht ernst genommen. Und hier liegt der Kern der wirtschaftlichen Moral dieses Märchens. Die kleinen Unternehmen sind krisensicher und trotz der Übermacht der anderen überlebensfähig geblieben, weil sie sich dem allgemeinen Zwang zum Wachstum bewußt entzogen hatten. Sie blieben klein, wurden alt, sie lebten bescheiden, fleißig und zurückgezogen hinter ihren sieben Bergen. Sie waren widerstandsfähig, weil sie sich der übermächtigen Wachstumsideologie nicht gefügt hatten. Ihr Widerstand, ihre Rebellion, das war ihre Unangepaßtheit. Selbst als Schneewittchen gerettet war, blieben sie was und wie sie waren. Es ist im Märchen nicht die Rede davon, daß sie sich belohnen ließen.
Und unsere Wachstumsideologie? Noch ist sie nicht zu Ende. Obwohl jeder genau weiß, daß wir nach wirtschaftlichen Alternativen zu ihr suchen müssen, bevor sie zusammenbricht, vernimmt man keine wirtschaftspolitischen Äußerungen, die die ernsthafte Suche nach

einem Ausweg erkennen lassen. Unsere Wirtschaft tanzt mit glühenden Schuhen. Der Boden, auf dem unser Wohlstand im wahrsten Sinne des Wortes ruht, ist vulkanisch. Hoffnung kann von denen kommen, die sich dem Wachstum verweigern und auf ihre Weise doch Erfolg haben. Mit ihnen könnten Krisen zu überstehen sein. Aber wo sind sie, die sich zu einem neuen Geist in der Wirtschaft bekennen? Der Geist der effizienten Systeme duldet noch keine Konkurrenz wie die böse Mutter, die mit ihm den Apfel vergiftet hatte. Aber nicht sie, sondern Schneewittchen hat überlebt.

Die Zwerge gaben dem Königssohn den Sarg mit Schneewittchen. Der ließ ihn forttragen von seinen Dienern. »Da geschah es, daß sie über einen Strauch stolperten, und von dem Schüttern fuhr der giftige Apfelgrütz, den Schneewittchen abgebissen hatte, aus dem Hals. Und nicht lange, so öffnete es die Augen…« – Müssen auch wir auf das »Schüttern« warten, bis uns der giftige »Apfel« aus dem Halse springt und uns die Augen aufgehen? Könnte nicht von diesem Märchen ein ganz neuer Blick auf das wirtschaftliche Geschehen ausgehen?

Wie man gelernte Regeln in das Ungeahnte einordnet.

Sokrates und Technikos

TECHNIKOS: Seit einer halben Stunde beobachte ich dich, Sokrates. Du stehst mitten auf der Straße und starrst unverwandt zur Akropolis hinauf. Ich habe den Eindruck, dir gefällt der neue Tempel unserer Göttin Athene nicht.

SOKRATES: Was soll mir nicht gefallen?

TECHNIKOS: Der Parthenon.

SOKRATES: Wie kommst du denn darauf? Warum sollte ich nicht auch von diesem herrlichen Bauwerk begeistert sein? Ich kenne keinen größeren und schöneren Tempel.

TECHNIKOS: Ich dachte das nur, weil du so kritisch nach oben geblickt hast.

SOKRATES: Doch, natürlich gefällt er mir. Mit meinen Gedanken war ich nicht auf der Akropolis da oben, sondern bei meinen Schülern.

TECHNIKOS: Ach so! Das ist allerdings etwas ganz anderes, ein gewaltiger Unterschied.

SOKRATES: So, meinst du? Vielleicht ist es doch kein Unterschied.

TECHNIKOS: Wie soll ich das verstehen, Sokrates? Manchmal wird man aus dir einfach nicht so recht schlau. Unsereiner ist froh, wenn er mit dem Denken an einem bestimmten Ziel angelangt ist, aber dann bist du schon wieder ganz wo anders. Bei andern weiß man immer schon im voraus, wo sie hindenken wollen, aber du steckst immer voller Überraschungen. Also was haben deine Schüler mit dem Parthenon zu tun?

SOKRATES: Als ich gestern über die gewaltigen Leistungen unserer Philosophen und Dichter sprach, da sagte einer der Burschen zu mir: Warum rühmst du solche Gedanken, Sokrates, man sieht sie nicht, und zu unserem Wohlstand tragen sie auch nicht bei. Sollten wir nicht lieber Männer wie Iktinos und Kallikrates bewundern, die diesen neuen Tempel geplant und gebaut haben? Die Früchte ihres Verstands sind erkennbar und nachvollziehbar, man hat etwas von ihnen. So sprach mein Schüler.

TECHNIKOS: Ich verstehe diesen jungen Menschen, Sokrates. Er denkt wie ich.

SOKRATES: Aha, da haben wir's. Jetzt weißt du, warum ich sagte, es sei kein großer Unterschied, ob ich zum Tempel hinaufschaue oder an meinen Schüler denke. Er und du, ihr bewundert beide nur das, was klar vor Augen steht.

TECHNIKOS: Ganz recht, genauso ist es. Ich gebe das gerne zu. Wir leben von dem, was wir anfassen können. Ich halte mich an die Materie, das Wort kommt von Mutter.

SOKRATES: Und darüber sollte in Schulen vor allem gesprochen werden?

TECHNIKOS: Natürlich. Man muß die Jugend in dem unterrichten, was sie befähigt, nützliche Werke zu vollbringen.

SOKRATES: Und wie soll diese Lehre sein?

TECHNIKOS: Die Jugend unserer Tage möchte nicht mehr auf so verschlungenen Pfaden denken wie du und deinesgleichen. Sie wollen den direkten und eindeutigen

Weg zum Ziel, und nur diesen Weg müssen wir ihnen zeigen.
SOKRATES: Und bist du froh, daß sie nur diesen Weg kennenlernen wollen?
TECHNIKOS: Klar, Sokrates. Wir werden mit Menschen, die auf jede Frage eine Antwort gelernt haben, mehr erreichen als mit denen, die immer meinen, man müsse zuerst die Götter fragen. Von dort kommt doch nie etwas Eindeutiges. Du wirst bemerkt haben, daß junge Menschen nur noch auf diese neue nützliche und direkte Weise lernen wollen.
SOKRATES: Und ob ich das bemerkt habe, Technikos.
TECHNIKOS: Siehst du, diesen Menschen können wir ruhigen Gewissens unsere Zukunft anvertrauen, sie werden weniger Fehler machen als wir und unsere Väter.
SOKRATES: Ich fürchte mich vor einer solchen Jugend.
TECHNIKOS: Jetzt läufst du mir schon wieder davon mit deinem Kopf, Sokrates. Ich verstehe dich nicht, konnte ich dich denn nicht überzeugen?
SOKRATES: Schau doch hinauf zum Parthenon.
TECHNIKOS: Na und? Natürlich sehe ich den Bau.
SOKRATES: Und wer hat Iktinos und Kallikrates gesagt, wie sie zu Werk gehen sollten, als sie geplant und gebaut haben?
TECHNIKOS: Sie kannten ihre Regeln und ihr Handwerk.
SOKRATES: Dann müssen sie also bei einem Baumeister gelernt haben, der einen ebenso schönen und großen Tempel gebaut hat. Kannst du mir sagen, wo der steht, Technikos?

TECHNIKOS: Nein, natürlich nicht. Der Parthenon ist in seiner Größe und Kühnheit der Konstruktion wohl einmalig auf der Welt.
SOKRATES: Und dann hoffst du trotzdem auf eine Jugend, die nur gelernt hat, auf Fragen zu antworten, die ihre Väter schon kannten?
TECHNIKOS: Wäre das denn so schlimm?
SOKRATES: Überleg es dir doch, Technikos. Wenn wir nicht lernen, selbst andere und eigene Antworten zu finden, dann werden wir stumm bleiben, wenn die Götter neue Fragen stellen. Dann wird es nie mehr neuartige Tempel geben, dann werden wir uns nur immer wiederholen können und im Kreise drehen, und sei es für Jahrhunderte. Man wird uns nachahmen und die Nachahmer werden uns dabei übertreffen.
TECHNIKOS: Das ist leicht gesagt, Sokrates. Wo soll man denn das Neue suchen? Es läuft einem doch nicht so einfach über den Weg?
SOKRATES: Das stimmt. Über den gewohnten Weg läuft es einem nicht, aber es begegnet uns vielleicht, wenn wir Wege ins Ungewisse wagen.
TECHNIKOS: Aber ich wüßte nicht, wie man das Suchen im Ungewissen so lehren kann, daß die jungen Leute wissen, wie man damit umgeht.
SOKRATES: Schon wieder redest du von wissen. Haben uns die Philosophen und Dichter nicht immer wieder gezeigt, wie man neue Fragen erkennt?
TECHNIKOS: Vielleicht schon, irgendwie sind sie ja immer auf Abwegen.
SOKRATES: Haben sie auch eindeutige und endgültige Antworten gefunden?
TECHNIKOS: Beim Zeus, nein. Nie! Das ist es ja gerade,

was wir ihnen vorwerfen. Meistens haben sie nur über solche Fragen hin und her geredet.

SOKRATES: Ja, so ist es. Weißt du auch, warum sie sich nicht an endgültige Antworten gewagt haben?

TECHNIKOS: Woher soll ich das wissen? Das möchte ich wirklich gerne von dir erfahren, du bist ja selbst auch so einer, Sokrates. Warum versucht keiner der Denker, endgültige Antworten zu geben?

SOKRATES: Weil sie sich vor dem Tod fürchten.

TECHNIKOS: Vor dem Tod? Das verstehe ich nicht. Was hat der Tod mit einer endgültigen Antwort zu tun?

SOKRATES: Alles.

TECHNIKOS: Du meinst also, eine endgültige Antwort sei der Tod?

SOKRATES: Ja. Und der Tod ist die endgültige Antwort. Wer keine neuen Fragen mehr sucht und erkennen will, wer sich an eine gelernte Lehre klammert, ist innerlich schon gestorben. Wer nicht das Wagnis auf sich nimmt, auch auf verschlungenen Umwegen zu denken, auf abenteuerlichen Reisen im Geiste zu wandern wie einst Odysseus, wer nicht mehr den Mut und die Zeit findet, mit undeutlichen aber lockeren Gedanken dahin zu schweifen, wo die Gottheit wohnen soll, der wird keine neuen Tempel bauen können. Er wird auch in Feldzügen keinen Erfolg mehr haben, denn auch seine Gegner werden die Regeln kennen, die er lernen mußte, und ihn gerade deshalb schlagen können, weil er ein guter Schüler war.

TECHNIKOS: Was sollen die Schüler dann überhaupt noch lernen?

SOKRATES: Den Durchschnittlichen und den Dummen laß ihre Eindeutigkeiten. Die Klugen aber sollen erfahren, wie man die Regeln, in denen zunächst auch sie unterrichtet wurden, in das davonziehende Leben, in das Ungeahnte einordnet.

TECHNIKOS: Aber dann müßte man ja zunächst lernen, das Ungeahnte zu ahnen. Wie macht man das, gibt es dafür eine Regel?

SOKRATES: Man muß suchen?

TECHNIKOS: Wo denn, Sokrates?

SOKRATES: In sich selbst.

TECHNIKOS: Und deshalb bleibst du einfach auf der Straße stehen?

SOKRATES: Ja.

Wo liegen die Unterschiede zwischen unserer Innenwelt und dem, was außen geschieht?

Dem Geist auf der Spur

Vor langer Zeit hatten wir einmal ein Buch mit schönen fotografierten Stadtansichten. Es waren immer zwei gleiche Bilder nebeneinander. Wenn ich als kleiner Bub diese Bilderpaare betrachtete, und dazu nahm ich mir immer sehr viel Zeit, fiel mir kein Unterschied auf. Wenn man aber die Bilder durch ein optisches Gestell anschaute, das zu dem Buch gehörte, dann waren sie plastisch, dreidimensional. Aus zwei Bildern wurde eines, das etwas enthielt, was aus keinem der einzelnen, getrennt betrachteten Fotos heraus »gelesen« werden konnte. Das faszinierte mich ungeheuer.

Die Erinnerung an diesen Bildband tauchte in mir wieder auf, als ich diesen Gedanken in dem Werk »Geist und Natur« von Gregory Bateson fand. Aus der Fähigkeit zum »binokularen Sehen« leitet er eine wichtige Einsicht ab. »Die Wechselwirkung zwischen Teilen des Geistes wird durch Unterschiede ausgelöst, und ein Unterschied ist ein nichtsubstantielles Phänomen, das nicht in Raum oder Zeit lokalisiert ist.« (S. 113) Beim Betrachten von Stereofotos ist dies ganz einfach zu beschreiben: Eine höhere Dimension ergibt sich durch eine andere Sicht auf Unterschiede. Die Information folgt also aus der (abstrakten) Erkenntnis dieser Unterschiede und nicht aus den einzelnen Objekten selbst. Aber worin besteht sie wirklich? Wenn wir die beiden Bilder ohne Spezialbrille, jedes für sich betrachten und nichts über ihre Funktion wissen, dann können wir ihre gemeinsame, zusammenfassende Information nicht einmal erahnen. Ein ähnliches Beispiel habe ich oben schon geschildert: Das Haus hinter der Hecke zeigte sich erst, als man im flüchtigen Schritt alle kleinen Durchblicke zu einem Bild vereinigte. Das Bild, das so entsteht, läßt sich aber nicht einfangen, es durchstreift unser Inneres nur für einen vorüberziehenden Augenblick, es ist nie »da«. Solche Phänomene können zwar niemals erklären, auf welche Weise geistige Prozesse von Menschen erlebt werden, sie weisen aber den Beginn eines Weges, an dessen unendlich fernem Ende das Geistige im umfassenden Sinne geahnt werden kann. Die Zusammenschau aller Unterschiede und ihre Einordnung in einen großen Sinn, das ist ein Ziel, das große Denker immer wieder gesucht und Mystiker für Momente gefunden haben. Daß alles, was sie zu Papier bringen konnten, voneinander abweicht, ja teilweise sogar sich gegenseitig auszuschließen scheint, darf uns nicht verwundern, denn das Vollkommene läßt sich nur unvollkommen erkennen.

Normalerweise suchen wir den Fortschritt auf dem Weg nach vorne. Aber das, was uns den besseren Weg weist, liegt nicht vor unserer Nase. Das eigentlich Wichtige kommt von überall gleichzeitig, aus dem Dunkeln, aus dem, was wir für unerforschbar halten. Es kommt aus der Weltgesamtheit, aus dem »All-Organismus«. Natürlich können wir diesen nie erfassen. Nicht darauf kommt es an, sondern auf einen in alle Richtungen offenen Blick. Es müssen Räume und Dimensionen überschritten werden. Nur so können wir erkennen, was sich bewegt. Denn die Bewegung ist vieldimensional, sie hängt nicht an linearen Verbindungen. Alles ist mit allem verbunden. Diese Erkenntnis ist so alt wie die Menschheit, und es gibt keinen Grund, sie heute für überholt zu halten, nur weil die Verbindungen uns nicht den Gefallen tun, entlang der Linien unserer Systeme und Datennetze zu verlaufen.

An dieser Stelle taucht das noch immer ungelöste Problem auf, wie denn der Geist etwas in der Materie bewirken kann. Dies ist die Gretchenfrage der Naturwissenschaft. Nach der reinen Lehre des Materialismus ist alles, was geschieht, ein aus der Materie heraus erklärbarer Vorgang. Unser Denken ist, so gesehen, nichts als eine Folge von elektrischen und/oder biochemischen Prozessen. Und der Geist, von dem hier in den verschiedensten Zusammenhängen immer wieder die Rede ist? Nach materialistischer Auffassung ist er entweder ein Sammelsurium von direkt oder indirekt nachvollziehbaren Informationen oder er ist nichts, worüber sich sinnvoll reden ließe.

Um dieses Problem, wenn schon nicht zu lösen, so doch zu umschreiben, flüchtete man sich in einen Dualismus: Hier Geist – dort Materie. Damit blieben Materie und Geist jeweils eine Sache für sich. Wie dann der »hand- und fußlose« Geist sein Werk vollbrachte, darüber konnte man nur spekulieren. In den letzten Jahren gab es Naturwissenschaftler, die diese Zusammenhänge näher untersuchten. Der australische Gehirnforscher Sir John Eccles, der 1963 den Nobelpreis für seine neurophysiologischen Entdeckungen erhalten hat, und 1977 zusammen mit Karl Popper das Buch »The Self and Its Brain« (Das Ich und sein Gehirn) veröffentlichte, bleibt dem klassischen Dualismus (mit Einschränkungen) treu. Für ihn ist der Geist eine selbständige Einheit, die sich des Gehirns als eines Instruments bedient. Nach der »Nahtstelle«, also gewissermaßen der Antenne, durch die der Geist »einfließt« hat er zwar immer gesucht. Er gibt aber selbst ausdrücklich zu, daß auch er auf Spekulationen angewiesen ist. In seinem zusammen mit dem Psychologen Daniel N. Robinson verfaßten Buch »Das Wunder des Menschseins – Gehirn und Geist« schreibt er: »Die Grenze zwischen mentalen und neuronalen Vorgängen muß in beiden Richtungen überwindbar sein.« (S. 211) Der Geist muß also das Gehirn als Schaltzentrale beeinflussen und umgekehrt, das Gehirn muß auf den Geist wirken können. »Trotz der sogenannten unüberwindlichen Schwierigkeit, daß ein immaterieller Geist auf ein materielles Gehirn einwirkt, wurde bewiesen, daß das durch eine geistige Intention in genau der Art und Weise geschieht, wie es durch den dualistischen Interaktionismus vorausgesagt wurde – zweifellos zum großen Mißfallen der Materialisten und Physikalisten.« (S. 212) Es geht aber nicht nur darum, ob und wie Geist auf ein menschliches Gehirn einwirken kann; die Frage führt in noch weitergehende Bereiche: Können außermaterielle Einflüsse, Strukturen und Veränderungen die direkte oder indirekte Ursache von materiellen Vorgängen sein? Oder kürzer gefragt, kann Geist die Materie formen? An dieser Frage haben sich seit Menschengedenken die Gemüter erhitzt. Denn es muß ganz deutlich gesagt werden: Bis jetzt hat noch keine Forschung darlegen können, wie dieser Einfluß funktionieren sollte. Ob es je gelingen kann, der »Technik« des geistigen Wirkens auf den Grund zu kommen, mag dahingestellt bleiben. Vielleicht ist es das Schicksal menschlichen Denkens, einige solcher Grundfragen nie lösen zu können. Und doch darf uns dies nicht davon abhalten, erkennbare Fakten zu deuten und nach ihren Ursachen im Gesamtzusammenhang aller Dinge zu suchen.

Einer, der keine Denkverbote gescheut und dafür sogar sein Leben geopfert hat, war der abtrünnige Dominikanermönch Giordano Bruno. Wegen seiner Lehren wurde er am 17. Februar 1600 in Rom auf dem Campo dei Fiori im Auftrag der päpstlichen Inquisition verbrannt. (Zur Ehrenrettung der Römer steht an der Stelle des Scheiterhaufens jetzt sein Denkmal.) Bruno schrieb in seinem berühmten Werk »Von der Ursache, dem Prinzip und dem Einen« diese Sätze: »Geist findet sich in allen Dingen, und es ist auch nicht das kleinste Körperchen, welches nicht einen ausreichenden Anteil davon in sich faßte, um sich beleben zu können (...) Wenn also Geist, Seele, Leben sich in allen Dingen vorfindet und in gewissen Abstufungen die ganze Materie erfüllt, so ist der Geist offenbar die wahre Wirklichkeit und die wahre Form aller Dinge. Die Weltseele ist also das konstituierende Formalprinzip des Universums und dessen, was es enthält.« (S. 37, 39) Solche Gedanken sind auch nach vierhundert Jahren noch eine Herausforderung, und wir tun gut daran, sie in unser aktuelles Denken mit einzubeziehen.

Die heutige Forschung, die die »Tabu-Grenze« zwischen Geist und Materie zu überwinden sucht, steckt noch in den Anfängen. Noch immer (wie auch schon im 16. Jahrhundert) stößt sie auf die Vorurteile vieler, heute vor allem der Naturwissenschaftler, denen während ihres Studiums diese Trennlinie als Dogma verkündet wurde. Zugegeben, die Argumente werden heute etwas anders formuliert als um 1600, aber die Intoleranz gegenüber neuen und deshalb oft unvollkommenen Einsichten und Lehren ist keine Spezialität des Heiligen Stuhls.

Immerhin gibt es bedeutende Persönlichkeiten auf dem Gebiet der Naturwissenschaft, die vor den Schlagbäumen der akademisch abgesicherten und eingegrenzten Lehre nicht haltmachen. Über einen von ihnen, Rupert Sheldrake, schrieb das englische Wissenschaftsmagazin »nature« (natürlich ironisch), sein Buch »Das schöpferische Universum« sei ein »Top-Kandidat« für Bücherverbrennung. Zum Glück haben es die Sachwalter der etablierten Wissenschaft heute nicht mehr nötig, Menschen und ihre Bücher zu verbrennen. Die Bemerkung, eine Lehre sei »unseriös«, genügt und gilt für viele als ausreichendes Argument, sie gleich gar nicht zur Kenntnis zu nehmen.

Dieser Exkurs in ein schwieriges, aber besonders wichtiges Gebiet soll darlegen, daß die Rede vom Geist keineswegs ein Reservat idealistischer Denker ist. Ohne den Geist ist weder die Entstehung der Welt, die Evolution, noch alles, was geschieht, je zu erklären. Es gibt auch in unserer Zeit keinen Anlaß, an dieser alten menschlichen Urerfahrung zu zweifeln. Der Evangelist Johannes mit seinem Satz »im Anfang war das Wort« (= griech. logos) verkündete eine alte Denktradition. Seine damals neue Botschaft war, daß dieser göttliche Logos durch einen bestimmten Menschen (Jesus) verkörpert wurde. Es geht also darum, geistige Erkenntnisse nicht aus eindeutigen und aus der Gesamtheit heraustrennbaren Informationen herzuleiten, sondern aus der Welt, die als großes Bild erscheint. Der Geist wird

auch nie Privateigentum, Menschen sind trotz aller Unterschiede nur Teilhaber an ihm.
Überall dort, wo wir aus der Gesamtheit informiert sind, gedeiht das, was seit Jahren als »Kreativität« zusammen- und herbeigeredet wird. Das Wort mag ja brauchbar sein, leider wird es auch viel mißbraucht. Der eigentlich schöpferische Impuls ist viel mehr als das »Stylen« eines neuen Heckspoilers für das nächste Automodell oder ein flotter Werbetext. Es ist ein »Einfall«, etwas, wie das Wort treffend sagt, was von außen auf den Menschen einfällt. Woher fällt es ein? Es fällt aus den Bereichen, die über den bewußten und erforschbaren Horizont des einzelnen hinausragen und die doch zugleich im Menschen enthalten sind. Die landläufige Unterscheidung beim Menschen zwischen Innen und Außen müßte eigentlich schon längst überholt sein. Wir sind ein Teil der Menschheit und diese ein Teil von uns. Die anderen ahnen unser Denken mit und wir ihres. Unsere Individualität in Ehren, aber vielleicht ist sie nicht viel mehr als eine romantische Vorstellung. Zumindest ist sie viel kleiner als wir uns einbilden. Auch wenn wir keine Termiten sind, gibt es Gemeinsames um uns, das nicht dem individuellen Willen gehorcht. Wir sind ein Teil der anderen.
Was wir erleben können, muß überhaupt erlebbar sein. Was wir denken können, müssen andere vor und neben uns denkbar gemacht haben. Die wohl noch immer interessanteste Theorie über das Erkunden von Wissensräumen, die zugleich in uns und nicht in uns sind, stammt von Platon in seinem Dialog »Menon«. Sie gipfelt in dieser scheinbar absurden und doch in ihrer Einfachheit genialen Aussage: »In dem Nichtwissenden sind

von dem, was er nicht weiß, dennoch richtige Vorstellungen.« Dieser Satz, den Platon dem Sokrates in den Mund legt, ist der Schlüssel zu einer Weltsicht, die weit über alles hinausreicht, was wir mit unserem Bewußtsein einfangen können. Die Erklärung für diese Erkenntnis liefert uns Platon: »Weil nun die Seele unsterblich ist und oftmals geboren und alle Dinge, die hier und in der Unterwelt sind, geschaut hat, so gibt es nichts, was sie nicht in Erfahrung gebracht hätte.« Daraus folgt: »Das Suchen und das Lernen ist demnach ganz und gar Erinnerung.« Noch allgemeiner wird es so gesagt: »Das Sein und das Nichtsein des Menschen zusammen umfassen die ganze Zeit.« Statt die »ganze Zeit« könnte man auch sagen »die Gesamtheit aller Zeiten«.

Spätere Ausprägungen, Veränderungen und Fortschreibungen dieses Grundgedankens hat es immer wieder gegeben. Hegel spricht z. B. vom »Weltgeist«, Schelling vom »All-Organismus«. Beide benutzen dann für solche Gedanken immer wieder das Wort »Gott«. Es ist schließlich ein Unterschied, ob man das Weltganze als abstrakten, philosophischen Begriff sieht oder ob es einem gelingt, es so zu personifizieren, daß eine Du-Beziehung zu ihm entsteht, im Bewußtsein, daß es in seelischer Hinsicht keinen Unterschied zwischen innen und außen gibt. So gesehen, kann das »Gespräch« mit Gott nicht nur Innen-, sondern auch Außenwirkungen haben. Der so erlebte Gott ist nicht im All, sondern im Über-All (oder Überall). Wenn auf dieses »Gespräch« immer mehr verzichtet wird, dann liegt hier vielleicht ein gemeinsamer Nenner dafür, daß der Zugang zum »Geist« über uns, unabhängig davon, was wir von ihm erwarten, immer schwerer fällt. Es fehlt zunehmend das Vertrauen,

Wege zu finden, die auf unseren detailgenauen Land- und Denkkarten nicht eingezeichnet sind. Was wir erleben und erdenken können, müssen andere vor und neben uns erlebbar und erdenkbar gemacht haben. Wenn ihnen nichts einfällt, tun wir uns auch schwer. Ohne das Vorausdenken großer Wissenschaftler, Künstler und Philosophen wären wir in ewigen Kreisläufen gefangen. Es sind immer nur ganz wenige gewesen, die neue Wege begehbar gemacht haben. Zwar entstehen solche Wege unabhängig davon, ob wir diese Persönlichkeiten kennen und anerkennen. Wenn wir sie aber aus Trägheit mißachten, werden andere uns überholen.

Kommen wir zurück auf die kritische Bestandsaufnahme zu Beginn dieses Buchs. Wir Deutschen sind oder waren nicht nur für unsere Gedankentiefe, sondern auch für unseren Perfektionismus im positiven wie im negativen Sinne bekannt. Solange sich dieser nicht nur in großen, sondern auch in kleinen, aber wachsenden Einheiten »austoben« konnte, hat er auch viel Nützliches zuwege gebracht. Wo aber in weiter wachsenden Großorganisationen ein Geist (oder Ungeist) den anderen vorschreibt, wie sie zu denken haben, verkümmert die unmittelbare Aufnahmebereitschaft für neue Wegabzweigungen. Dies ist nicht nur ein Phänomen unserer tragischen Geschichte, wir sollten auch in der Gegenwart nach solchen denkunterdrückenden Strukturen suchen. Wo die Horizonte beschnitten werden, verkennen wir die Welt hinter ihnen. Es käme also nicht nur darauf an, das zu suchen, was man finden will, weil es uns nützen kann, sondern das, was sich überhaupt finden läßt. Wo die Zufälle verbannt werden, breitet sich Verödung aus. Ist es nicht eine Anmaßung, in einer Zeit, in der zumindest in westlichen Ländern eine bisher unbekannte Liberalität des Denkens herrscht, von Denkzwängen zu reden? Es wäre ein gefährlicher Irrtum, Denkzwänge nur in äußerlich vollstreckbaren Einschränkungen zu suchen. Die Gitterstäbe um unser Hirn sind ganz anderer Natur, sie sind in uns. Vielleicht ist es schwerer, sie zu durchbrechen als die aus Eisen oder staatlicher Gewalt.

Es ist auch ein Irrtum anzunehmen, der materielle Erfolg käme aus der Materie. Jeder Erfolg muß sich zunächst geistig in den Köpfen anbahnen. Wo aber die Köpfe leer sind, werden es nach einiger Zeit auch die Beutel. Ein neuer Aufbruch, ein neues Gefühl der Zuversicht und Hoffnung kann uns nur gelingen, wenn wir einsehen, daß das, was die Welt uns erzählen will, sich nicht in ein unseren Maschinen angepaßtes Systemdenken, nicht in ein noch so perfekt erscheinendes Datennetz zwängen läßt. Wenn wir diese Einsicht befolgen und mehr denn je die unterschiedlichsten Denkbereiche miteinander kommunizieren lassen, können Bilder von der Gesamtheit der Dinge entstehen, aus denen neue Ideen auf uns zukommen. Diese umfassenden Verbindungslinien müßten in Familie, Schule, in der Berufsausbildung, auf Universitäten und in Unternehmen wieder mehr und bewußter als derzeit hergestellt werden. Eindrucksvoll hat Bateson diesen Gedanken formuliert: »Ich bekenne mich zu dem Glauben, daß mein Wissen ein kleiner Teil eines umfassenden integrierten Wissens ist, das die gesamte Biosphäre oder Schöpfung verbindet.« (Geist und Natur, S. 112)

Große Genies haben uns diese Einstellung vorgelebt. Pascal war Mathematiker und Mystiker zugleich. Von

Leibniz sagte man, er habe das Gesamtwissen seiner Zeit beherrscht. Für Goethe gab es kaum eine Wissenschaft, für die er sich nicht interessierte oder für die er nicht ansprechbar war. Große Naturwissenschaftler unserer Zeit befaßten sich nebenher mit Musik, Literatur und Philosophie. Aus dieser Gesamtschau schöpften sie Erkenntnisse. Und was geschieht in unserer Gegenwart? Wir neigen dazu, so einseitig, systemorientiert und geistig eng zu werden wie unsere Fachzeitschriften und die Ausbildung auf allen Ebenen. Wir mästen uns und unsere Kinder mit belanglosen Informationen, verbringen fast unsere gesamte sogenannte »Frei«-Zeit hinter dem Fernseher, vertrauen immer mehr dem Computer an und meinen, dadurch gescheit zu werden. Vielleicht lernen wir dabei das nachvollziehbare, vordergründig logische Denken. Wer aber nur das weiß, was auf dem Markt herumgeschrien wird, wer sich Geheimnissen gegenüber verschließt, bleibt als geistiger Verkümmerer trotz vielen Wissens zur Unzeit auf der Strecke.
Daß die Spezialisierung in den Schulen bildungsfeindlich ist, wird nur selten zugegeben. Daß die Vernachlässigung musischer Fächer auch menschliche Werte und Einsichten verkümmern läßt, wer zieht daraus die Konsequenzen? Natürlich weiß man dies längst alles, aber warum setzen wir den antigeistigen und antikulturellen Trend trotzdem fort? Sind wir denn wirklich macht- und wehrlos gegenüber solchen geist- und menschenfeindlichen Entwicklungen? Es müßte endlich einmal eingesehen werden, daß es auch auf andere Bereiche ankommt. Denn wer sich von seinen geistigen Wurzeln entfernt, dem geht zunächst der Geist aus und schließlich das Geld.

Um diese Gedanken zu ergänzen, lassen wir einfach einmal die Zeit ein bißchen rückwärts laufen. Stellen wir uns einen Film vor, der uns eine Pusteblume zeigt, deren Samen nach und nach in alle Himmelsrichtungen fruchtbar davonwehen. Drehen wir die Zeit herum, dann fliegen von überall die Samen herbei und vereinigen sich auf der Pflanze. Wenn unsere Seele etwas Zeitloses ist, dann spielt die Richtung, in der alles abläuft, keine Rolle. Wir empfangen und senden unsere Gedanken von überall und nach überall. Nur dort, wo wir diese Einsicht nicht verdrängen, kommen die richtigen »Einfälle« auf uns zu. Vielleicht kommen so auch neue rettende Informationen zu allem, was wir brauchen, um für uns und andere weiterzuleben. Wenn die Ideen genügend Kraft haben, werden sie Wege in die Köpfe und von dort in die Hände finden.
Und wo bleiben die Visionen? Haben Sie es bemerkt, liebe Leserin, lieber Leser? Ich bin mit diesem in unserer »visionslosen Zeit« so häufig verwendeten Wort sehr sparsam umgegangen. Ich werde immer mißtrauisch, wenn von Visionen gesprochen wird. Menschen, die vom Geist erfüllt waren, haben ihn mit ihrem Handeln verwirklicht, normalerweise ohne groß zu verkünden, wo sie hinstrebten; vielleicht wußten sie es gar nicht. Der Ansporn kam aus ihrem Inneren. Was sie auszeichnete, war nicht eine beschreibbare Vision, sondern ihre Liebe zur Welt als einer wohlgefügten Gesamtheit.

Anhang

Literatur

Aristoteles: Hauptwerke, ausgew., übersetzt und eingeleitet von Wilhelm Nestle, Stuttgart 1977

–: Die Nikomachische Ethik, übersetzt und herausgegeben von Olof Gigon, Zürich und München 1967

Bateson, Gregory: Ökologie des Geistes, Frankfurt am Main 1981

–: Geist und Natur, Frankfurt am Main 1982

Bohm, David u. a.: Das holographische Weltbild, herausgegeben von Ken Wilber, Bern/München/Wien 1986

Bohm, David und F. David Peat: Das neue Weltbild, München 1990

Bruno, Giordano: Von der Ursache, dem Prinzip und dem Einen, (1584), übers. von Adolf Lasson, 6. Aufl., Hamburg 1983

Camus, Albert: Der Mythos von Sisyphos, deutsch von H. G. Brenner und W. Rasch, Düsseldorf 1956

Chargaff, Erwin: Unbegreifliches Geheimnis, Wissenschaft als Kampf für und gegen die Natur, Stuttgart 1980

–: Bemerkungen, Stuttgart 1981

Dschuang Dsi: Das wahre Buch vom südlichen Blütenland, aus dem Chinesischen von Richard Wilhelm, Düsseldorf/Köln 1969

Dürr, Hans-Peter (Hrsg.): Physik und Transzendenz, Bern/München/Wien 1986

Dürrenmatt, Friedrich: Stoffe I–III, Zürich 1981

Eccles, John C. und Daniel N. Robinson: Das Wunder des Menschseins – Gehirn und Geist (The Wonder of Beeing Human), München 1985

Einstein, Albert und Max Born: Briefwechsel 1916–1955, München 1969

Ford, Henry: Mein Leben und Werk, München 1952

Gerok, Wolfgang u. a. (Hrsg.): Ordnung und Chaos in der unbelebten und belebten Natur, Stuttgart 1989
Hegel, G. W. Fr.: Recht, Staat, Geschichte, Werkauswahl, Stuttgart 1970
–: Phänomenologie des Geistes (1807), Frankfurt am Main 1969–1971
Jaspers, Karl: Der philosophische Glaube, München 1948
–: Schelling – Größe und Verhängnis, München 1955
Jonas, Hans: Das Prinzip Verantwortung, Frankfurt am Main 1984
–: Philosophische Untersuchungen, Frankfurt am Main 1992
Jung, Carl Gustav: Mensch und Seele – aus dem Gesamtwerk ausgew. und hrsg. von J. Jacobi, Olten und Freiburg im Brsg. 1971
Jung genannt Stilling, Johann Heinrich: Theorie der Geisterkunde, Nürnberg 1808, Nachdruck: Hildesheim 1979
Kahn, Herman und Anthony Wiener: Ihr werdet es erleben, Wien/München/Zürich 1968
Kierkegaard, Sören: Entweder–Oder, übersetzt von Heinrich Fauteck, Köln 1960
Lauxmann, Frieder: Weniger wissen – mehr verstehen, Stuttgart 1977
–: Unabhängig denken, Weil der Stadt 1983
–: Profile großer Denker, 2. Aufl., Heidelberg 1990
–: Der philosophische Garten, München 1994
Leibniz, Gottfried Wilhelm: Philosophische Schriften, Frankfurt am Main/Leipzig 1992
–: Die Hauptwerke, zusammengefaßt und übertragen von Gerh. Krüger, Stuttgart 1949
Lenk, Hans: Pragmatische Vernunft, Stuttgart 1979
–: Prometheisches Philosophieren zwischen Praxis und Paradox, Stuttgart 1991
Liebel, Hermann: Führungspsychologie, Göttingen/Toronto/Zürich 1978
Lorenz, Konrad: So kam der Mensch auf den Hund, Wien 1958
Luther, Martin: Von der Kraft des Wortes – Ausgewählte Schriften, Gütersloh o. J.

Mark Aurel: Selbstbetrachtungen, übertr. von Wilhelm Capelle, 12. Aufl., Stuttgart 1973

Mommsen, Theodor: Gaius Julius Caesar – Ein vollendeter Staatsmann (aus: Römische Geschichte, Bd. 3), Berlin 1941

–: Das Weltreich der Caesaren, 1959

Monod, Jacques: Zufall und Notwendigkeit, München 1971

Morus, Thomas: Utopia (1515/16), übersetzt von Gerhard Ritter, Stuttgart 1964

Nietzsche, Friedrich: Werke (I–III), herausgegeben von Karl Schlechta, München/Wien 1977

Oppermann, Hans: Caesar, Reinbek bei Hamburg 1968

Peat, F. David: Synchronizität, Bern/München/Wien 1989

Platon: Werke, übertragen von R. Rufener, Zürich und München 1974

–: »Hauptwerke«, ausgewählt und eingeleitet von W. Nestle, Stuttgart 1958

Pollmer, Udo u. a.: »Prost Mahlzeit« – Krank durch gesunde Ernährung, Köln 1994

Popper, Karl R.: Objektive Erkenntnis (Objective Knowledge), Hamburg 1973

Portmann, Adolf: Biologie und Geist, 3. Aufl., Frankfurt am Main 1973

Rousseau, Jean-Jacques: Kulturkritische und politische Schriften, Berlin 1989

Russell, Bertrand: Probleme der Philosophie (1912), Frankfurt am Main 1967

Scaligero, Massimo: Die Logik als Widersacher des Menschen, Stuttgart 1991

Schelling, F. W. J.: Ausgewählte Schriften in sechs Bänden, herausgegeben von Manfred Frank, Frankfurt am Main 1985

–: Werke (in 12 + 1 Bänden – »Münchner Jubiläumsdruck«), herausgegeben von Manfred Schröter, München 1927

Schopenhauer, Arthur: Werke in fünf Bänden, herausgegeben von Ludger Lütkehaus, Zürich 1988

Schumpeter, Joseph A.: Kapitalismus, Sozialismus und Demokratie, 2. Aufl., München 1950

Schweitzer, Albert: Kultur und Ethik, München 1960
Sheldrake, Rupert: Das schöpferische Universum, München 1984
–: Das Gedächtnis der Natur, Bern/München/Wien 1990
–: Die Wiedergeburt der Natur, Bern/München/Wien 1991
Sieburg, Friedrich: Robespierre, Stuttgart 1958
Sloterdijk, Peter: Kritik der zynischen Vernunft, Frankfurt am Main 1983
»Theologia deutsch«, hrsg. und eingeleitet von Gerhard Wehr, Freiburg i. Br. 1980
Womack, James P. u. a.: Die zweite Revolution in der Autoindustrie, Frankfurt/New York 1992

Bei Zitaten aus der Presse bedeutet BNN = Badische Neueste Nachrichten (Karlsruhe) und WW = Wirtschaftswoche.

Register